新型城镇化一头连着城市，
一头连着农村；
土地制度改革架起了城市与农村融合发展的桥梁。

北大光华县域经济与地方金融研究丛书 第4辑

北大光华县域经济与地方金融研究中心研究成果得到印度尼西亚哈利达集团公司
（Indonesian Harita Group）的资助

中国新型城镇化与 土地制度改革新思维

宗仁/著

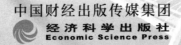

中国财经出版传媒集团

经济科学出版社

Economic Science Press

总序

  自 1978 年实行改革开放政策以来，中国经济以年均 9% 以上的增长率增长。经过 30 多年的高速增长，中国经济总量已经由 1978 年的世界排名第 15 位，上升到目前世界排名第 2 位；人均 GDP 由 1978 年的不到 150 美元，上升到 2010 年的 4000 美元以上。这种增长速度在世界经济增长史上是罕见的。但是，在经济高速增长的同时也存在一些亟待解决的问题。其中，城乡发展不平衡是最突出的问题之一。

  1978 年改革开放之始，我国城镇居民人均可支配收入是 343 元，农村居民人均纯收入是 134 元，二者的比值是 2.56；到 2010 年，城镇居民人均可支配收入是 19109 元，农村居民人均纯收入是 5919 元，二者的比值是 3.23。经济增长了，但是城乡居民的收入差距在扩大。如果考虑到城乡居民在社会保障、基础设施等方面的差别，城乡之间的差距更大。我国的城乡差距的扩大不仅损害社会公平，也会影响经济效率。农民的贫穷和农村的落后以及社会保障制度不完善使得经济增长不得不依赖于投资和出口拉动，这种增长方式是难以持续的。要实现经济增长方式的转变，就必须解决城乡发展不平衡问题。发展县域经济和地方金融是解决城乡发展不平衡问题的关键。县域内有工亦有农，有城亦有乡，可以做到工农并举，城乡统筹。

  发展县域经济要解决的迫切问题是改革城乡分治的两类户籍、土地流转滞后等体制性问题，实现生产要素的有效配置。由于社会保障制度改革的滞后，短期内劳动力在全国范围内向大城市自由流动并不现实，但在县域内劳动力自由流动是可以实现的。只要县域内做好工业、农业、服务业等产业的布局，做好城镇和乡村的合理规划，让劳动力在城乡之间自由流动，使土地能够顺利流转，就可以实现工业化与城镇化的同步发展，促进土地的规模经营，有效增加农民收入，缩小城乡差距。

  发展地方金融的迫切任务是金融体制的改革和农村金融的发展。农村金融问题一直备受关注，特别是 2003 年以来启动了以农村信用社改革为标志的新一轮农村金融体系改革和创新，取得了很大的进展。比如推动农业银行、农村信用社、邮政储蓄银行等银行业金融机构的市场化改革和涉农信贷发展；加大政策性金融对农村改革发展重点领域和薄弱环节的支持力度，拓展农业发展银行支农领域和国家开发银行对小微企业信贷的扶持领域；加快培育村镇银行、小额贷款公司、农村资金互助社，有序发展贷款担保组织，引导社会资金投资设立适应"三农"需要的各类新型金融组织；推进农村金融产品和金融服务方式的有序创新，满足农户和农村中小企业的实际需求；促进农村支付体系和信用体系的建设，逐步健全农村金融基础设施；等等。这些改革和创新的确有效地缓解了农村金融服务不到位、信贷资金供给不足的问题，改善了农村金融服务状况。

但是，在我国城乡二元分割的体制背景下，城乡金融发展的不平衡仍是一个长期的问题，根据我们的调研，目前农村金融主要存在以下几个问题。第一，农村的金融网点收缩了，大银行不到下面设网点，下面主要靠农村信用合作社和邮政储蓄银行。解决农村资金问题仅靠农村信用合作社和邮政储蓄银行是远远不够的。第二，小额贷款公司、村镇银行、资金互助社等新兴小微金融机构的设立条件过于苛刻。比如对村镇银行创建中主发起行资质的限制。一方面，有资质的大中银行不愿意参与被它们认为无利可图的市场，甚至将其视为政策性任务；另一方面，对本地区情况熟悉、有承办意愿和相应信贷经验，但资金实力不强的小银行，或者没有资格，或者没有足够的实力开办更多的村镇银行。第三，生产性贷款的重视程度不够。农村金融是帮助生产者、种植户、养殖户发展生产的。只有给生产者贷款来促进生产发展，才能走上创业致富的道路。但现在一些地方的农村贷款仍然以生活贷款为主。农民盖房子、家里有人生病需要钱，要贷款，这当然是必要的；但是对农村繁荣来说，帮助农民发展生产的生产性贷款更为重要。第四，农户的初始资产通常只是农村的承包地、宅基地和宅基地上的房屋，但是这些资产不同于城镇的国有土地以及国有土地上的房屋，没有产权证，并无法抵押，目前只有林权可以抵押。这导致农民很难从正规金融机构得到贷款。即使可以抵押，仍会出现新的问题。银行会担心农民不还钱导致自己成为地主、房主之后怎么办，因为根据目前的法律，这些抵押物是很难处置的。第五，目前普遍实行的联户担保贷款通常是五家人联系在一起互为担保请求贷款，这可以通过连带责任机制来发挥农户在信息甄别和监督方面的信息优势。但是，这种方式也存在问题，比如一家到期不还贷款，其他几家全都不还，因为，既然有一家不还了，要其他几家替他还，其他几家干脆也不还了，这不利于还款率的提升。

　　这些农村金融改革、发展过程中的问题都需要在相关的研究中展开深入、细化的分析，并提出系统的、切实可行的对策来解决。比如，为了让农村金融活起来，可以考虑允许农民将承包土地使用权、宅基地使用权和房产权作为抵押物；同时为了使三权抵押行为得以落实，需要根据实际情况，设立农村信用担保中心和农村产权交易中心。农村信用担保中心充任银行和农户之间的中介人。凡农民要从银行获得贷款，要先向农村信用担保中心提出申请，由农村信用担保中心联系当地民政部门对申请者的实际财产状况和诚信状况进行调查核实，经农村信用担保中心核实后再转交银行，农村信用担保中心为申请者向银行作担保。这样，银行就放心了，贷款可以落实了。农村产权交易中心的作用是：解除银行无法处置因到期不还贷款而转入银行手中的土地和房屋的困扰。农村产权交易中心通过网络将到期未还贷款的抵押品（土地和房屋）公布，吸收有意购买的客户前来竞购，于是银行的压力就消失了，贷款人的债务也就可以清偿了。因此，农村金融问题的解决是一个系统性工程，需要政府、金融机构、研究机构等多方协同努力。

　　北京大学县域经济与地方金融研究中心在印度尼西亚哈利达集团公司（Indonesia Harita Group）的赞助下，组织多个研究团队，深入中国有代表性的地区进行调研，并将调研报告集结成册，在经济科学出版社的支持下编辑出版"北大光华县域经济与地方金融研究丛书"。每本书中主要集中研究一个县域的经济或金融问题。尽管每个县的资源禀赋不同，所选择的发展方式也有差异，但是书中所介绍的一些典型县域的发展经验对于其他地区还是有借鉴意义的。

厉以宁

2011 年 10 月 16 日

目　录

第一章

绪　　论

一、选题背景

中国的城镇化无疑为中国经济社会发展提供着持续的动力，涉及人口多、速度快，举世瞩目。城镇化的加速推进带动了内需总量的迅猛扩张（相伟，2012），2000 年以来，每年由城镇化带来的消费扩张约为 1500 亿元。未来即使在总人口不增加的情况下还有近 8 亿的农民将从农村走进城镇，从小城镇迁移进各类城市。

中国经济新的增长点是工业化和城市化。工业化是创造供给，城市化是创造需求。城市化是中国新的历史时期最重要的增长空间和领域。2013年，我国常住人口城镇化率为 53.7%，户籍人口城镇化率只有 36% 左右；2015 年常住人口城镇化率是 56.1%，远低于发达国家 80% 的平均水平，也低于发展中国家 60% 的平均水平。①

《国家新型城镇化规划（2014—2020 年）》是今后一个时期指导全国城镇化健康发展的宏观性、战略性、基础性规划。规划最大的亮点是强调以人为本，推进以人为核心的城镇化。国务院 2016 年《关于深入推进新型城镇化建设的若干意见》指出，新型城镇化是现代化的必由之路，是最大的内需潜力所在，是经济发展的重要动力，也是一项重要的民生工程，要牢固树立创新、协调、绿色、开放、共享的发展理念，坚持走以人为本、四化同步、优化布局、生态文明、文化传承的中国特色新型城镇化道路。

推进城镇化必须解决农村和农业问题，农村和农业的关键在于土地问

---

① 《国家新型城镇化规划（2014—2020 年）》，载于《农村工作通讯》2014 年第 6 期。

1

题，最棘手的是农村土地问题。城镇化大潮中的农村土地，一头挑着"城镇化"，另一头挑着"三农"，积累了诸多问题与矛盾，但也是破题之处。从2014年起，农村土地制度改革进入深层次领域。农地入市、土地承包制度、土地经营权流转、征地制度、宅基地管理等方面成为改革主线。只有改革才能找到出路。

推进新型城镇化和加快农村土地制度改革成为"十三五"规划的重要行动计划。"十三五"规划纲要强调推进新型城镇化，提出坚持以人的城镇化为核心、以城市群为主体形态、以城市综合承载能力为支撑、以体制机制创新为保障，加快新型城镇化步伐，努力缩小城乡发展差距，推进城乡发展一体化。"十三五"规划纲要提出到2020年中国常住人口城镇化率目标达到60%，户籍人口城镇化率达到45%。目前，户籍人口城镇化率为39.9%，未来还要提高5个百分点，相当于要有1亿人在城镇落户。"十三五"规划纲要必将成为推动新型城镇化和新土地制度改革的重要指导文件。

二、选题依据

"十二五"期间，我国每年城镇人口增加2000万人，但农业转移人口市民化进展比较缓慢，户籍城镇化率比较低。城市化必然要发展城市工业和其他非农产业，但也要以工促农，推动农村经济的繁荣。农村要发展，就要推进农村改革和制度创新。中国农民多，人均耕地少，户均承包地只有7~8亩，农业经营规模小。改革就是要让农民能够扩大经营规模，推动农民流动和土地流转，解放劳动力。要想农民富裕，核心就要减少农民，农民少了，人均占有资源多了，才能有产业化、规模化的基础。在这一背景下，城市化对于未来中国经济发展至关重要。

新型城镇化的道路怎么走？城市化模式如何选择？这是中国城市化的难题，我们需要一个科学的模式来指导城市化的实践。但是对于选择何种模式的城市化道路，长期以来理论界争论不断。

中国城镇化发展过程中也遇到了许多问题，诸如自然资源短缺、能源需求增长、空气污染与交通拥堵严重、生态环境恶化、人居环境脆弱、社会阶层分化、公共财政不足、城市政策失衡、"土地城市化"大于"人口城市化"，等等。

城市化绕不开土地问题。随着工业化、城镇化持续推进，大量农业劳动力转向非农产业，给进一步处理好农民和土地的关系提出了新要求。土地产权制度的设计对农业人口转移、农民进城和城镇化布局与模式都有着极大的影响。1982 年中央一号文件明确了土地的农村家庭承包经营制度。1993 年在原有 15 年承包期到期后，再延长 30 年不变。2003 年 3 月 1 日的《农村土地承包法》则确定了农村土地产权制度基本框架。土地承包政策让农民难以割舍和选择，"离土不离乡、离乡不背井"成为农村剩余劳动力流转的主要形式，农民进城积极性不高，城市化相对滞后和缓慢。

"三农"问题的核心是农民问题，农民问题的核心是就业问题、收入问题，收入和就业问题的关键是人口城市化，而人的城市化根源在于土地问题，城市化本身也是最有效的土地利用的方式，最有效的集约生活方式，解决好人地关系是推动城市化的动力。解决好土地问题的重点是土地制度的设计。中国的土地问题已深深影响到中国社会的各个领域和各个层面，以致我们再难把它局限于农业领域和农民群体，从一定意义上说，土地问题及其出路将决定中国未来的发展趋势。

中央提出新型城镇化战略，农村土地制度改革和创新应是题中之意。中国的改革就是从农村集体土地联产承包制开始的，而今，改革又到了关键时期，自然又会聚焦于土地上，土地问题已成为各地推进城镇化的核心问题，也是推进城乡一体化进程的最重要抓手。

土地制度是农村的基础制度，农村土地制度改革不能一哄而起，盲目推进。中央强调按照"守住底线、试点先行"的原则，统一部署，审慎稳妥推进。2016 年 4 月底，习近平在小岗村农村改革座谈会上强调，解决农业农村发展面临的各种矛盾和问题，根本靠深化改革，主线仍然是处理好农民和土地的关系，但不管怎么改，都不能把农村土地集体所有制改垮了，不能把耕地改少了，不能把粮食生产能力改弱了，不能把农民利益损害了。①这为积极稳妥推进农村改革指明了方向，"三权分置"也被正式提出。

中国现行的土地政策和管理制度仍有很多缺陷，成为制约新型城镇化的重要因素。在推进农村城镇化方面，成都的还权赋能、重庆的地票模式、广东佛山的土地股份制、天津宅基地换房，各地方的积极探索为全国的土地改革提供了借鉴。国土资源部对城镇化过程中的土地制度改革一直非常重视，积极推进。2013 年 1 月，国土资源部署了国土资源重点领域

---

① 《习近平：深化农村改革的主线是处理好农民和土地的关系》，载于《中国老区建设》2016 年第 7 期。

和关键环节的改革，具体包括：深化农村土地产权制度改革研究和探索；推进征地制度改革试点；研究出台集体经营性建设用地流转指导意见；部署开展宅基地制度改革试点；总结推广农村土地股份制改革经验和做法等。

土地改革还在路上，土地制度如何改革理论界也在不断争论，地方的积极探索也在持续进行。当前农村土地产权逐步明晰化，农村土地适度集中和规模经营不断发展，农村土地空间置换成为热点，农村土地资本化条件逐步形成。但土地制度改革涉及的主体多，包含的利益关系复杂，亟须进行顶层设计，修订完善法律法规，做好新的土地制度改革。

三、研究目的

中国城市化发展需要土地、需要劳动力，解决不好土地问题，城市化就会成为新一轮"圈地运动"，成为破坏耕地的罪魁祸首。土地制度变革是农村经济社会转型和农村城市化的核心内容。要从城市化驱动经济增长的大局考虑，解决土地制度改革的滞后问题。

城镇化能否健康发展，与农村的土地制度关系很大。土地改革的目的是什么？为了农地更好流转、推进农业现代化？为了宅基地自由有偿退出？为了农民在被征土地时利益得到保护？为了让农民把拥有的土地变成资产？为了城市化可以获得土地和劳动力？土地改革的根本目的是理顺和协调城乡人地关系，以人为本，人地相适，地随人走。而其他目的则是在协调城乡人地关系下需要解决的一些土地利用问题。城镇化需要考虑全局性人地关系，如人均耕地保有量、人均建设用地水平，也要考虑城乡之间、区域之间人地关系，如城市人口密度是否适度？是要提高土地利用率还是需要疏散人口？农民进城导致城市人口增加，相应人均道路、绿化、教育、住房等用地都得增加，那么农村人口减少可节约的土地怎么办？还有更多农村土地关系调整的问题。如农民减少了，谁来种地？人均劳动力经营多大规模合适？扩大人均土地经营规模土地如何流转取得？住进城里农村房子怎么办？如何避免一户多宅，占用多处土地资源？这些问题都是推进新型城镇化需要解决的土地问题，也都是人与地的关系问题，需要通过土地改革找到解决的路径。

本书研究的目的是通过对中国新型城镇化面临的问题与背景分析，提出中国新型城镇化发展的新理念、新模式，并在此基础上分析与之关联的农村土地制度改革。试图通过农地产权制度、农地使用权制度、宅基地流转制度和征地制度等改革推动土地流转、培育新型农业经营主体，发展规模经营，减少农业劳动力，从而进一步推动工业化、城镇化的发展。

四、研究思路和方法

1. 研究思路

　　基于人地关系的分析探索是我们的思路。人的衣食住行都离不开土地，人均粮食的保有量往往要换算成人均耕地保有面积，人均住房面积水平也直接与人均建设用地有关，控制城市规模实际就是控制人口规模从而相应控制供地规模，如何推进城镇化，如何稳定和发展农业，解决"三农"问题，最后都归结为城乡人地关系协调问题，土地制度设置是解决人地关系的核心与关键。围绕"人往哪里走"，我们可以探索和引导城镇化发展方向与模式；围绕如何让农民进城"进得来、留得住"，则需要在农村土地制度改革上做文章。因此，围绕人地关系协调发展，可以作为研究城市与农村统筹发展的路径，本书的研究路线见图1-1。

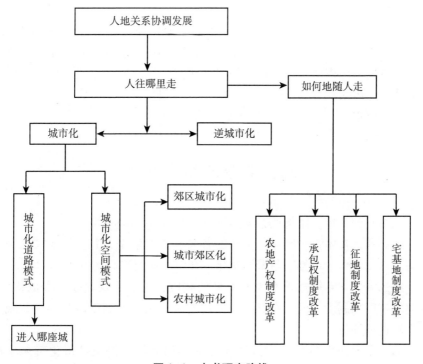

图1-1　本书研究路线

2. 研究方法

文献研究法。首先进行文献检索，找出新型城镇化和土地制度改革各方面的理论研究前沿，并进行提炼和比较。笔者收集整理各类文献千余篇，尽可能掌握最新理论动态。除知网等文献库中的专业学术文章外，也收集了关于新型城镇化和土地制度改革方面的各类报道、地方经验总结等。本书采纳引用的文献有 300 余篇。

国内外经验比较法。他山之石，可以攻玉。笔者在美国斯坦福培训期间，对美国的城镇化进行了一定的研究，美国城镇化道路具有一定的规律性，值得借鉴。在土地制度改革中，比较了中国的历次土地改革，同时全国各地都在积极探索，我们有必要进行比较、分析和借鉴。

问题导向法。剖析中国城镇化和中国农村现行土地制度中存在的若干问题；将这些问题放在新时期的背景下分析。在此基础上，从解决问题的角度，就新型城镇化的新模式和土地制度的新改革进行探索。

层次分析法。中国的城市从大到小有很多的层级，决定这些层级的因素也很多。笔者选择一些影响因素作为指标，用层次分析法来研究城市的层级与规模。

实证研究和问卷调查。笔者结合高淳工作经历，进行了一些实证研究。其中很多观点也是笔者在工作实践中的感悟，所以，把工作实践的一些分析研究写出来就是实实在在的实证研究。厉以宁教授建议把在基层工作的感触写出来，并且反复强调了问卷调查和走访，笔者在实证中严格落实了这一要求。

五、本书的结构框架

全书共分9章，结构框架见图1-2。本书每章节内容如下：

第一章，在绪论中阐述了选题的背景和选题依据，并提出本书的研究目的是通过土地改革推动新型城镇化，介绍了研究思路与方法。

第二章，文献综述重点评述了有关城市、城镇化及其模式等的内涵，并对农村产权制度、使用权制度、征用制度、宅基地制度改革的一些观点和实践进行评析。

第三章，详细分析了中国城镇化面临的问题：快速城市化带来城市病、城市化质量不高、产城发展不同步、城乡发展不统筹。

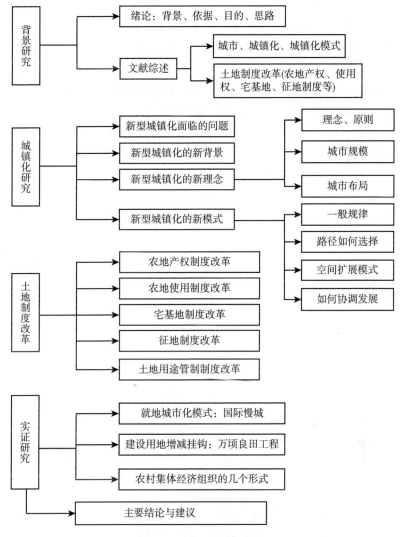

图1-2 本书的结构框架

第四章，中国新型城镇化面临高铁时代的到来、智慧城市与"互联网+"改变生活、城市综合体快速复制和全域旅游快速发展等新背景。

第五章，新型城镇化要有新理念。"新型"体现在贯彻五大发展理念、坚持两大发展原则，对城市等级与规模要有新的认识，城市空间布局也要有新理念。

第六章，在新型城镇化的新模式章节，以美国为例，研究城镇化的一般规律和阶段性特征，探讨如何选择城镇化路径，提出"城市包围农村"——中国城镇化空间扩展模式,并从区域差异化角度提出特大、大、中、小等不同等级城市以及乡村如何协调发展。

第七章,土地制度改革设计是本书的核心和重点。对农村土地产权改革进行顶层设计,并在农地股份共有制框架下,分别探讨农村土地使用制度改革、宅基地改革和土地征用制度改革方案以及配套的土地用途管制制度改革,并提出在土地制度改革中户籍制度已经并不重要。

第八章,以南京市高淳区为例,在国际慢城农民就地城镇化、建设用地增减挂钩和合作社农业集体经济组织等方面进行阐释和讨论。

第九章,提出一些主要结论和建议。

第二章

文献综述

第一节 关于城市的认识

一、关于城市的概念有很多不同的视角

从经济学、社会学、文化学、地理学等不同角度，会有很多不同的认识与定义。城市学家麻库斯·维巴认为，所谓城市，如同巨大一体的定居村落，家家紧连着定居，居民的绝大部分，不是靠农业，而是靠工业或商业的毛利收入维持生活；地理学者认为，城市有一定的空间性、区域性和综合性，是第二、第三产业人群集中区域，是国民经济空间与劳动人口投入点和结合点（朱铁臻，2010）。L. 沃思认为，城市是一个相对较大、密度较高，由不同社会阶层的个体组成的永久性的定居点。斯皮罗·科斯托夫认为，城市是地球表面相当特殊的一种空间，是一个复杂的空间体系。从文化来说，芒福德提出城市是"文化容器"的概念，表示人类财富与文脉传承的承担者主要是城市，城市已经构成了人类思想、文化、财富的中心。

二、集聚是城市的重要特征

城市是人口和产业在地域空间上的集聚，其聚集程度可以用密度来衡量和定义。城市是城市经济赖以生存的物质空间形式和条件。城市是聚集经济的空间组织形式，城市的发展始终伴随着的就是经济集聚，聚集经济也是城市空间产生的根源。随着国家的产生，以及集聚经济中各种社会关

系的社会承担者的多样化，城市的产生才变为现实。任致远（2005）认为，整个城市是一个人口、车辆、物质、建筑和各种工程设施聚集的所在，高度的聚集性是城市的明显特征和直观感受。人是城市主体，空间是城市载体，路网是城市骨架，水是城市血脉，绿化是城市之肺，文化是城市灵魂，城市由这六大元素构成。

城市代表着商业活动的集聚。城市也叫城市聚落，是以非农业产业和非农业人口集聚形成的较大居民点。人口较稠密的地区称为城市，一般包括了住宅区、工业区和商业区并且具备行政管辖功能，城市是"城"与"市"的组合词。① "城"主要是为了防卫，并且用城墙等围起来的地域。《管子·度地》说"内为之城，外为之廓"。"市"则是指进行交易的场所，"日中为市"。"城"是人聚集在一起的地方；"市"为人们交换商品的场所。而最原始的城市就是因商品交换集聚人群后形成的，就是为了商业的目的，便于商品交换、流通而形成的一种生产、生活物品的交流方式，"市"进入"城"，"城"中便有了"市"，逐渐地构成了"城"与"市"的融合，这就是城市一词的由来。过去在农耕社会时，商业活动成为城市的主要特征，后来手工业也因城市的便利性以及到市场的距离短等因素而选择集聚城市。城市本身就是一个经济体，因商品生产和商品交换的频繁发生而成为各种经济活动的集聚点。现在城市的商业活动已经包含在综合服务业中，第三产业的比重已经是城市，特别是大城市的重要特征指标。虽然现在乡村也有一些商业活动，但因人口规模小，零星细碎的商业也不足以称为"市"。

三、城市是文明和文化的象征

路易斯·芒福德（Lewis Mumford）在所著《城市文化》（*The Culture of Cities*）中描述，城市是社会权利与文化的最大限度的集中，城市是社会关系交融杂合的形态与象征，是庙宇、市场、执法厅及学术场所的载体。雷蒙德·威廉姆斯（Raymond Williams）在其所著《国家和城市》（*The Country and the City*）中描述城市，由文明构建起来的巨大建筑、会议场所、图书馆、电影院及高楼大厦，这些构成了城市。此外还包括一些动态的元素，譬如房屋、街道以及各式各样的人们为了种种目的而产生的喜怒哀乐。张鸿雁（2016）认为，人类文化延续创新的历史主要都在城市发

---

① 城市（地理学名词），百度百科。

生，包括博物馆、建筑、文学艺术、学校、图书馆、工业集聚等。

四、概念的正确性是城市研究的前提

定义一个城市就必然涉及城市地区的标准。对于城市的空间化认识通常围绕着人口数量、人口密度等因素展开。不同国家定义城市人口数量的标准是不一样的。美国定义城市的标准是一个具有2500人以上的区域，印度的城市标准是5000人以上，而丹麦城市的标准只要人口达到250人。日本算得上是以人口密度为标准定义城市的典型国家，在日本，"高密度居住区域"即城市。美国后来由于郊区化严重，为考虑城市"中心—周边"居住模式，出现了"都市区"的概念。为解决居民往来于中心与周边区域带来的城市边界的模糊化，帕迪森（2009）将城市定义为"功能性社区"（functional community area），它指的是在可能的范围内，一个可以使当地劳动力达到供求平衡的劳动力市场以及其周围具有高频率日常互动活动的区域。关于我国的城市人口标准问题，后面有专门阐释。

现实中，中国城市的概念存在着实体地域与行政地域的混淆，从而也会导致统计城市人口、人口密度、城市规模、城市化率等一系列指标的混乱。城市规划界教授周一星（2016）认为，关于中国城市概念和统计口径存在混乱问题。中国现在的"市"已经远远偏离了"城市"，中国"市"的概念全是以城镇为核心，以乡村空间为主体的城乡混合地域。现在几乎所有的所谓"城市"数据都不代表"城市"。中国没有一个能与世界接轨的城市概念和城市统计口径。我国行政区划上的"市"的概念和地域划分，主导了我国的城市概念、城市统计和城市研究。而恰恰是由于在行政上广泛推行"县改市""乡改镇""地改市""县和县级市改区"等一系列的行政措施，混淆或误导了"城"与"乡"的种种概念。国家统计局为了适应这种变化，不得不被动地变换统计口径。而建设部面对这种状况，在规划法里也宣称：城市是设有建制的市和镇。周一星（2016）认为，行政上设有建制的"市"，不是"城市"，城市地域有行政地域、实体地域和功能地域之分。中国的特殊情况在于，只有明确的城市建制的行政地域。而且，行政地域远远大于城市实体地域；行政地域与功能地域的关系复杂，有等于、大于、小于三种情况。中国没有城市实体地域的标准和空间表达；完全没有城市功能地域的概念，代之而起的是各种五花八门的以"城市群"为代表的城市概念。现在的所谓"城市"统计，对于真正的"城市"而言，毫无例外，统统都是偏大统计，在国内缺乏可比性，与国外也缺乏可比性。对国家的危害在于，用了"大号的城市"概念，就有了"大号的城市人口""大号的城市用地"，等等。国家只有明确了"城市"的地域，才有城市人口、城市土地、城市基础设施、城市经济、城市环境、城市生态、城市规划、城市管理等一系列有关派生概念应用的地域范围。

五、"城市"与"城镇""乡村"

城市与城镇是否有区别？城市的原义是四周为防御修有墙垣的都邑，人们聚集在邑中做买卖和进行交易。从城市这一概念看，镇原本就是城市，是规模较小的城市，没有必要将"镇"作为独立行政区域概念从城市中分离出来。欧美等国家设市的标准比我国设镇标准都低，我国城市规划法所称的城市包括直辖市、市，也包括建制镇。因此没有必要将"城市"和"城镇"这两个概念区分开。城市化和城镇化都是指居住在都市和镇的人口所占比例的增长，"城市化"和"城镇化"也并没有区别。如果"镇"的规模和功能，特别是公共服务与"城市"无异，那么中国可以把城市化与城镇化视为同义词。

城市和乡村的差别是什么？城市与农村是相对立的概念。帕迪森（2009）认为，与农村相反的就是城市，将农村的形象颠倒过来便构成了对城市的理解。许学强等（2009）认为，城镇有不同于乡村的本质特征：一是产业构成不同于乡村，城镇是以从事非农业活动的人口为主的居民点；二是城镇在人口规模上区别于乡村；三是城镇有比乡村要大的人口密度和建筑密度；四是城镇具有不同于乡村的市政设施和公共设施；五是城镇一般是一定地域的工业、商业、交通、文教的集中地和政治、经济、文化的中心。城市里的人们生产、生活、休闲活动的多样化、多功能、高效率、快节奏、社会化程度，是广大农村难以与之相比的（任致远，2005）。

世界上所有的城市，其基本特性有三个：空间上的密集性、经济上的非农业性、构成上的异质性。从城市特征分析，城市是一个高度集聚了大量人口和社会经济活动的中心。不仅是人口数量的绝对值重要，更重要的是人口密度的大小。任何一个城市都拥有一定的边界，不论是实质性的还是象征性的。正是这个边界的存在，使城市里的人和城市外的人以不同的方式生活着。现在城乡的很多差别在缩小或者模糊。过去乡村没有宽马路、大广场，不通自来水，小城镇都是某一级的政府驻地，村民办事很麻烦。现在这些能够反映城乡特征差别的表象都没有了。城市人还是以非农业职业为主，但农民却不一定从事农业，如做农业旅游。现在农村水电气、道路、电话、网络等公共服务设施也都实现了"村村通"。农民生活方式、文明程度也与城市人差距不大了。随着城市郊区化，城市与乡村的逐步融合，城市与农村之间的空间定义变得模糊，如果社会层面也就是生活方式也无差别，那么什么是区别城乡的根本性标准呢？

笔者认为，要溯其本源，城市的本质是人口的集聚和非农业生产，因此，人口密度、居住紧凑程度、工业及其他非农产业集聚度是主要标准，商业配置、文教安排是城市必需的，乡村一般没有强制安排，影剧院、博物馆则更没有必要。而交通通达、水电气、垃圾中转站、网络等基础设施不是城市独有的特征，城乡应该无差别发展。城市的特征根本上体现在规模与密度。

第二节　关于城市（镇）化与新型城镇化

一、什么是城镇化

1. 城镇化是农民变成市民、乡村变成城市的过程

《城市规划基本术语标准》指出，城镇化是人类生产和生活方式由乡村型向城市型转化的历史过程，表现为乡村人口向城市人口转化，以及城镇不断发展和完善的过程。城市化是一个社会过程，人口学意义上的城市化是农村人口转化为城镇人口的过程，地理意义上城市化则是一个地区的人口在城镇相对集中的过程。对于经济学家来说，城市化则是生产方式不断进步的过程，城市总是创造出更为先进的生产方式，去影响和改造农村，使之逐渐被同化；对于社会学家来说，城市化的本质则在于隐藏在人口聚集、先进的生产方式背后的、广义的生活方式的改变，包括人与人交往的方式、社会组织方式、亲属关系、生产关系、政治关系，以及人们日常的生活习俗和社会规范等。

王颖（2005）认为，从各学科的角度看，对城市化的论述都有道理，如果撇开学科之见，城市化的本质既是一个人口集中的过程，也是先进生产方式代替落后生产方式的过程，人口集中是城市化的表征，生产方式变更是城市化的内在推动力，而生活方式的变更则是城市化的社会变革结果。在城市化过程中，这三个过程并不互相排斥，而是互为表里。袁中金（2001）认为，城市化的内涵既体现在人口、非农产业、地域景观向城市

集聚和扩散等物质形态的城市化，又体现在生活方式、思想价值观念由城市向乡村扩散的精神形态的城市化两个方面，其本质特征是集聚，其次才是扩散。城市化有四个方面的含义：是城市地域划扩大和新城镇形成的过程；是城市人口比重提高的过程；是城市文化对农村影响的传播过程；是经济结构水平提高的过程。

2. 在空间上城市化既包括城市向农村扩张也包括农村就地城市化

城市化的概念有狭义、广义之分，狭义概念就是指人口城市化，即农村人口迁移到城市转变为城市人口或农村地区转变为城市地区使农村人口转变为城市人口；广义概念除包括人口城市化以外，还包括人们通常所说的土地城市化、生活方式的城市化等（王桂新，2013）。

城市化是城市发挥其区域作用，城乡共同发展的过程。一是城市通过自身的集聚，向深度发展；二是将城市功能向周围地区有机疏散，向广度发展。而最先接纳这种扩散的便是城市边缘地区，形成城乡接合部（大致相当于城市近郊区），在空间上，城市化就表现为城市功能重组，规模扩大；近郊区频繁变动；农村有序退缩，城市化是这三个部分相互协调、同步发展的联动过程（郑弘毅，1998）。

因此，城市化不简单是农村人口转变为城镇人口的过程，也是推进工业化和产业结构升级的过程。城市化的内涵，既包括城市人口增加和城市地域的不断扩大，也包括城市内部从一般地域向更繁华地域的转化，如建筑密度升高、人流逐渐稠密、商业服务网点的增多、交通线路的开辟、基础设施完善等的城市化质量的提高。城市人口增加，也可能是城市空间没有扩大，这表现为城市化内涵、质量的提升，城市集聚程度的提高。

二、什么是新型城镇化

关于新型城镇化目前尚未有标准定义。根据国务院《关于深入推进新型城镇化建设的若干意见》（2016），新型城镇化可以理解为，以创新、协调、绿色、开放、共享的发展理念为引领，以人的城镇化为核心，更加注重提高户籍人口城镇化率，更加注重城乡基本公共服务均等化，更加注重环境宜居和历史文脉传承，更加注重提升人民群众的获得感和幸福感，走一条具有中国特色的城镇化道路。

一般认为，新型城镇化主要包括四方面内涵：一是与工业化、农业现代化协调发展的城镇化；二是人口、经济、资源和环境相协调的城镇化；三是大、中、小城市与小城镇协调发展的城镇化；四是人口集聚、"市民化"和公共服务协调发展的城镇化。对以上内容杨佩卿（2015）做了具体阐释。单卓然（2013）认为，新型城镇化的核心目标可概括为六点，即平等城镇化目标、幸福城镇化目标、转型城镇化目标、绿色城镇化目标、健康城镇化目标和集约城镇化目标。李小建（2013）认为，城镇化实际是城乡聚落的变动过程，新型城镇化本质是实现城乡聚落体系的统一和谐。

总之，新型城镇化不简单是城市人口比例增长和城市地域扩大，新型城镇化的"新"体现在发展理念上，体现在产城融合、城乡统筹等原则上，体现在城镇化的路径与模式上，体现在人居环境、生活方式等城镇化的内涵质量提升上，体现在市民化与社会保障、公共服务均衡上，等等。新型城镇化应是人口和土地的同步城镇化、产业和城市融合的城镇化、原住民和新市民生活质量同等提高的城镇化。后面笔者也将专题阐述。

第三节　关于中国城镇化的模式

关于城市化模式有很多种理解。这里讨论城市化的模式，主要是指选择什么样的城市发展规模为重点，在中国，城市化模式的焦点问题就是大中小之争——大城市论、中等城市论与小城镇论。

一、大城市论

20 世纪 90 年代后期以后，大城市显现出更高的集聚规模效益，大城市模式得到了很多学者的支持。大城市论者认为集聚必然带来大城市优先发展，工业化的发展初期往往都是以大城市的发展为基本特征，成为城市化的客观规律。

中国的特大城市与别国大城市相比并不是太大。陈钊（2014）认为，中国目前城镇发展的路径应该是进一步发展大城市和大都市圈，而不是优先发展中小城镇，因为发展大城市具有比较明显的规模经济效应，服务业的发展更加依赖于城市的规模，城市病不是停止大城市发展的理由，恰恰是因为大城市具有的规模经济，有时反而有利于解决拥挤、污染的问题，如大城市可以发展地铁。

王傲兰（1999）认为，应从战略高度调整城镇建设和规模思路，合理扩大部分城镇的规模，特别是要有重点地建设一批建成区人口 200 万人至上千万人的巨型城市。梁建章（2016）认为，中国现在是最大的人口基数、最贵的房屋价格、最低的生育意愿，政府出台政策严控大城市规模是自废优势，即便房价昂贵，中心城市仍然具有很强的吸引力，房价贵是地区的产业和创新集聚效应的体现。

二、小城市（镇）论

小城镇论将小城镇作为一个问题提出来是在 1983 年，费孝通先生在南京"江苏省小城镇研究讨论会"上做的一篇题为《小城镇，大问题》的发言。"小城镇，大问题"的提法很快引起中央政府的重视，其后江苏集体乡镇企业大发展，创造了享誉全国的"苏南模式"，乡镇企业及小城镇的发展由学者的研究、建议，变成了国策。有很多学者并不是强烈支持小城镇模式，但就中国的国情而言，他们认为目前中国很多地区并不具备发展大城市的基础和条件，发展小城镇是中国城市化的无奈选择，是城市化发展的过渡阶段。小城镇、小城市的城市化实践，绝不仅是国家政策作用的结果，而是我国基本国情制约下的必然产物，以小城镇作为城市化的战略重点，也决不是最理想的选择，然而这又是唯一的出路（邹农俭，1990）。

三、中等城市论

折中的路径是发展中等城市论。主张这一模式的人认为，中等城市是集中与分散相统一的地域结构，独具特点和优势，现有中等城市已经具备一定的经济基础，是解决中国农村剩余劳动力的根本出路，有成为城市化主战场的实力和机遇（马庚存、冷静，2001）。中等城市是民间资本最活跃、民营经济最发达的地方，很有发展潜力，这些城市的发展可以带动大片的城市化进程。李强（2002）认为，小城市或小城镇投资效益低下，土地浪费严重，布局分散，应该将有限的资金投放于适当数量的中等城市，中等城市人口大约在 50 万~100 万人，它既可发挥工业生产与城市社区的聚集效应，又可避免大城市和超大城市的人口高度密集的弊端。

中等城市兼有大城市和小城镇的优点，又易于克服两者的弊端，经济效益、社会效益和环境效益能够获得较好的统一，城市规模过大或过小均会影响居民的生存质量，产生城市病或农村病，城市规模以 25 万~50 万人口的中等城市为宜（江观伙、洪爱华，2001）。

走以中等城市为发展重心的城市化道路，有利于节省有限的资金，获得规模效益，有利于培养新的经济增长点，缩小地区间、城乡间的差别。中等城市处于即将升为大城市的特殊地位，发展潜力大而且流动人口进入城市的门槛较低，与大、小城市相比吸收农村剩余劳动力的潜力大，同时中等城市也易于吸引大城市中结构性剩余的科技力量、设备、资金（吕颖慧，1997）。

毕马威全球卓越中心负责人大卫·奥布赖恩在 2013（第八届）城市发展与规划大会上指出，城镇化应该合理规划城市的建设规模，以提高居住者的生活质量为最终目的，未来不能依靠巨型城市开发，中型城市和卫星城市也许可以成为最佳选择，中型城市和卫星城市是城镇化的未来（林培，2013）。

四、大中小城市并举论

持这种观点者认为，大中小三种模式并不互相排斥，我国地域广阔，区域发展极不平衡，自然条件和经济社会发展基础各不相同，因此，城市化绝不可能是一种模式，而应是多种模式，应该坚持大中小城市和小城镇并举以及协调发展，哪一种模式适合该地区的情况，就应采用哪一种模式（李强，2002）。各种规模的城市均存在优势与不足，不同规模的城市在区域中的功能不同，因此应该并重发展，以形成合理的城市体系、完善的城市结构（闫振云、兰天山，2002）。中国城市化的发展，实现农业人口向非农业人口的转移，需要大中小城市来共同分流。不发展大中城市，达不到规模经济的要求，形不成国家经济的拳头，在国际上没有竞争力，在国内形不成强大的中心辐射作用；不发展小城镇，大中城市又不可能承担起中国城市化的重任，同时我国的工业化也难以迅速发展（靳尔刚，1998）。

厉以宁（2012）认为，中国必须走适合中国国情的城镇化道路，即中国城镇化分三部分——"老城区+新城区+农村新社区"。老城区是指已有的城区；新城区一般在城市郊区，它们可能是由工业园区、高新技术开发区、创业园区、物流园区等演变而来的；农村新社区是指社会主义新农村。马晓河（2004）认为，根据中国土地、水等资源稀缺的国情，最理想的模式是围绕一批大城市或中等城市发展城市网络群，走"以大（中）带小，大、中、小城市协调发展"的城市化道路，以此形成功能互补、产业互济的城市群。

第四节　关于土地制度改革的探索

一、关于农村产权制度改革

在产权制度改革上，政府坚持的是审慎稳妥的态度，而学术界的讨论则比较开放和热烈。实际上，产权制度改革相当于"土地制度改革"的顶层改革，是绕不过去的话题。厉以宁（2016）认为，中国改革的成功必然取决于所有制改革的成功，一定要把产权改革放在重要位置。目前，我国农村产权制度改革的讨论，归纳起来大致有这样几种：一是集体土地国有化，实行农民永佃制；二是坚持集体所有，实行使用权物权化；三是"耕者有其田"，实行土地的私有私营；四是承包权股份化，实行土地股份合作制。

1. 土地国有化的言论

关于集体土地国有化、农民永佃的讨论。这种观点就是主张土地产权一元化，集体土地也应该宣布为国有，但不改变农民的土地租赁使用关系，而且没有期限的限制。也就是土地所有权永远归国家、原农村集体的农地使用权永远归农民。周其仁（2012）认为，城市土地国有是全盘土地国有第一步，农村土地也可以以宪法形式宣布国有，也就是可以参考城市土地宣布为国有一样，以立宪方式解决土地一元化。法学专家刘俊也支持国有化是我国集体土地所有权改革的必由之路的观点。世界各国也认识到土地私人所有权对土地资源合理利用产生的制度障碍，对城市建设和公共事业发展产生的影响，以及国家对土地市场宏观调控的失灵。建议国家通过征收（征用）、行使优先购买权等法律方式增加国有土地比例和面积（周其仁，2012）。贾康（2011）认为，土地所有权改革可以按照香港的模式，在法律上都确定为国有，于法律上宣布所有土地都是国有的同时，宣布在农村实行永佃制，就是给务农者的土地承包制一个更加清晰、稳定、长久的表述，保护已实行三十年左右的农用地承包制的格局。

国有永佃制的支持者认为这一制度对土地承包和农村家庭经营格局并不会产生影响。杨经伦（1987）提出国家用永佃制形式把国家与农民之间的土地承包关系制度化和法律化，形成由土地国家所有权与农民使用权、国家所有权主体与家庭经营主体直接对应的组合结构。安希伋（1988）认为，实施国有永佃制后，土地使用权归农民，包括农民使用土地不受外来干扰的权利，农民有取得经营成果和转让土地使用权的权利，国家征收统一的地税来节约交易费用。北京大学法学院王小能（2015）建议，在法律上规定允许农民享有对土地无限期的永久使用权，然后国家以征税的方式来实现国家对土地的管理并获得地租。

2. 集体所有不变、做实使用权的观点

这个观点是土地集体所有权不变，农民土地使用权没有期限，成为永久使用权，实际就是做实了使用权并物权化了。白志全（1993）主张，应坚持土地集体所有、农民永业、允许转让、长期不变为核心的农村土地使用制度。

党国英（2010）提出，无论从理论上还是从实践上看，把土地使用权（我国农村叫承包权）做实，把所有权适当做虚，都是可行的。所谓把使用权做实或物权化，其实就是把所有权具有的经济意义都赋予使用权，使使用权成为一种基本不受所有权限制的、可以进行多种交易和处置的财产权。徐志强（2014）认为，中国土地地权结构的发展走向，仍然要在相当长的时间内通过"做虚所有权、做实使用权"的方法来不断弥合城乡地权二元割裂的局面，通过释放土地效率价值的方式来更高效地实现土地资源价值。

3. 主张私有化，赋予农民土地所有权的言论

孟令伟（2010）认为，中国土地的根本问题是所有权问题，集中表现为土地公有权绝对化、虚悬化和行政化，解决出路是赋予公民应有的土地所有权，建立城乡统一、产权明晰、多种所有制共存的土地制度。在农村，废除已经虚化、弊端百出的集体土地所有制，重建农民土地所有制；在城市，让渡可以分割的国有土地所有权，重建居民地产所有制。

陈志武（2011）认为，土地集体所有制恰恰使得土地的实际控制权集中在少数人手里，土地集体所有制变相限制了农民自由，应该把土地的真正所有权还给农民，而不是只给他们土地的使用权。

史啸虎（2017）建议将土地还给农民，他认为集体土地的使用权只是土地所有权的一部分，而且其价值也只是土地价值的一部分，只要土地的所有权不还给农民，土地使用权的流转并没有也不可能解决农民土地的发展权和生存权的归属问题。而且从法理上说，土地的使用权也是不可能永远与土地所有权分离下去，或者说脱离了土地所有权的土地使用权是不可

能无限制地流转下去的。

4. 公有制实现的其他形式探索

有人把土地股份制看作是对土地产权的改良。所谓土地股份制，就是在集体所有制基础上，把土地产权分解为土地股权、经营权和使用权，让农民拥有土地资产的股权，集体经济组织掌握土地经营权，土地租佃者享有土地使用权（李艳、汤雯，2010）。土地股份制实现对现有土地制度的"三化"（即农民所有权的股权化、集体经济组织的公司化、土地使用权的租佃化）改造（张振朋、曹小会，2008）。

郁伟年（2004）的阶段产权论是把公有产权在一段时间内私有化，强化承包权的产权权能，固化承包权期限，并以法律的强制性确立农民对承包土地完整的阶段产权，核心内容就是让农民在30年承包期内行使完全的土地产权权能。根据土地产权在内容和时间上的可分割性，在30年承包期内，农民作为承包土地的阶段主体，对依法承包的土地行使完全的所有、使用、收益、处分等权利。

也有根据土地类型分类确定产权、构建符合产权体系的观点。张新光（2004）提出，首先以2.4亿个农户的宅基地作为突破口，重点对农地集体产权进行私有化改革，逐步建立起可耕地、宅基地归农民家庭私有与公益性土地资源（包括森林、山岭、草原、荒地、滩涂、水面、道路等）归国家所有的复合型土地产权制度。文宗瑜（2008）提出了实行农村土地产权制度的分类改革思路，按照农村土地Ⅰ类、Ⅱ类、Ⅲ类、Ⅳ类的分类，实行农村土地所有权的分类改革。基本的设想为：Ⅰ类土地即农村宅基地要让农民直接拥有土地所有权；Ⅱ类土地即农村公地应该进一步落实并细化产权；Ⅲ类土地即农村征用地或农村集体所有的建设用地要让农民直接分享一部分土地所有权收益；Ⅳ类土地即农业耕地仍然维持集体所有的土地所有权制度（文宗瑜，2008）。

很多专家建议维持集体土地所有制，在落实农民的集体成员权上做文章。集体所有不是村民委员会所有，集体所有更不是村干部控制，集体所有是集体成员所有，所以要落实集体所有权就需要明确界定农民的集体成员权，要明晰集体土地的产权归属是集体成员，实现集体产权的主体清晰（韩俊，2015）。

温铁军（2015）认为，村社所有制其实是村社范围内所有成员共有、对内共享的产权，当代的农村集体所有制应叫作村社为载体的"成员权"的集合，历史上的成员权共有制就长期存在。

李昌平（2015）认为，现在所谓的改革都是"去土地集体所有制"的，如"增人不增地、减人不减地""土地承包者不向土地所有者交租""土地承包权长久不变并物权化"等改革。更大的错误是发明了"所有权、承包权和经营权""三权分离"的"重大制度创新"，还启动了全国性大规模的土地确权工作（实际上所有权是明确的，承包权也是明确的，不知道为何还要以国家的名义再次确权到户），实际上土地"三权分离"更不利于土地规模经营。这根本就是在继续假土地规模经营之名行土地私有化之实。

综合分析各方观点，笔者认为，推行国有化农民不能接受，在较长时间的公有体制下再推行私有化也容易产生社会矛盾与动荡。土地公有制是我国历史形成的基本经济制度，维护土地公有制有利于社会稳定。维持农民集体所有就必须做实产权，做实产权应该围绕农民成员权的落实做文章，"按份共有"是思路，也是原则。

二、关于农地使用权制度改革

农村土地改革的关键是农村土地承包经营权的改革，推动释放农村生产力。近几年围绕农地使用制度改革主要集中在完善土地承包制、土地股份制探索、土地规模经营以及"三权分离"等方面。

1. 完善土地承包制

在完善土地承包制上，时任中央农村工作领导小组办公室主任陈锡文接受媒体采访时将 2008 年中共十七届三中全会提出的农村土地承包经营权表述的"长久不变"，解读为中国未来的土地制度更接近于"永佃制"，以此来解决土地规模经营难题。[①]

刘守英（2013）认为中国未来的农村和农业的发展，应该是以村社为基础的适度规模化的家庭经营的模式，将田底权和田面权的分离，可以避免目前进城农民对承包地的处置困境，而放心地将经营权让渡给留在农村从事农业种植的人。张红宇（1998）认为，两田制是一种将农地分为口粮田和责任田的土地承包使用方式，其制度创新表现在将家庭联产责任制下土地的经济发展和社会保障功能进行了分离，根据公平原则，口粮田作为生活保障用地，按人口平均分配。

---

① 覃爱玲：《30 年后，土地改革再出发》，载于《半月选读》2008 年 12 月 1 日。

上海市松江区的做法是，从生产关系的角度看，松江区实际上将现行法律规定的平均承包经营制改进为平均承包、竞争经营制，集体耕地仍然由农户按人口平均承包（以二轮承包人口固化到户），但通过村集体统一流转后引入竞争机制，只出租给有能力的少数农户（赵鲲、杨凯波，2015）。有承包权的农户可以申请经营权，但并不是每个有承包权的农户都可以获得土地经营权，农户承包权可以长久不变，但土地经营权则是有期限和经常变化的。

四川省成都市的崇州"农业共营制"模式是一个多元主体共同参与农业经营的新型农业经营体系探索，其核心内容是，以土地集体所有为前提，以家庭承包为基础，以农户为核心主体，农业职业经理人、土地股份合作社、社会化服务组织等多元主体共同经营（罗必良，2014）。在家庭承包制基础上，不进行土地流转，采取联耕联种的联合经营方式实现规模经营，也是农民的非常好的创举。联耕联种具体可以包括联种分管（田间管理仍由农户各自负责）、联种统管、联管联营（专业合作社统一组织）（姚盛敏，2015）。中央农办调研认为，联耕联种没有割断农民与土地的直接联系，土地承包经营权掌握在农民手中，生产成果直接与农民自身利益紧密相连，既保留了千家万户农民家庭经营的内核，又得到了农户间联合合作的好处，在生产过程中得以普遍采用良种良法和农机，有效发挥土地规模化、集约化经营的优势，更适合约占全国耕地近 1/3 的 6.2 亿亩平原宜耕耕地的传统农区。[①] 联耕联种实际类似于省级农业合作社阶段的生产互助。

集体林权制度改革借鉴了农地承包制，现在农地承包制的再改革也可以再借鉴集体林权制度改革。关于集体林权制度改革，厉以宁（2010）提出可以仿照农地承包制，又要超越农业承包制。超越体现在：承包期限上林地的承包制定在 70 年；林地承包经营权明确可以转包、出租、转让、互换、入股、抵押等方式流转，有效解决单个农户分散经营存在的问题；林权制度改革中允许以林地使用权和林木所有权为抵押，取得贷款；同时成立农民林业专业合作社，推动林业产业化，探索国有林场、农民林业专业合作社、林业股份公司和农民家庭林场并存的林业经营模式。有学者提出集体林地所有权股份化，将现行"不可分割的"林地村社集体所有制改为股份制，即把现有的集体林地折价，形成林地资产，然后界定出股份落实到本村社各农户，各农户凭股分红、股份可以继承，以解决林地村社集体

---

① 《联耕联种：射阳农民群众的可贵创造》，载于《新华日报》2015 年 3 月 13 日。

主体缺位、所有权虚拟的问题。集体林地所有权股权化，唯一可行的方式是按村社内所有成员公平享有，之后实行"增人不增地，减人不减地"的政策，既使集体林地所有权者保持稳定，也便于使用权的转让，而且集体林地使用权100年不变。

2. 土地股份制探索

在土地股份制探索上，理论界都比较认可推行土地股份制的意义，土地股份制有利于推动土地流转和规模经营。实行农村土地股份制，农民劳动者与股东的双重身份，能更好地调动农民的积极性，农地股份制只是以农民自有的土地承包权和使用权入股，土地的所有权仍然归集体，在坚持土地公有制的前提下较好地实现产权的明晰化，可使土地相对集中，促进农业的规模化、产业化经营（李艳、汤雯，2010）。

值得总结的是，在农地使用制度改革上，不论是"做实所有权"还是"做实使用权"，农民希望土地权利稳定有保障，期限要更长甚至"永佃"，"增人不增地，减人不减地"也是共识，农民也可以不耕种，放弃经营权但不丧失承包权，两权可以分离，农地经营可以多种模式实现规模化。

三、关于土地征用制度改革

关于土地征用的概念。土地征用是各个国家或地区普遍存在的一种制度，在美国称为"最高领土权"，在英国称为"强制收买"或"强制取得"，在法国、德国和中国台湾称为"土地征收"，在日本称为"土地收用"或"土地收买"，在中国香港特区称为"官地收回"，尽管名称各异，但实质都是国家或政府为了公共目的而强制取得土地所有权或使用权的行为（张全景、王万茂，2003）。土地征用是指国家为公共利益的需要，依法将集体土地转变为国有土地的行为，土地征用的过程就是将待征土地的集体所有权转变为国有土地所有权的过程（陆红生、韩桐魁，2003）。

关于限定征地范围的论点较多。政府的文件和比较多的专家都从规范征地、保护农民权益角度提出，征地作为国家的强制性权利，应严格限制于"公共利益需要"。时任农村工作领导小组办公室主任陈锡文对媒体表示，党的十七届三中全会通过的《中共中央关于推进农村改革发展若干重大问题的决定》对征地制度改革的核心内容之一就是缩小政府征地范围，把征地限于公共利益的需要。党国英（2013）认为，农村土地征收补偿制度改革应该要确定征地行为发生的条件和征地的范围。通常认为，征收农村土地的前提是区分用地项目的公益性和非公益性，只有公益性建设项目才可征收农村土地，困难是不易区分重大公益性建设和一般公益性建设，但可以使用列举法来界定这种区别，并明确由一定层次的人民代表大会确定本级政府辖区的重大公益性建设项目。李昌平（2008）认为，征地制度的改革非常重要，把政府征地范围缩小到公益项目，而农村集体建设用地在非公益性项目上可直接入市。

杨俊锋（2012）认为，征收必须基于立法机关明确、具体的授权，并需在启动征收时通过相应的正当程序先行认定是否合乎法定目的，而法院则享有最终的审查权，并且仍要符合相对、动态的实体标准。

关于**农民权益保障和提高补偿标准**。叶兴庆认为，一旦被征地，失地农民应当参与增值收益部分的分配，分配标准应当根据各地城市化和收入水平确定，补偿标准取消 30 倍的"天花板"上限，体现了国家对土地征收过程中农民合法利益的保护。① 张晓玲（2014）认为，下一步推进征地改革，关键还在于约束公权、维护私权，寻求公权与私权的平衡。

中国社会科学院农村发展研究所研究员党国英（2013）主张：一是要保障农民征地谈判的主体地位，提高农民在土地增值收益中的分配比例；二是要形成长期保障机制，通过货币、就业、培训、留地、入股、纳入城市社会保障体系等多种安置方式，解除失地农民的后顾之忧，征地补偿改革所提的"提高十倍补偿"是计划思维。

四、关于宅基地制度改革

宅基地制度是中国农村特有的制度，具有依成员资格申请、福利分配、无偿取得、限制流转等特殊性。在城镇化进程中，宅基地如何变成农民的财产权、宅基地如何有偿退出和自由流转成为宅基地制度改革讨论的热点。

刘守英（2015）认为，宅基地制度矛盾化解的基本思路是：明确宅基地用益物权的内涵，完善宅基地权利体系；改革宅基地无偿获得和集体成员分配制度；改革村庄规划方式，完善用途管制。王小映（2015）认为，从现行法律来看，农民宅基地使用权是一种不可转让的用益物权，是一种具有福利性质的集体土地使用权，就像经济适用房一样，一个家庭只能享受一次。从宅基地的取得和性质来看，虽然它是福利性配给的，但也是农

---

① 刘敏等：《新型城镇化"新"在哪里?》，载于《新华每日电讯》2013 年 2 月 28 日。

民的财产，宅基地的流转可以参照城镇居民经济适用房改商品房的方式进行，以"付费升级"的办法将宅基地使用权升级为一种可以转让的土地使用权，如集体出让土地使用权，这样整个土地和房屋就可以进入市场流转。

郑尚元（2014）认为，统一规划、分类管理、尊重历史、反映现实才是厘清农民宅基地流转的症结所在。农民通过宅基地上房屋的买卖确实可以获得财产性收入，因而禁止流转可视为变相地对农民权利的剥夺（王崇敏，2014）。毛维国（2012）认为，农民在处分自有住房及宅基地使用权方面应该和城镇居民一样享有平等的法律地位和权利，房屋是农民的私有财产，限制农民私有财产流转，实际上是对农民私有财产权利的剥夺。

当前宅基地改革讨论的方向主要在如何给予农民更多财产权、物权，在宅基地的流转、抵押上有所突破。

第三章

中国新型城镇化面临的问题

当前是中国城市化快速发展的时期，也是城市化进程中问题与矛盾的凸显期。在中国城市化的快速发展过程中，存在着诸如过度城市化带来城市病、城市化质量不高、土地资源浪费严重、工业化与城镇化不同步等问题，面临的资源、环境和社会矛盾也日益突出。

第一节 快速城市化带来的城市病

所谓城市病（urban disease），是常常与人口在大城市过度集聚相伴随的若干社会管理和公共服务问题的统称（林家彬、王大伟，2013）。城市病的诱因往往都是大量的农村居民涌入城市，城市人口迅速集聚，造成"过度城市化"。工业化如果滞后于城市化，产业发展就难以提供足够的就业机会，少数特大城市过于臃肿，大城市中的社会管理和公共服务不能保障，公共资源特别是优质公共资源在不同规模、城乡之间失衡，从而带来就业、医疗、教育、交通等问题。人口拥挤、交通拥堵、环境污染、住房困难等是现阶段我国较为突出的城市病。

一、人口拥挤

人口向大城市集聚的趋势明显，大城市的数量在不断增加，大城市人口占全部城市人口比重也在不断增加。1978 年，中国没有千万人口级别的巨型城市，2010 年第 6 次全国人口普查数据显示，中国已有 6 个千万人口规模的城市（其中 2 个城区人口超千万）；1978 年全国只有 29 个百万人口以上规模的城市，2014 年则达 140 个。[①] 2015 年，全国城市（含县级市）数量达 655 个，较 2000 年减少了 8 个，基本保持稳定。其中，地级市增加了 32 个，县级市减少了 40 个。从规模层级看，除小城市外其他城市数量均有增加，其中，超大城市增加了 5 个，特大城市增加了 1 个，大城市增加了 14 个，中等城市增加了 47 个，而小城市则减少了 65 个。[②] 从城市规模结构的变化趋势来看，大城市数量明显增加，特别是 50 万~100 万人和 200 万人以上人口规模的城市数量增幅最为显著。截至 2014 年底，我国超过 1000 万人口的城市有 6 个，超过 400 万人口的城市为 21 个，100 万以上人口的城市已达 127 个。

与此相应，人口也呈现出优先向大城市集聚的明显趋势，大城市的常住人口增长显著快于中小城市。2000~2010 年，6 个超大城市城镇人口增长约 2800 万人，占全国城镇人口比重提高了约 0.7 个百分点；县城与镇城镇人口增长约 8000 万人，占全国比重由 22.2% 提升至 27.6%。而其他层级城镇人口占比均有所下降，其中，特大城市城镇人口占全国比重由 9.2% 下降到 8.5%，大城市城镇人口占全国比重由 22.2% 下降到 21.0%，中等城市城镇人口占全国比重由 15.8% 下降到 14.2%，小城市城镇人口占全国比重由 19.3% 下降到 16.7%。

二、交通拥堵

目前，我国的大城市普遍呈现交通拥堵状态，也就是车多拥挤且车速缓慢，通常出现在上下班高峰等时刻。交通拥堵状况可从两方面指标得以反映。首先是机动车车速下降。近几年北京虽然通过限号和道路节点改造等措施拥堵状况持续改善，但汽车保有量不断增加，2015 年达 533.44 万辆，交通拥堵指数 5.7，成为 2015 年"十大堵城"之首，因而被戏称为"首堵"。根据北京市交通委员会发布的交通指数，北京高峰时段平均车速 22.61 公里/小时，部分快速道路高峰时段机动车的平均速度在 10 公里以下，低于自行车 12 公里/小时的车速。据上海市城乡建设和交通发展研究院发布的《2016 年上海市综合交通运行年报》，2016 年上海市均快速路拥堵区段数 9 个，浦西快速路早、晚高峰车速分别为 40 公里/小时、44 公里/小时，同比下降 1~2 公里/小时。新增限行时段 15 时至 17 时、19 时至 20

---

① 《国家新型城镇化规划（2014—2020 年）》，www.gov.cn，2014 年 3 月 16 日。
② 李晓江、郑德高：《人口城镇化特征与国家城镇体系构建》，载于《城市规划学刊》2017 年第 1 期。

时车速提高 3~7 公里/小时。外环线交通拥堵指数同比增长 5%~10%，拥堵时间同比增长 50%~80%。其次是人均通勤时间延长，资料显示，美国人上班平均单程花费 25.1 分钟，其中纽约 34.6 分钟，为全美最高，而北京通勤时间平均为 1.32 小时，单程约为 40 分钟，上海单程约为 36 分钟。①

交通问题主要表现在：

（1）人流快速增长。根据朱颖慧（2011）的分析，北京每增加 1 个人，每日交通出行量增加 2.64 次，新增交通供给能力将很快被人口增量所抵消，六环路以内地区日行总量已达 3500 万人次。②

（2）汽车数量快速上升。截至 2014 年底，全国机动车保有量达 2.64 亿辆，其中汽车 1.54 亿辆。2014 年，小型载客汽车达 1.17 亿辆，其中，以个人名义登记的小型载客汽车（私家车）达到 1.05 亿辆，占小型载客汽车的 90.16%。与 2013 年相比，私家车增加 1752 万辆，增长 19.89%。③中国目前千人汽车保有量已有 54 辆。随着经济进一步发展，家庭购买力显著增强，私人轿车成为拉动私车保有量大幅上升的主要因素。汽车数量仍在持续增加，新增交通供给能力难以跟上新增交通需求，交通拥堵的问题越来越严重。

（3）潮汐式交通现象严重。在一线城市表现出上班时间进城方向拥堵、下班时间出城方向拥堵的潮汐式堵车现象。

三、环境污染

拥挤的人口、拥堵的交通、输入性生活消费、脆弱的环境自净力，再加上城市本身的热岛效应，如果防控措施跟不上，城市环境必然日益恶化——这是与城市的集聚直接相关的弊端之一，迄今即便发达国家的大城市环境质量也几乎无一例外地劣于本国产业结构相似的中小城市（王正平，2014）。

可以将我国大城市普遍出现且民怨集中的环境污染总结为三个方面：

（1）空气质量恶劣。2010 年，因为可吸入颗粒物浓度超标，全国17.2%的城市空气质量未达到国家二级标准。京津冀、长江三角洲、珠江

① 《"城市病"缘何而生？北上广城市病比发达国家严重》，载于《人民日报》2014 年 5 月 12 日。
② 朱颖慧：《城市六大病：中国城市发展新挑战》，载于《今日国土》2011 年第 2 期。
③ 《2014 年全国机动车和驾驶人迅猛增长》，中华人民共和国公安部网站，2015 年 1 月 27 日。

三角洲等区域 PM2.5 和 O$_3$ 污染加重，灰霾现象频繁发生，上海、广州、天津、深圳等城市的灰霾天数分别占全年总天数的 30%~50%。[①]

（2）垃圾围城。人口的大量增加和生活水平的提高、生活方式的变化等，都使城市生活垃圾快速增长。据 2005 年的统计，生活垃圾无害化处理率平均仅为 59.71%（实际真正符合无害化处理要求的不足 20%），有至少超过一半的垃圾未经处理随意堆置。[②] 2005 年参加城市环境考核的 509 个城市，130 个城市生活垃圾无害化处理率为 0，占 25.6%。人口膨胀让城市基础设施超负荷运转，垃圾处理能力不足。

（3）水体污染。中国水资源条件差，但城市水资源利用方式粗放、用水浪费、利用效率不高、污水排放量大的问题却十分严重。我国大多数大城市的地表水污染严重，北京、上海、广州、深圳四个一线城市的饮用水源以外的地表水，均以 Ⅳ、Ⅴ 类水为主，城市缺水问题日益加剧。有 400 多个城市面临着不同程度的缺水，其中 200 多个城市严重缺水。在缺水城市中，只有 31 个城市属于绝对水资源缺乏的资源型缺水，尚不到缺水城市总数的 10%，其他多是由于地下水环境污染、用水浪费造成的。[③] 2005 年参加"城考"的 509 个城市，城市生活污水集中处理率平均仅为 29.44%。据此估算，全国有至少超过 70% 的城镇污水未经处理直接排入江河湖海，全国流经城市的河段中约 90% 受到严重污染。

四、住房困难

住房困难人群大致分为三类：一是以农民工为主体的流动人口，没有能力租住成套房，既不能获得住房补贴，更不会有福利住房分配政策；二是有城市户籍的低收入人群，也有相当数量居民不能解决其基本居住需求；三是存在大量"蚁族"群体，"蚁族"是对"高校毕业生低收入聚居群体"的形象统称，他们主要聚居于城乡接合部或近郊农村，形成独特的"聚居村"。

城市病与"大"无关，而"快"是根源。不管城市大小，都应该有与人口规模相适应的城市公共服务。基础设施跟不上，规划超前意识和人本意识差，城市治理能力和投资的不足等，不能满足城市人口的需求，必然

---

① 刘文清、刘建国等：《区域大气复合污染立体监测技术系统与应用》，载于《大气与环境光学学报》2009 年第 4 期。

②③ 王正平：《中国首位级城市"城市病"：表现、根源及其治理》，复旦大学硕士论文，2014 年。

带来交通、环境、住房等压力，反映出资源配置的不足。加上经济发展、城市建设理念和方式的不科学、不合理，暴露出地方政府求快、求大、求洋的心理，会带来城市环境、交通等方面难以治理的病灶，我们需要在新型城镇化建设中加以解决和避免。

第二节　城市化质量不高

一、土地城镇化快于人口城镇化

　　根据中国科学院遥感与数字地球研究所的城市扩张卫星遥感制图，1980年，我国城市建成区的总规模大约为5000平方公里，2000~2009年中国城市的建成区面积从2.18万平方公里增长到4.05万平方公里，其中人口大于50万人的城市在此期间建设用地年均增长率为7.01%，到2010年城市建成区的总规模已经扩大到4.6万平方公里，城市建成区总规模扩大了8.2倍。[①] 但是按照现有统计口径，1980年城镇人口约是1.9亿人，2010年约是6.7亿人，城市人口只增加了2.5倍左右。同期城市人口年均增长率为5.83%，城市人口密度年均下降1.11%，低于世界平均水平。中国社会科学院发布的《2009中国城市发展报告》显示，2001~2007年，地级以上城市市辖区建成区面积增长70.1%，但人口增长只有30%。[②] 这意味着，我国土地城镇化的速度快于人口城镇化的速度，而且基本快了1倍。

　　1. 城市空间扩张过快，土地闲置浪费严重

　　一些城市不断规划新区，搞大学城，设开发区，过分超前的拉开"城市框架"，导致用地粗放和闲置，而人口的引入和集聚速度滞后，人口密度低。依据《国家新型城镇化规划（2014—2020年）》的相关数据，2000~2011年，城镇建成区面积增长76.4%，远高于城镇人口50.5%的增长速度；农村人口减少1.33亿人，农村居民点用地却增加了3045万亩，全国人均城镇工矿用地也快速增加，从130平方米增至142平方米[③]。目

　　① 王建武、卢静：《节约集约成就美丽梦想——看发达国家城镇化建设怎样用地》，载于《资源导刊》2013年第8期。
　　② 高云才：《城市化不能"大跃进"》，载于《人民日报》2011年2月14日。
　　③ 《国家新型城镇化规划（2014—2020年）》，载于《农村工作通讯》2014年第6期。

前，我国城市容积率约为 0.33，而国外的一些城市则达到和超过了 2.0，土地闲置是造成我国容积率低下的重要原因。国家发展和改革委员会城市和小城镇中心魏劭琨调研发现，大量城市新增土地用于工业园区建设，而工业用地强度普遍偏低，容积率一般只有 0.3~0.6，2010 年全国处于低效利用状态的城镇工矿建设用地达 750 万亩，96 个新城新区公布的规划面积共计 6105 平方公里，平均每个新城新区达 63.6 平方公里，相当于现有城市面积的一半多。①

在土地快速城镇化的过程中，土地利用结构也极不合理。工业用地比例过高，独立工矿用地（开发区）和基础设施建设占用大量土地，住宅和商业用地、公共用地所占比例过低。根据有关统计数据，我国国家级和省级的开发区超过 1500 个，开发区的平均面积超过 6 平方公里。由此带来资源配置的不合理和公共福利水平的低下。

2. 土地扩张没有带来城市人口的增长

很多城市特别是大城市只重视土地扩张，但限制外来人口特别是农民工的市民化，实际人口城镇化水平严重滞后。2009~2011 年，直辖市、省会城市和地级城市建成区面积扩张速度分别为 7.12%、5.45% 和 14.98%，而吸纳的农民工增长速度分别为 12.04%、6.78% 和 4.15%，地级城市土地扩张速度大大快于吸纳农民工的速度。②

国务院发展研究中心金融研究所副所长巴曙松认为，土地城镇化速度快于人口城镇化速度是共识。总体上看，根据对不同地区不同时期的数据测算，城市用地规模增长弹性系数（即城市用地增长率/人口增长率）为 1.36~2.30，高于世界公认的合理限度 1.12。而我国 1990~2000 年间，土地城镇化速度是人口城镇化速度的 1.71 倍；2000~2010 年间，土地城镇化速度是人口城镇化速度的 1.85 倍，相比于东部，中部和西部这一现象更为突出，中部和西部城市土地扩张速度是人口扩张速度的 3~5 倍。③

土地城市化快于人口城市化也是重外延、轻内涵的结果，"一任书记一座城，一届市长一新区"，新城新区建设泛滥。这个问题在南京也比较突出。在 20 世纪 90 年代时，政府希望"跨江发展"，要重点规划建设浦口、大厂和六合，但 20 多年来江北并没有真正发展起来，规划的大学城没

---

① ② 魏劭琨：《破解制度困境 释放改革红利》，载于《中国国土资源报》2013 年 12 月 26 日。

③ 巴曙松：《低成本的土地城镇化不可持续》，载于《人民日报》2013 年 10 月 16 日。

有集聚大学，大学反而纷纷跑到了仙林和江宁；后来的书记转变思路，制定"一城三区"城市发展战略，确定了以河西新区、仙林大学城等为重点发展方向。因为受无法跨江的限制，"十二五"期间的重点变成发展江宁新区。后来换了新的市长，重新规划在城东马群、麒麟开发新区。城市发展方向东南西北试了个遍，一任领导一个方向。加上南部新城、雨花区软件谷、江北化工园、江心洲生态科技岛等，当地政府称之为十大板块功能区。目前，除河西新城借助亚青会、青奥会等国际赛事活动快速建设发展，初步形成南京市城市新中心外，其他各板块都因重要的服务设施（医疗、教育）不配套，城市缺乏人气，吸引不了多少人入住新区。2015 年 6 月 27 日，国务院正式批复同意设立南京江北新区。该新区位于南京市长江以北，由浦口区、六合区和栖霞区八卦洲街道构成，总面积 2451 平方千米，占南京市域面积的 37%，核心规划范围 788 平方千米，是总体规划确定的主要建设区域。"十三五"期间，南京市城市发展重点即将从主城内的河西新城向江北新区转移，以国家级新区的形式实行了大规模的"土地城镇化"。

二、城市化成为地方政府行政升级和扩权的运动

20 世纪 80 年代以来，各地城市化速度加快，在很大程度是受设市、设镇标准的调整和大量撤县设市设区、撤乡设镇的影响。这种"县改市""县改区""乡改镇"的行政建制变化，盲目跟风，在大量乡村人口未发生就业和居住地域转移的情况下，在统计上虚化扩大了城镇的数量和城镇人口的规模，导致城镇实体地域与行政地域混乱。改革开放以来，中国把县改为市、把行署升级为地级市、设置计划单列市等等，造成了中国行政系统的大扩张。[①] 把城市化等同于"县改区"和"撤乡并镇"。但产业发展跟不上，基础设施落后，这种形式的城市化并没有改变城乡面貌。

撤县设市、设区是一种完全的行政主导。如果城市化有比较科学的设市标准，把"设市"去行政级别化，就可以有副省级市、地级市、县级市、镇级市甚至村级市，正如李克强在江苏考察时所说的，[②] 城镇化要有产业做支撑，实现产城结合。不论是撤县设区还是撤县设市，不能仅盯着是否可以扩权力、增财力，而应该看是否按城市的标准完善配套设施、增

① 郑永年：《中国已陷入城市化陷阱》，人民论坛网，2015 年 12 月 30 日。
② 《城镇化要产城结合》，《京华时报》2013 年 4 月 1 日。

加就业、吸纳人口进城，地区的竞争力是否得到增强，产业的集聚度是否提升了，以及是否更有利于城乡融合发展。要把撤县设区、撤县设市、撤镇设市建立在经济发展基础上。一些辖区人口、产业体系等已经完全融入邻近城市的地方可以撤县设区；一些人口结构和社会生活形态都已经独立城市化的地方，撤县设市甚至撤镇设市，是符合城市和社会发展规律的。如果一个初具城市规模的 10 万人以上居住人口的工业重镇改为城市（与级别无关），笔者相信一定有利于该区域的城市化进程。

三、农民难以变市民，"半城市化"现象严重

中国新型城镇化的过程，也是消除二元经济结构的过程，是构建城乡一体化发展格局，推进农民工市民化的过程。樊纲（2009）指出，城市化的本意是农村变城市或农民变市民，其本质是农村人口转移到城市，在城市定居和工作。城市外来农村人口能否被城市文明所同化，是衡量城市化质量的一个重要方面。中国的快速城市化质量不高——以农民工为主体的流动人口较难享有完善的城市公共服务，他们只能算作"半城市化"。如果以享有完整公共服务的"居户一致"的城镇户籍人口作为城市化度量的标准，则我国城市化水平要低得多。

2000 年城镇化率为 36.22%，非农人口比重为 26.08%；2010 年城镇化为 49.95%，非农人口比重为 34.17%；2012 年城镇化率达到 52.57%，非农人口比重为 35.29%。[①] 超过 10% 的人口属于转移进城的农业人口，没有享受到和普通市民同样的城市公共服务，只能是"半城市化"人口。

这些没有城市户籍的"城市人口"中，以奔走在城市和乡村之间的进城农民工为主，这些人口并不是严格意义上的城市人口。以农民工为主体的流动人口成为城市化率快速提高的主要贡献者。有学者把这种城市化称作半城市化、浅城市化。但笔者并不赞同"伪城市化"的说法，"伪城市化"本身就是一个伪命题。因为实际上这些人已经是"居住城市的人"，只是我们非要论户口簿说话，没有城市户口就不给子女受教育的权利和其他社会保障，就不能算"城镇人口"。根据国家人口计生委相关研究，1982 年全国流动人口规模为 657 万人，1990 年增加到 2135 万人，2009 年全国流动人口 2.11 亿人，占全国总人口的比重提高到 15% 以上。到 2010

---

① 武洁、权少伟：《我国人口城镇化率统计与推算方法探讨》，载于《调研世界》2013 年第 7 期。

年，根据第六次全国人口普查数据，全国流动人口已经达到2.61亿人，其中进城农民近2亿人。在大规模的流动人口中，农民工及其家属是流动人口的主体。根据各方面资料我们大致推算出，1982年我国大约有250万进城农民工，1990年约为2000万人，2000年约为8000万人，2005年达到1亿人，到2009年我国进城农民工约达到1.6亿人；进城农民工占流动人口的比重也由1982年的38%上升到2010年的75%，占全国人口的比重也增加到约13%。据《速度与阵痛：中国城市化调查》的报告，1980年只有19%的中国人口居住在城市。根据政府的预测，这个数字在2020年可能达到60%。来自农村地区或其他城市的外来务工人员在中国城市人口中的比例已经达到一半左右。

现在，只要在城镇生活半年以上，就可以被我国城镇人口调查时统计为城市居民。但许多农民在户籍、社会保障等制度改革不到位的情况下，并没有真正成为市民，只是被城市化而已。目前，我国常住人口城镇化率滞后于户籍人口城镇化率17%，许多进城农民并没有成为真正的市民，还有一些农民坐地被城市化，成为"扛锄头的市民"。因此，中国真正意义上的城市化率被严重高估。

就城市而言，农民工进了城却落不了户，城市里出现市民和非市民之分，城市成为二元结构社会。进城农村人口在统计意义上被承认，并不代表其城市化过程的完成。农民进城只是人口城市化过程的开始，还不是人口城市化过程的完成。在短期内这只是人口城市化量的增加，还不是人口城市化质的全面提升。在目前的城乡二元格局下，进城农民具有城乡双重属性，是处于城市社会边缘的群体。他们虽然居住在城市，从事非农产业，但重要的是缺乏市民身份，转变生活方式。一方面，城市对进城农民的身份歧视、就业歧视一直难以消除。进城农民获得市民权利和城市社会保障的"门槛"过高，很难获得同工同酬的待遇，更无法享受到城市提供的医疗、子女教育、养老、经济适用住房等社会保障和权利，难以融入城市社会。由于缺乏城市的身份认同和社会保障，难以获得同等市民待遇，进城农民实际上无法割裂对土地的依附。另一方面，进城农民自身素质也不能适应市民化的转变和城市现代化的要求。首先，进城农民的受教育水平较低，难以成为企业实现技术进步、产业结构升级的有生力量。其次，进城农民在思想观念、行为方式和生活方式上与市民仍存在较大差距，需要进一步完成农民的非农化和向市民化的转变。

城市化本身是人口和产业的集聚，是土地空间利用上更加集约，但城市在土地空间上的快速扩张，把城市化变成了圈地运动。要想改变这个状况，我们需要城市有严格的用地控制标准；要有与人口增长相协调和同步的用地增长控制机制；要有城市扩张的边界；要有土地利用效率特别是工业用地的评价机制；要有土地供应规模与结构的双管控。城市应该有相应的内涵和标准，应该将行政地域与实体地域区分开，城市化不能靠撤县设市、区划调整来拔苗助长。

城市化也不是人口户籍改革换来的城市化，而是要解决进城人口的公共服务与市民待遇。在推进城市化进程中，必须高度重视城市外来农村人口的市民化转变，把进城农民平等地作为城市居民，在城市规划、建设和管理中同等考虑配建公共服务设施和用地的需求，更为关键的是为农民进城就业创造更多的机会。

第三节　产城发展不同步

一、过热房地产开发和土地财政依赖

在城镇化过程中，地方政府严重依赖"土地财政"，这是我国城镇化中的普遍问题。推动城镇化要求地方政府投入大量的资金用于征地拆迁和基础设施建设，在目前的财税体制下，地方财政实力较弱，只能走土地财政之路。

城镇化被房地产绑架，成了造城运动。一些地方将城镇化发展片面地理解为房地产化，房地产几乎成了城镇化的代名词，城镇化建设被简单理解为基础设施建设带动房地产开发，城镇化完全被盖新楼、建新区取代。造城运动最为典型的是温州和海南。温州炒房客丛生，2012 年底由于民间信贷危机导致房企之间掀起价格战，当地楼盘价格跌幅居全国之首；而海南则是过分炒作国际旅游岛的概念，在旅游服务等配套产业未能及时跟进的情况下，盲目圈地建设，导致房地产市场泡沫破灭（张际达，2013）。人为造城的结果往往是出现"空城"和"鬼城"。过度的房地产开发导致楼盘空置，新区新城由于人口一时难以集聚，公共交通、基础设施、商业配套，以及学校、医院等跟不上，买了新房的人也无法居住生活，就出现了居住人口少—配套建设过早，投资会浪费—配套不全，不宜居住—实际居住人口少的恶性循环中，破不了这个循环，无法实现"产、城、人"的融合发展，新区开发就是死路一条。据《中国鬼城盘点》的新闻，中国出现了 12 座"鬼城"，包括北方矿产名城鄂尔多斯和中部赫赫有名的郑州郑东新区。[①]

　　城市化带来的巨大需求使房价不断上涨，这也引来了大量资本开始进入房地产市场炒房。炒房的结果是，住房供求更加失衡，于是房价涨速更快，高房价又成了阻碍农民进城落户的最大障碍。地价不断上涨必然推动房价报复性上涨。一线城市频频传出"地王"新闻，大城市土地拍卖价格屡创新高。蔡继明（2013）说，现在的房地产发展严重阻碍着国民经济的发展，阻碍着我国城市化进程，如此高的房价不仅使进城务工的农民买不起房，城市中低收入阶层以及刚刚毕业的大学生也买不起房、租不起房。[②]

　　我国现有的行政及财政体制为地方政府通过城市空间上的扩张提供利益基础和逐利动机。城市扩张，地方政府需要资金投入，资金又主要来源于土地出让，不断卖地就会推动城市不断扩张，于是出现城市化进程中的泡沫化现象。城镇政府可以通过低价征用集体土地来建设各种开发区和扩张城市规模，有力支撑了我国总计 2.5 亿农民进城，有效推进了城镇化的进程。同时，土地也为城市基础设施建设提供了大量资金，2001～2011年，全国土地出让总价款 12.6 万亿元，土地出让收益和税收达到 6.9 万亿元。[③]

　　各级地方政府推进城市化既要快速体现政绩，也要筹集解决大量资金。从 1994 年开始的全国税务制度改革，使财政制度更加集中化，中央政府的收入日渐增加。中央政府常常是根据当地的户籍登记，即户口数据为社会服务拨款，但这些数据并未算入在城市生活却没有城镇户口的外来人口。现金短缺的市级政府，更缺乏为外来人口提供医疗保健或教育等社会服务的动力。为了支付这些费用，各市变得过度依赖出售土地使用权和贷款。这种过度依赖也加剧了土地粗放利用，催生地产泡沫。

　　土地扩张型的城镇化，导致政府负债累累。解决巨额财政负债的办法似乎又只能是继续卖地。大量城市有一半甚至 2/3 的城市建设资金都来自土地出让，中西部地区很多城市的建设资金基本全部依靠土地出让金。审计署审计长刘家义披露，通过审计调查 18 个省、16 个市和 36 个县本级，截至 2009 年底，这些地方的政府性债务余额高达 2.79 万亿元，2010 年底政府性债务大概有 40%左右要靠土地收入偿还。[④]

---

　　① 罗宇凡、华晔迪：《鬼城说警示房地产过度依赖症》，载于《新华每日电讯》，2013 年 7 月 30 日。

　　② 蔡继明：《高房价严重阻碍着城市化进程》，中国经济网，2013 年 3 月 9 日。

　　③ 魏劲琨：《破解制度困境 释放改革红利》，载于《中国国土资源报》，2013 年 12 月 26 日。

　　④ 魏劲琨：《破解制度困境 释放改革红利》，载于《中国国土资源报》2013 年 12 月 26 日。

二、城镇化与工业化不同步

近些年来，很多城市规模大了，但缺少实质内容，缺少产业支撑，产业基础薄弱，产业结构层次低，要素集聚能力不强，就业岗位少，难以解决新增劳动力的就业问题。城市化水平滞后于工业化水平。2012年，中国城镇化率与工业化率之比为1.2，远低于世界2.0的平均水平。当前城市进入门槛不断提高，城市就业渠道不断收窄。农民不能就近就业，在城镇的农民工有70%以上希望在家乡周边就业，但过去乡镇工业发展，只工业化不城市化，农民离土不离乡。中国中小城镇数量多，分布地域广，但规模普遍偏小，功能偏弱，很多都缺少产业依托，就业门路狭窄，无力吸纳农村剩余劳动力，对农村发展的带动作用有限，这也是一些中小城镇衰落的根本原因。很多2万人以下的小城镇都无法解决就业问题。

现行财政体制下，地方政府推进城市建设离不开房地产开发，房地产开发也为城市基础设施建设提供大量资金，丰富城市住房的产品供应。但如果城市无序扩张，负债经营并过度依赖房地产提供的土地财政，就像企业盲目扩大生产经营规模一样，走进绝路。政府财政体制要改革，地方政府的运作经营要理性，土地供应制度要改革，人地钱的资源配置要挂钩。城市化一定要有产业支撑，有了产业才有就业，有就业岗位才会有劳动力和人口的集聚。工业化推动下的城镇化才是真正的城镇化。

第四节　城乡发展不统筹

一、城际间、城乡间缺乏整体协调和统筹规划

城市发展过程中区域协调不足。表现出来的问题是恶性竞争、重复建设（指基础设施）以及严重的地方保护。地方之间争资源、争项目、争企业，但污染谁都不治理。在中国现行行政管理体制下，市际间的利益冲突和摩擦频繁产生。区域内政府块块分割，形成行政壁垒，市场分割和地方保护阻碍了经济要素的自由流动和跨地区的经济合作，城市间各自为政。

此外，不同区域的中心城市之间以及区域内城市之间缺少横向联系，人才、信息、资金交流缺乏畅通的渠道，产业链条薄弱，各城市自身优势

和特色没有建立起来，尚未形成完善的网络体系。区域中心城市与周边城市的经济联系不强，中心城市带动整个区域经济繁荣的能力受到抑制。中国长期形成的"行政区经济"和"条条经济"格局已经严重阻碍了区域发展和城市化进程，建立有效的区际协调合作机制已成为共识。城乡基础设施建设也缺乏统筹规划协调，要么是基础设施不能全覆盖，要么就是重复建设，造成浪费。

二、农村空心化，农业受影响

随着工业化、城镇化快速发展，农村空心化，农村劳动力流失，农户兼业化、人口老龄化等问题日益突出。刘彦随说，农村空心化直接导致农村"三留"人员增多、留员主体老弱化和土地空弃化，破坏了乡村人居环境，造成土地资源的双向浪费。据中国科学院的报告估算，全国农村居民点用地规模约 2.48 亿亩，占建设用地总面积的一半以上，户均近 1 亩（包括废弃和闲置的宅基地、打谷场、坑塘、可整理林地等），人均达到 220 多平方米。该报告评估我国空心化农村土地整治现状潜力约为 1.14 亿亩。[①]

农村年轻人比例下降，农村常年只有少量的留守人员。大量农村人口尤其是青壮年劳力都选择到城市打工或者寻找创业机会，在农村居住和从事农业生产的人口逐渐减少，甚至出现"空村"。村庄人口的空心化逐步发展到土地闲置、企业关闭和基础设施荒废等整体性空心化。现在留在农村居住和生活的基本是妇女、儿童和老人，号称"386199 部队"，"38"即妇女，"61"指儿童，"99"代指老人。靠这些人员从事农业生产不但生产受影响，也无法治理乡村。农民外出打工定居城镇，导致村庄房屋大量闲置。在村庄改造中，统一新建住宅后，也有不少农户不愿意拆除旧住宅，出现一户多宅现象，耕地资源减少和房屋闲置增多并存。宅基地废弃、空置与低效利用是空心村问题的核心。

乡土文化被边缘化。农村不再是封闭的，对外交通更加便捷，网络全覆盖，信息传播快，外部文化不断渗透到农村，乡土文化趋于边缘化。导致村庄空心化的首要原因并不是人的离开，而是公共生活的缺失，乡村教育逐步空心化。随着人口出生率的下降和一部分孩子跟随外出的父母到城里去读书，在村里读书的孩子越来越少，没有学校的村庄就像没有孩子的

---

① 张晏：《空心村：空了的不止是村庄》，载于《中国国土资源报》2012 年 4 月 28 日。

家庭（罗德胤，2016）。

农村没有职业农民或农业产业工人。刘守英（2013）认为，农民家庭内部对劳动力的配置自然是主要劳动力外出从事非农就业，土地留给老人、妇女这样的半劳力打理，这就造成了现在比较突出的农业老龄化和妇女化问题，并且农业也日益自给化，土地的效率日益降低。"转移农民，减少农民"后，谁来种地？有点知识、有点文化的农民，尤其是农村"90后"的青年都转向了城市，对农田投入的技术、管理的层次必然会有所下降，使农业的产出和质量大大下降。

耕地大幅减少、质量下降潜藏的粮食危机。房地产开发、工业化城镇化扩张、大学城、"公铁机"（公路、铁路、机场）等建设，导致农村耕地的锐减，其减少的速度和幅度令人惊心动魄，1999~2008年，我国耕地面积减少1.12亿亩，每年平均减少1000多万亩，建设占用耕地占优补劣问题比较突出，耕地质量退化趋势加重。

三、城乡之间的贫富差距拉大

过去30年，中国城乡之间的贫富差距加大。从政府数据来看，1978年，中国城镇家庭的收入是农村家庭收入的2.5倍。到2012年，城镇居民的收入是农村居民收入的3.1倍。尽管农民工在城市里挣的钱比留在乡下的人多，但他们享受不到很多社会福利及住房补贴项目，这些通常是留给有城镇户口的居民的。农民工进城作为弱势群体，在养老、医疗、住房、子女的教育等方面没有保障。

很多进城的农民，因为受教育程度低，进城后并没有务工就业能力，在城里很多从事废品收购，甚至在城边郊区种菜，成为城市农民，而不是农民工。进城的"农民工"自身教育程度低，子女在城市的教育也很难得到保证。教育程度的分化将使"农民工"这一社会阶层凝固化，职业世袭化，农民工的孩子将来还是农民工。要解决这个群体与城市居民的贫富差距，避免贫困的世袭化，既要对这个产业工人群体建立一个职业培训体系，也需要对这个群体的子女，即数以千万计的留守儿童保障其公平接受教育的权利，不再是低端产业的主力军，而是可以成为新兴产业的人口红利。

进城农民工中需要特别关注的是高龄农民工问题。根据国家统计局发布的数字，2012年我国共有农民工26261万人，其中50岁以上的高龄农民工占15.1%，共计3965万人，而2008年时高龄农民工仅为2569万人，占全部农民工数量的 11.4%。五年之内，高龄农民工数量增加了 54%，总人数增加了近 1400 万人。到 2012 年，外出农民工参加养老保险的只有 14.3%，参加医疗保险的只有 16.9%，难以领到退休金，又缺少积蓄，白发的高龄农民工不得不继续工作以维持生活开支。[①]

新型城镇化强调统筹发展，这就需要打破行政界限和城乡分割，在大的区域内、都市圈内、城市群内建立起城市之间的产业分工协作，高速公路和高铁的连通，城市之间的同城化、一体化。同时，城市化要以城带乡，带动农村改善、农业发展和农民致富，缩小城乡差距。在城市群内和大城市周边建设田园城市和美丽乡村，增加就业，改造农村，研究就地城镇化的解决路径。

---

① 赵昂：《3900 余万高龄农民工归宿何方？》，载于《工人日报》2013 年 6 月 20 日第 5 版。

第四章

新型城镇化的新背景

第一节 高铁城轨时代的到来

2016 年 3 月，国家发改委与交通运输部联合发布了《交通基础设施重大工程建设三年行动计划》，该计划公布了包括铁路、公路、水路、机场、城市轨道交通五大类共计 303 项即将开展的重大建设工程，涉及资金共计 4.7 万亿元。其中城市轨道交通是最大亮点，正在迎来密集开工。未来 3 年城市轨道交通新开工项目数分别为 51 个、33 个、19 个（2015 年新开工 23 个），新开工里程分别为 1274 公里、695 公里、416 公里，涉及总投资分别为 9098 亿元、4804 亿元、2576 亿元，合计 16478 亿元，未来 3 年投资有望高速增长。铁路的投资重点集中在高铁、中西部铁路和城际铁路，2016 年重点推进项目 34 个，涉及总投资 7803 亿元，2017/2018 年重点推进项目 29/23 个，涉及总投资 4946/6994 亿元。

目前，我国已建高速铁路达 1.9 万公里，2008 年 10 月国家批准的《中长期铁路网规划（2008 年调整）》中计划 2020 年达到的高铁里程，已经提前 6 年完成。"十三五"期间将贯通哈尔滨—北京—香港（澳门）、连云港—乌鲁木齐、上海—昆明、广州—昆明高速铁路通道，建设北京—香港（台北）、呼和浩特—南宁、北京—昆明、包头、银川—海口、青岛—银川、兰州（西宁）—广州、北京—兰州、重庆—厦门等高速铁路通道，拓展区域连接线，高速铁路营业里程达到 3 万公里，覆盖 80%以上的大城市。沪宁高铁催生出长三角城市群。广州和深圳在高铁的连接下成为一个依靠轨道交通从南到北只需要半个小时的超级都市。郑州、西安、武汉、长沙等城市"十三五"规划都力图大力发展高铁。2016~2020 年，南京轨道交通总建设规模超过 450 公里。可以想见，我们今后的交通将越来越便利。

大都市区通勤铁路和轨道交通是发展重点，"十三五"时期，我国铁路的投资重点主要是大都市区的轨道交通。大都市区是指以大城市为中心，由多个与中心城市有较强通勤联系的周边县及城镇组成的区域，其面积在 1.5 万平方公里左右。大都市区是空间一体化的劳动力市场和住房市场，人口规模大、密度高的大都市区要由通勤铁路和城市轨道交通支撑其运行（赵坚，2015）。

高铁轻轨时代的到来对新型城镇化产生了深远影响。

一是高铁轻轨的发展对城市空间布局既产生向心力，也产生扩散力。一方面，大大延展了城市交通出行距离，城市老城区人口得到快速疏散，地铁新区、高铁小镇都带动城市拥挤的居住区外迁，随之是商业、教育、医疗等的外迁，新城新区的发展也会导致老城区衰败，城市出现郊区化。另一方面，大量外围的小市镇、卫星城，因为轨道交通的发展，虽距离远但时间省，出行便捷，时空距离大大缩短。这就带动了周边郊区的发展，快速融入主城，使郊区城市化。原先鲜为人知、交通不便的中小城市（镇），因人流涌动和宜居环境，成为吸纳人口的热点，高铁的发展甚至已经打破了行政界线。安徽滁州、镇江句容因为轨道交通的便利，主动融入南京经济圈，成为南京名副其实的副城。高速、大容量、集约型、通勤化的城际高铁，是城市群内部城市之间联系的重要纽带，通过提高城际可达性，既缩小了城市群的空间范围，也扩大了城市群人口的流动范围。

二是高铁带动了房地产和地方经济的发展。高铁车站周边规划新社区，进行房地产开发，可以大大疏解中心城市人口，接纳进城新市民。让房地产商获取了周边地价、房价上升的收益，同时也使居民享受到了出行费用降低、出行时间缩短与安全性提高等便利和物业价值提升的隐含利益，职住分离成为时尚和可能。高铁也带动工业、商贸、物流等产业沿轨道交通线上的站点布局集聚，很多城市成为新的高铁枢纽城市，高铁小镇也通过集交通、商贸商务等于一体的城市综合体建设而快速发展。

三是高铁时代也推动旅游产业发展，全面带动美丽乡村建设。高铁开辟了客流大通道。与民航、高速公路相比，高铁具有全天候、不间断、运量大等特征，一旦开通就意味着大客流，对国民旅游影响深远。京沪高铁单线设计运能年 8000 万人次，总客运量年 1.4 亿至 1.5 亿人次。高铁大大缩短了旅游者的时空距离，"朝发夕至""同城效应"等让旅游景区的覆盖市场半径扩大了几倍，而"快旅慢游"的理念让旅游质量更高。同时缩短了旅途时间，节省了住宿花费，有利于激发中低收入群体的旅游。高铁也带动了城市周边乡村的发展，公交化的高铁让城市人去乡村休闲度假都是那样的轻松自如，农村人进城也十分便捷。

第二节　智慧城市和"互联网+"改变生活

近年来，国家相继出台了"互联网+"、创新驱动、新型城镇化等战略，运用技术手段推动城市发展已成为国家的大政方针。2014年，《国家新型城镇化规划（2014—2020年）》中明确将新型城市的属性划分为绿色城市、智慧城市和历史人文城市。应当说，智慧城市是我国新型城镇化一种重要的技术手段，运用先进的管理理念和手段使我们的城市生活更美好，使城市居民能够享受到现代文明成果，对于新型城镇化的建设有着重要的意义。

智慧城市是以物联网、云计算等信息技术为支撑，综合运用各种社交网络、购物网络、互联网金融等工具，对城市建设、城市管理、城市生活全面感知，实现宽带泛在的互联、智能管理融合的全新城市形态。

互联网是一种通用目的技术，"互联网+"就是"互联网+各个传统行业"，如"互联网+工业"就是现在时兴的"工业4.0"。利用信息通信技术以及互联网平台，让互联网与传统行业进行深度融合，充分发挥互联网在社会资源配置中的优化和集成作用，将互联网的创新成果深度融合于经济、社会各领域之中，形成更广泛的以互联网为基础设施和实现工具的经济发展新形态（李晓琳，2016）。

随着智慧城市和"互联网+"时代的到来，这个背景下新型城镇化将有哪些改变呢？

一、城市发展和城市生活方式发生改变

信息技术让城市智慧相连，基于信息技术的城市生活方式已成为主流。未来几年，信息技术可能会为城市发展带来惊人变化。今后政府可以将卫生、教育、交通、社保、民政、公用事业等公共服务的App都汇入公众服务云平台，实现实时服务和"不见面"网上办公。而市民的生活消费等都可以基于互联网的O2O应用服务实现。网上订餐、网络约车、网络租房等新兴服务层出不穷，个人购物、旅游、休闲等生活更加丰富。"互联

网"与餐饮、旅行、住宿、电影等生活服务类行业深度融合，所有事情都可以由智能手机 App 代劳。携程、去哪儿等订票网站和驴妈妈、途牛等旅游网站可以让你"说走就走"，饿了么、百度外卖、到家美食会等订餐 App 也如雨后春笋般出现。

城市的发展更加依赖于科技的支撑。智慧城市通过互联网、物联网、云计算和空间地理信息等新一代信息技术和载体在城市运营方面的应用，促使信息化覆盖城市规划、建设、管理和服务的方方面面，形成相对庞杂的系统工程，智慧城市也是治理城市病的良方（王丕君，2015）。笔者所工作的区与测绘机构合作，把地下综合管线全部测绘完成后建立三维管理平台，应用在城市雨污分流整治、河道汇水区管理、管线下地迁改等各方面工作中，更加清晰直观、准确便捷。类似的系统还有水质在线监测、智慧防汛、视频监控综合运用平台等。

智慧的社区服务也大有作为。智慧社区可以为居民提供丰富多样的服务，如智慧家居、智慧安防、智慧家政、智慧养老、社区信息交流与发布等，打造智慧社区是智慧城市建设的重要内容。信息化的发展改变了人们传统的社交方式。互联网的普及让人们的交往无处不在，利用网络和聊天软件，人们随时随地都可以进行参与和沟通。技术的进步加速了知识、技术、人才、资金等的时空交换，人们有了更加充裕的自由时间去进行生产之外的各项休闲、娱乐、艺术等活动。当今网络环境可以提供给人们极其丰富的信息，人们通过互联网，就可以了解世界各地的资讯、欣赏购买各种形式和内容的文化产品、开展远程教育等（何凌华、申晨，2015）。

二、改变了人们购物消费的方式，传统商业模式被颠覆

在智慧城市和移动互联网的影响下，没有了传统的区位比较，位置不再是商业的关键，零售业的销售渠道更依赖于社交和网络客户群。新兴的商业空间往往只是体验店和提货区，黄金地段不再重要，遍布社区的线下连锁服务和线上网络客户服务相结合成为主要竞争力。网络基础设施的入家入户和各种终端对每个个体的绑定，使便捷的信息交换与反馈成为可能，电子商务应运而生。2014 年，全国网上零售额 27898 亿元，同比增长 49.7%，远高于社会消费品零售总额的实际增长率 10.9%①。各类网络销

---

① 何凌华、申晨：《"互联网+"时代背景下城市空间的变革与重构》，收录于《新常态：传承与变革——2015 中国城市规划年会论文集》，中国城市规划年会，2015。

售平台的出现，倒逼传统商业模式的转型，并催生了全新的商业空间类型。2012 年以来，传统百货业正面临着渠道竞争加剧、零售模式变革等问题，零售市场和百货店退租或闭店的现象已经多次发生。

网络应用上，对中国城乡居民生活影响最大的是微信。腾讯公布了2015 年业绩报告，微信已成为中国电子革命的代表，覆盖 90% 以上的智能手机，成为人们生活中不可或缺的日常使用工具。截至 2015 年第一季度末，微信每月活跃用户已达 5.49 亿户，用户覆盖 200 多个国家、超过 20 种语言，各品牌的微信公众账号总数已经超过 800 万个，移动应用对接数量超过 85000 个，微信支付用户则达到了 4 亿户左右，微信直接带动的生活消费规模已达到 110 亿元，其中娱乐消费是最大支出，规模为 58.91 亿元。[①]

互联网也可以改变农村商业模式。2010 年以前，有一个"万村千乡"工程，强调在新农村建设中每个村（甚至是自然村）都要配一个不少于100 平方米的商业网点，政策上给予扶持。但由于购买力小而配送成本又高，常常难以维持，都是靠政府补贴，而现在这一切都可以让互联网解决。"互联网+农村"也带动了农村电子商务的发展。浙江大量"淘宝村"的出现，使农村在农业生产方式、农村生活方式、农民思维方式和价值观念等方面都发生了深刻变革。浙江启动实施了"电子商务进万村"工程，在 30 多个县建立了县级电商配送和服务中心，在 7500 个村建设了电子商务服务站，有力促进了以"淘宝村"为代表的农村电子商务迅猛发展。

三、改变了人们生产工作的方式，经济发展方式全面转型

智慧城市和"互联网+"将推动传统粗放型经济变轻、变智、变绿色，大数据、云计算、物联网等新一代信息技术在国民经济和社会各领域广泛应用，将有效推动产业转型升级（胡拥军，2016）。推动制造业服务化、智能化转型，催生了信息服务、位置服务、电子商务、互联网金融等新型服务业，产业结构加速向服务化、知识化转型，助力降低单位 GDP 产出的水资源、能源等物质资源消耗。云存储、大数据技术的发展、重点领域物联网的建设，可以实现生产智能化、管理智能化，传统业态得以升级改造，信息化融合中也会产生新兴产业、新的商业模式，这些就是智慧产业的发展。"互联网+"也推动了第一、第二、第三产业融合发展。

---

① 奇智睿思（CuriosityChina）：《2015 微信用户数据报告：已覆盖中国 90% 以上的智能手机》，凤凰网科技（http：//tech.ifeng.com），2015 年 6 月 1 日。

互联网技术的运用催生了共享经济。互联网可以最大限度盘活闲置社会资源。2011年，影片租赁业的Netflix、汽车租赁的Zipcar、民宿短租的Airbnb等公司成功颠覆传统行业。运用互联网可以对社会资源错时使用、优化配置、减少浪费，而消费者可以以更实惠的价格共享存量资源。在汽车共享领域，"专车"司机可根据自我的时间和意愿决定是否提供服务，而乘客也无须长期雇用司机和车辆就能满足临时性的用车需求。这种汽车共享模式能够降低社会生产的总体成本，也可以增加社会整体福利，满足了劳动者额外就业的灵活性（姚鸿，2016）。再如停车位分享使用，笔者工作的南京市建邺区CBD区域，早期发展阶段商务办公载体不好销售，开发商做了一些酒店式公寓，并将车位卖给公寓业主。导致白天上班期间公寓业主开车去其他地方上班，车位闲置，而大量办公楼的停车需求得不到满足，停在马路上或无处停车，而晚上办公区域停车位闲置，居住用户车位不足只能乱停。后来笔者建议CBD管委会同志拿出错时停车方案，将各方车位闲置时间变成可销售的电子商务产品，在网络平台上交易或互换，有效解决了一些问题。

智慧城市和"互联网+"将推动产业布局的均衡化。"互联网+"是信息时代提高资源配置效率的最佳路径，网络信息化的发展让传统工业区位理论失灵。每一个城市已经不再拥有绝对的全方位优势，各城市之间的政策优势、人才优势、资金优势都开始逐渐摊平，智慧城市建设将创造一个万马奔腾、竞相争先的景象，可以激发无数城市的创新与发展活力（王丕君，2015）。

四、新型城镇化的内涵、模式和路径都将发展变化

新型城镇化特别强调城市化、工业化、信息化、农业现代化的四化互动，先进的管理理念、科学技术是新型城镇化的重要内涵。而智慧城市就是运用物联网、传感技术、云计算等现代信息技术手段，全面提升城镇化质量和内涵，通过智慧城市建设，能有效提升城市管理能力和治理水平，有助于改善民生，并使城市运行更加健康高效，智慧城市是新型城镇化的建设方向。

互联网让城市与乡村之间没有了时空距离。传统模式中城市郊区周边都要有个"菜篮子"基地的规划，城市里要按人口分布及生活小区规划建设很多生鲜菜场，"菜篮子"工程成为对政府层层考核的重要内容。现在有人提出了"互联网+社区生鲜连锁+生态农场"的模式。互联网背景下，

微信朋友圈和微信公众号的应用已经让传统社区生鲜店的经营模式发生了变化，互联网是工具，社区生鲜店某种程度上也是社区布局的工具，而生态农场很有可能成为聚合优质客户的工具（彭旭涛，2015）。

智慧城市和互联网时代的到来推动城市发展郊区化。智慧城市和互联网发展让城乡差别越来越小，电子商务、远程办公、远程医疗等也改变了传统意义的城乡公共服务和配套建设的模式，实现城乡"无差别化"更加简单。越来越多的城里人、年轻人愿意到交通便捷、环境优美、空气清新的郊区居住。

著名科幻作家刘慈欣（2013）认为，在不太遥远的未来，宽带通讯和虚拟现实技术将使人们在网络中的相聚与在实体空间中没有区别，甚至相互间的交流更加生动和丰富。因而，虚拟空间将越来越多地承担起城市的功能，城市中的人口可能因为种种原因，如房价和环境等，向城市边缘和外围移动，这就有可能使未来城市的结构变得越来越稀疏。

因此，建设智慧城市，是转变城市发展方式、提升城市发展质量的客观要求。对城市政府来讲，这不仅是政府服务和城市管理技术的创新，而且更加是服务和管理理念及发展模式的创新。

五、互联网将推动农村巨变

智慧城市和"互联网+"将更好地推进城乡融合，消除资源分配上的时空差异。虚拟现实（VR）正成为科技领域的热门话题，建设VR应用平台，推进VR技术在网络游戏、影视制作、旅游、医疗、环境监测、在线教育等领域的应用。这些技术应用让城乡资源配置的时空分隔不再成为问题。例如医疗、教育等资源的城乡差异，都可以通过网络课程、远程医疗来解决。

"互联网+"可以推动优质公共服务普惠共享。智慧城市的远程教育可以实现名师资源的共享，直接缩小城乡之间以及东、中、西部的差距。俞敏洪（2015）在谈到城乡教育公平话题时提议，要通过移动互联网把优质教育资源引入边远地区，北京的老师可以通过移动互联网的互动设备给位于青海某农村小学课堂里的孩子们上课，学生们可以随时与北京的老师对话互动。这个设想也并不遥远，目前网络宽带已实现村村通，异地"同步上课"已没有太多技术障碍。医疗行业与互联网的结合也越来越密切，基于互联网的远程诊断、远程治疗以及在线体检等现代医疗方式，将逐渐改变病人集中涌向大城市大医院的状况，患者在普通县级医疗中心就可以得到与大城市医院接近的医疗服务，这样生活在乡镇和农村就更加健康和方便（高尚全，2015）。

现在土地流转也开始试点"互联网+"。互联网可以实现土地流转和私人订制农场。由浙江兴合电子商务有限公司联合阿里巴巴集团聚划算平台、绩溪县庙山果蔬专业合作社等单位在安徽省绩溪县实施了一个名为"聚土地"的项目，将土地流转与电子商务结合起来，农民将土地流转至电子商务公司名下，电子商务公司将土地交予当地合作社生产管理，淘宝用户通过网上预约，对土地使用权进行认购，并获得实际农作物产出，农民除获得土地租金外，参与项目生产环节的农民还能获得工资（林远等，2014）。

互联网正在消除现实世界城乡之间由于交通、区位等因素造成的信息不对称，将使农村所拥有的丰富资源前所未有地被发掘出来；互联网打破城乡资源配置单向流动的困局，农村互联网创新创业的热潮正在消解户籍制度、土地制度等对农村发展的禁锢，为农村经济社会发展增添巨大动力；互联网带来的农村经济发展、生活状态、人口结构、知识水平的变化，将深刻改变农村社会治理模式（高尚全，2015）。

第三节　快速复制的城市综合体模式

西方学者形象地把城市综合体的酒店（hotel）、办公（office）、停车广场（parking）、购物（shopping）、会展（convention）、公寓（apartment）等功能连缀起来，叫作"豪普斯卡"（HOPSCA）。是以建筑群为基础，融合商业零售（含金融服务）、商务办公、酒店餐饮、公寓住宅、综合娱乐五大核心功能于一体的"城区产业集群"。城市综合体具有建筑综合体的主要特征，城市综合体是指在城市中的商业、办公、酒店、居住、餐饮、展览、交通、文娱、社交等各类功能复合、互相作用、互为价值链的高度集约的街区群体（黄杉等，2013）。

万达集团最早开始做城市综合体。据万达的理解，城市综合体是指将城市中的商业、金融、办公、居住、旅店、展览、餐饮、会议、文娱和交通等城市生活空间的三项以上进行组合，并在各部分间建立一种相互依存、相互助益的能动关系，从而形成一个多功能、高效率的综合体（吴云赞，2008）。一般组合的功能包括购物中心与商务办公、酒店（含酒店式公寓）等，有些项目也整合了一些住宅功能。"商业综合体"是以购物功能为主的复合型地产，也叫作"shoppingmall"。

　　城市综合体本身就像一座城市，复合了城市的大部分功能，是"城中之城"（功能聚合、土地集约的城市经济聚集体）。城市综合体的出现也是土地集约利用、人口高度集聚、功能多重复合的产物，让城市或者城市的一个街区成为一个聚集体。城市综合体打破了传统按照工业、居住、商业、文教等功能进行分区规划的思想，城市各功能之间更好地融合，形成有机整体。土地功能高度复合，规划、国土部门也无法在物理空间上严格区分用地性质，城市综合体实际也是土地混合利用、城市紧凑发展的规划新理念。现在比较多的提倡土地复合利用，在开发强度限定条件下，可以采取土地混合使用的方法，允许用户将相互关联和兼容的建设项目放在同一个地块甚至一幢建筑之中，例如学校与住宅，商贸展览、宾馆饭店、设计服务与住宅等都可以混合使用等（仇保兴，2010）。笔者所工作的南京河西新区，现在规划为公交场站或者市政用地的，一般都不会浪费其上空，以市政综合体的形式复合利用土地。

　　城市综合体对建筑密度及容积率都有特定的要求，因为功能综合，建筑面积一般都在20万平方米以上，且以低密度的建筑模式为主，所以占地较大，分布在城郊接合部的较多。在具体位置选择上，城市综合体一般要求有快速便捷的交通网络，特别是公共交通的通达性要好，最好附近有地铁站点，适应大客流的涌入和疏散。由于低密度的开发，城市综合体室外一般留有足够大的活动广场，加上购物中心、高端酒店、会展等功能多元组合，一般可以形成新的市民中心。还有一种形式的城市综合体是文化旅游综合体。购物、商务、展览、会议、酒店、休闲、餐饮娱乐等都是城市旅游的概念，文化旅游综合体在城镇空间中，基于休闲度假的主体功能，集聚这些关联业态，选择或者后期打造建筑与环境融为一体的特色景观，就可以形成以旅游元素带动的主题鲜明的全新城市综合体。

　　继百货、购物中心后，综合体的时代已经来临。现在投资城市综合体的开发商较多，如万达、泰禾、华润等，而且有的投资商在二、三线城市大量复制（万达广场、泰禾广场、万象城、中粮大悦城等）。城市综合体的快速发展和复制加快了城市化进程。

　　一是促进了城市新区建设和城市空间跳跃式发展。一个城市综合体就可以带动一片新区开发。城市新中心规划建设中，不论是老城区人口的疏散还是外来人口的集聚，都需要有一两个城市综合体，形成商业、办公、酒店集聚的"CBD"，也是新区的市民中心。商业服务完备了，就会带动房地产开发，这个城市综合体与居住社区建设互动的过程，就是新区建设、城市空间拓展的过程。如笔者所在的建邺区是南京市打造的城市新中心，十年前的万达广场城市综合体推动新区大片的"城中村"消失，聚集人气，带动周边商业地块的开发，房地产开发的进程也大大加快。今天商务商贸集聚区的框架已基本形成。

二是集聚了现代服务业，优化城市产业结构。城市综合体让现代服务业高度集聚，一个综合体往往有几幢面积达数十万平方米的超高层建筑，会带来繁华的商业、几十家总部企业办公、金融集聚，加上高端酒店配套服务，综合体一般都会形成城市新的经济中心，带动城市产业结构优化调整。

三是实现城市土地节约集约利用。综合体开发是典型的土地混合利用，在有限的城市用地上，高度集中了各项城市机能。居住、办公、购物等不同性质、不同用途的社会空间被整合在一个街区或一座大楼中。城市建筑向地下、地面、高空、三维空间发展，构成一个流动的、连续的、关联的空间体系。土地功能的混合让规划部门或土地部门都不能单一的去界定土地用途，也无法划分和切割，但单位土地面积的投资强度和产出都会大大增加。

四是推动城市化空间布局模式的改变。一方面是城市内部功能结构的改变。城市的生产服务、生活服务、公共服务的三大职能，都可以在城市综合体中实现。现在城市开发中更加注重对城市空间结构的优化，一般在城市外围、新区以组团式开发模式推动旧城改造。一个城市综合体内既有传统的商贸商务功能，也融合一些居住社区在内，不论白天还是晚上都人气兴旺，成为活跃的街区和城市商业中心，城市结构上也由单一中心变成多中心。另一方面是城市综合体由一线城市扩散到二、三、四线城市。一线城市是在20世纪90年代兴起，进入21世纪以后，大多数二、三线城市开始综合体开发。目前打造城市综合体正在各个大中城市之间刮起一股旋风。

总之，城市综合体开发正成为全国各地政府新区规划布局的重点，土地招商特别是服务业招商的热点，也是房地产开发企业转型投资的新热潮。中国特色的新型城镇化模式将进一步创新，也将大大推进城市化的进程。

第四节　全域旅游的快速发展

一、全域旅游概念的提出

全域旅游是指在一定区域内，以旅游业为优势产业，通过对区域内经济社会资源，尤其是旅游资源、相关产业、生态环境、公共服务、体制机制、政策法规、文明素质等进行全方位、系统化的优化提升，实现区域资源有机整合、产业融合发展、社会共建共享，以旅游业带动和促进经济社会协调发展的一种新的区域协调发展理念和模式。[①]

2015 年末，全国首批共计 262 个"国家全域旅游示范区"创建单位正式发布。可以预见，在不久的将来，全域旅游将成为各地区文化旅游业发展的主流模式。

二、全域旅游时代的几个特征

1. 观光旅游转为休闲体验旅游

旅游业发展也在转型，传统观光旅游逐渐转变为"观光+休闲度假+商务会展"三位一体的旅游模式，门票经济模式也慢慢被全域旅游产业带动模式代替，产业发生变化的同时，生活也在变化，休闲成为社会的主题。

全域旅游目的地就是无景区化旅游目的地，游客来体验的不是传统的旅游景区景点，不再以观光拍照为旅游目的，而是以文化体验、休闲度假、旅游活动为主。不仅是经济生活方式，旅游也是教育方式，是一种户外教育，例如中小学生到农村的瓜果采摘活动既是乡村旅游，也是农事教育。还有一些城市发展户外拓展运动，也成了旅游项目。

休闲旅游的重要一点就是让中国人"有闲"。中国的假日制度还有些问题，特别是法定假日与带薪休假结合方面做得还不是太好，导致游客资源与景区资源配置上的时空不均衡。过度集中在几个长假来旅游会导致交通瘫痪、旅游景区超容量接待、餐饮住宿趁机涨价等问题。笔者曾经写提案建议实行法定节假日和职工带薪休假灵活结合的休假模式。以某企业为例，单位内部职工按人数合理划分为甲、乙、丙、丁四组，每组人员平均每年有 15 天的带薪休假天数。元旦期间，甲组可在享受 1 天法定节假日（1 月 1 日）的同时使用 7 天带薪休假，这样就可以享受从 1 月 1 日到 1 月 12 日总共 12 天的休假机会，此时另外三组只能享受法定节假日和公休日休息机会；春节期间，按照国家规定的放假调休安排执行；元宵节期间，乙组可在享受 1 天休假机会（2 月 14 日）的同时使用 5 天带薪休假，这样就可以享受从 2 月 14 日到 2 月 23 日总共 10 天的休假机会。同理，丙组和丁组可按相同方法在后续的法定节假日自由组合休假机会，原则上同一组

---

① 李金早：《全域旅游大有可为》，人民网，2016 年 2 月 6 日。

人员同一季度内不得享受两次自由组合休假的机会（每组人员在享受自由组合休假机会时可根据自身情况确定休假天数）。让大家把每年的休假与法定假日自由组合，错时休长假，可以带薪休假、从容旅游，既避免集中占用公共资源，也不影响单位工作秩序。

在全域旅游背景下，团队旅游在弱化，而个人自助游、自驾游成为主流。郑州女教师顾少强轰动一时的辞职信——"世界那么大，我想去看看"上榜 2015 年度网络流行语，反映了网民对可以自由旅游的渴望。"来一场说走就走的旅行"，既有钱也有闲，让生活变得更加轻松惬意。我国国民人均出游从 1984 年的 0.2 次增长到 2015 年的 3 次，增长了 14 倍；我国国内游客数量从 1984 年的 2 亿人次增长到 2015 年的 40 亿人次，增长了 19 倍。①

2. 农业景观、美丽乡村将旅游在空间上向全域拓展

现在，大城市周边的农业旅游、乡村旅游已经成为重要的旅游产品。一批主题公园、旅游小镇、工业旅游、美丽乡村、养老旅游基地等新兴产品被开发出来，特别是美丽乡村建设成为全域旅游的重要产品，它既是当地农民的幸福家园，也是城市居民休闲度假的"后花园"。以南京为例，近几年持续推进乡村休闲旅游，由低端乡村旅游向观光、休闲、体验综合型乡村旅游转变。截至 2015 年，南京共有省星级乡村旅游点 42 家，其中四星级以上乡村旅游点 25 家。南京现有江宁"五朵金花"、浦口"八颗珍珠"、六合"六朵茉莉""溧水新十景"、高淳"国际慢城"等乡村旅游项目，成为南京大都市乃至周边城市居民节假日休闲的好去处。

以寻找乡愁为特征的古镇、老街、古村落旅游也是方兴未艾，这在苏南、皖南和江西地区尤为普遍、密集和有特色。比较有名的如周庄、乌镇、西递、宏村、婺源等。全域化考量推动农业与旅游融合，对濒临"空心"的古村落保护也具有积极作用。城市人到乡村旅游，更向往能参与到乡村居民的传统生活中，乡村的生活方式、民俗民风等一些非物质文化遗产是靠原居民来烘托、体现的。从乡村旅游卖点来讲，很大程度上卖的是生活方式，从农旅融合的角度，保护古建筑、保护原居民、保护传统文化，是保护古村的三大要义。

农村的稻田、油菜、果园、林场等农业景观也成为"大地艺术"，有了休闲度假功能和审美游憩价值，处处是风景，处处可旅游，大大丰富了

---

① 《中国旅游发展报告（2016）》，载于《中国旅游报》2016 年 5 月 18 日。

旅游产品。位于六合区龙袍街道省级最具魅力乡村旅游点——长江渔村一片油菜花田内，占地 108 亩的一件巨款"龙袍"闪亮登场。"龙袍"长 194 米，高 152 米，以油菜花做袍身，绿色苗木做章纹，占地 108 亩的明黄色巨型"龙袍"在绿色田野衬托下格外壮观，而这个"龙袍"是通过地理测绘标点，连点成线绘图，然后再通过人工播种打造而成。[①]

3. 市民异地养老既是一种旅游方式，也改变了对城市养老资源配置的需求

　　旅游就是到不同于自己居住地的其他地方体验生活。异地养老的本质就是一种老年群体的旅游。异地养老就是指老年人选择以旅游或者度假的方式离开原有居住地，到外地长期或者阶段性居住的一种养老方式。这是一种新兴的养老模式，是未来养老的一个新方向，已经被越来越多的国家、企业和老年人所认可。随着面向养老的旅游产品不断增加，老年人的观念转变和消费能力增强，现在更多的老年人逐步选择旅游异地养老。异地疗养推动了很多旅游开发把疗养作为重要旅游产品规划建设。因为南北方温差大而进行候鸟式养老的更多。南飞过冬，北漂避暑，候鸟式安居让老年人可以选择更适宜的气候生活。让家住北方的老年人冬天到南方小住，旅游避寒；让家住南方的老年人夏天到北方小住，旅游避暑。这就大大推动了南北不同气候下旅游地产的开发。

　　发展异地休闲养老服务也可以推动城乡养老资源配置的置换。养老院选址可以不在市区，可以选择环境优越的郊区，使老年人享受清新空气、纯净水质、新鲜食物，到农村乡野环境中安享晚年生活。笔者曾在一次安吉乡村旅游考察时，遇到几位从上海迁居农家乐的老人，他们把上海市区养老的房子以每年 3 万~4 万元的价格出租给大学生，租金收入足够支付他们在安吉的吃住费用（包吃包住 2000 元每月）。他们说住在农村可以种菜养花、爬山健身、聊天娱乐、体验乡愁，这里空气新鲜，也不会生病。偶尔回上海看看子女，子女也可以定期来看看他们。房产使用的置换给他们带来养老费用同时，他们"逃离城市"会明显减轻大城市的交通、住房压力，也降低了进城工作的青年人的生活成本。

4. 景区的门票经济模式，向政府层面的全域旅游目的地经营模式转变

　　全域旅游是要改变传统的景点旅游模式，统筹景区内外发展，将一个

---

① 《六合油菜花地 108 亩的巨大龙袍怎么种出来的》，扬子晚报网，2016 年 3 月 22 日。

区域整体作为功能完整的旅游目的地来打造，打破封闭的景区概念，实现处处是旅游景观。全域旅游所要考虑的不再是几个景区，而是整个城市或者全区域。这就要求旅游基础设施和公共服务建设从景点景区拓展到全域。改变旅游过度依赖门票收入的状况，将旅游业发展成带动全域经济发展和百姓致富的产业。而政府的运营是在更大区域范围内延伸旅游消费，让游客"吃一点、买一点、住一宿"，带动游客在酒店、餐饮、购物、文化体验等全方位的消费。

三、全域旅游与推进新型城镇化

从全域旅游的概念、发展和现时代特征来看，旅游已经变成了人们的生活方式，这种生活方式变成了城镇化的新的推动力。城镇化和旅游的关系非常密切。澳大利亚学者马斯林1991年提出了"旅游城镇化"的概念。西方学者研究认为，旅游城镇化主要有两种模式：一是顺应当今旅游业快速发展的潮流开发新的旅游景点；二是生产制造业中心被作为新的旅游景点而得到再发展，促进工业化城镇的转型（赵鸽，2014）。余婷婷（2016）认为，旅游推动城镇化主要有两种模式：一是传统的制造业为中心的城市，因旅游产业的发展而产生新的业态，这一转变，必然吸引部分外来从业者，城市原本的人口结构面临调整；二是原本为农村的地方，因旅游业的发展，带动城市建设，基础设施、公共服务逐渐与城市均等化。

全域旅游可以为旅游城镇化提供产业支撑。近几年旅游产业发展势头迅猛，带动城市经济转型，带动乡村发展和农民致富，成为很多城市和地区的主导产业与活力体现。根据《中国旅游发展报告（2016）》，我国国内旅游收入从1984年的80亿元人民币增长到2015年的34200亿元人民币，增长了426.5倍。[①] 这些数据表明，我国已进入全域旅游、大众旅游的新时代，中国旅游业仍将保持快速发展的黄金期。

据国家信息中心旅游规划研究中心2015年7月7日发布的数据显示，2013年、2014年两年，旅游产业对GDP直接贡献都超过7%，旅游产业对GDP综合贡献都超过10%；旅游产业间接带动增加值超过15000亿元，对GDP增长拉动点数在1%左右，对GDP增长率贡献超过10%；在间接带动各产业中，对第三产业的带动作用最大，其次是第二产业、第一产业，其

[①] 《中国旅游发展报告（2016）》，载于《中国旅游报》2016年5月18日。

中交通运输、住宿、餐饮、购物四个行业对旅游业增加值贡献近 90%。[①]
此外，人均 GDP 越高，用于休闲旅游的消费就越高。旅游产业已经成为推
进城镇化协调发展的主导产业之一。在国外，通过旅游产业的发展实现城
市化的都市不在少数，较为典型的有奥兰多、拉斯维加斯等。而在中国，
也有阳朔、大理和丽江等地，其城市发展均高度依赖旅游业。

　　发展旅游可以统筹城乡发展。通过发展全域旅游，可以推动城镇和农
村基础设施的改善。结合旅游开发，实施乡村景观提升工程，大力整治村
容镇貌，同时完善乡村的旅游公共服务设施，加快乡村旅游基础设施和公
共配套建设，促进大城市人口向特色旅游小城镇在时空上阶段性流动；带
动农村现代农业、商贸物流、交通运输、餐饮酒店等其他行业联动发展，
通过发展旅游解决农村的隐藏失业率问题。发展乡村旅游，让农民可以在
农村为游客服务、销售农副产品，做"兼业农"，生活方式上也会受城市
游客影响而城市化。发展全域旅游，政府将加大农村环境整治的力度，实
现垃圾分类收集、定期集中处理，建好农村污水处理设施，保护农村自然
生态。同时，促进农民文明素质提升，实现城市文明和农村文明的直接
相融。

---

① 余婷婷：《全域旅游和新型城镇化的"共谋"》，载于《决策》2016 年第 10 期。

第五章

新型城镇化的新理念

第一节　新型城镇化新在哪里

新型城镇化新在哪里？根据 2014 年发布的《国家新型城镇化规划（2014—2020 年）》、2016 年国务院印发的《关于深入推进新型城镇化建设的若干意见》以及 2016 年《中共中央国务院关于进一步加强城市规划建设管理工作的若干意见》等一系列关于新型城镇化和城市建设的重要文件，新型城镇化的"新"可归纳为以下两方面。

一、新型城镇化与五大发展理念

1. 新型城镇化坚持创新发展

习近平强调，创新是引领发展的第一动力，抓创新就是抓发展，谋创新就是谋未来，发展的基点在创新，依靠创新驱动培育发展新动力，优化劳动力、资本、土地、技术、管理等要素配置，创造新供给，推动新技术、新产业、新业态发展。[①]

就城镇化而言，创新发展的实质就是在新常态背景条件下，不能再走老路，而是要走新型城镇化之路。"新型"体现在，从重土地扩张型转变为重人口市民化，重速度式的城镇化转变为重内涵式的城镇化，粗放式的城镇化转变为精明增长式的城镇化。创新的另一个重点就是改革，通过改

[①] 《中共中央关于制定国民经济和社会发展第十三个五年规划的建议》，载于《人民日报》2015 年 11 月 4 日。

56

革获得发展红利。在户籍、土地、就业、财政体制等关键领域我们还亟须制度改革创新。

2. 新型城镇化应坚持协调发展

推进新型城镇化中，协调发展非常重要。"协调"的内涵可以包括：城镇化发展要与工业化、信息化、农业现代化相协调；城镇化进程中的人口、经济、资源和环境相协调；在城镇化发展方针中，走大、中、小城市与小城镇协调发展之路；农民进城后，与市民享受同等公共服务的协调；等等。目前，我国城镇化中的不协调因素包括：一是区域发展不协调，东部地区城市化水平高，大城市数量多，中西部地区城镇化水平相对滞后；二是大中小城市与小城镇不协调，小城市和小市镇在基础设施建设和土地资金等资源分配上处于劣势；三是城市与乡村不协调，一些地方缺乏城乡统一规划；四是城镇化与产业发展不协调，产业空心化，进城农民就业机会少。

城镇化是推动区域协调发展的有力支撑。《国家新型城镇化规划（2014—2020 年）》明确指出，坚持协调发展，要统筹空间、规模、产业三大结构，统筹规划、建设、管理三大环节，在协调发展中拓宽发展空间，在加强薄弱领域中增强发展后劲，推动区域协调发展，塑造要素有序自由流动、主体功能约束有效、基本公共服务均等、资源环境可承载的区域协调发展新格局。

协调发展也是平衡发展、兼容发展。必须改变"先城市、后农村，先市民、后农民，先工业、后农业"的惯性思维，要优化城镇空间布局，以产业带动、以产业集聚推动人口集聚，缩小大中小城市之间、城乡之间的差距。推动城乡协调发展，要以城带乡，同步发展，完善农村基础设施，推动城镇公共服务向农村延伸。党的十八届五中全会明确，要推动城乡协调发展，就必须坚持工业反哺农业、城市支持农村，健全城乡发展一体化体制机制，推进城乡要素平等交换、合理配置和基本公共服务均等化。

坚持协调发展还体现在与自然和历史文化的协调上。习近平指出，要体现尊重自然、顺应自然、天人合一的理念，依托现有山水脉络等独特风光，让城市融入大自然，让居民望得见山，看得见水，记得住乡愁，要传承文化，发展有历史记忆、地域特色、民族特点的美丽城镇，尽可能在原有村庄形态上改善居民生活条件。①

---

① 《习近平：在中央城镇化工作会议上发表重要讲话》，新华网，2013 年 12 月 14 日。

3. 新型城镇化应坚持绿色发展

习近平总书记指出，保护生态环境就是保护生产力，改善生态环境就是发展生产力，让绿水青山充分发挥经济社会效益，不是要把它破坏了，而是要把它保护得更好。因地制宜选择好发展产业，切实做到经济效益、社会效益、生态效益同步提升，实现百姓富、生态美有机统一。①

传统城镇化在绿色发展上是很不够的，表现在生活环境破坏、产业落后、建筑能耗大、尾气排放高等方面。新型城镇化不能再走"先污染、后治理"的老路，在资源消耗、污染排放上都要严格控制，有新的标准并严格执行。"十三五"规划中指出，坚持绿色发展是城镇化推动资源节约和环境友好的重要途径。坚持绿色发展，能够提高能源、原材料使用效率，有利于生态环境保护，建设生态城市、田园城市、海绵城市。

4. 新型城镇化应坚持开放发展

目前，城镇化发展开放不够，各地方政府各自为政，重复建设，产业雷同，政府之间恶性竞争，协同不够。许多城镇开放意识不强，活力不够，不能把城市放在区域中、城市群中来融合发展，基础设施重复建设，本地传统产业实行地方保护，在大市场格局下竞争发展的意识严重缺乏。

"十三五"规划中指出，坚持开放发展，必须顺应我国经济深度融入世界经济的趋势，奉行互利共赢的开放战略，发展更高层次的开放型经济，积极参与全球经济治理和公共产品供给，构建广泛的利益共同体。习近平强调，要以开放的最大优势谋求更大发展空间。"一带一路"、长江经济带、京津冀协同发展等沿海沿江沿线发展等开放战略，都需要各类城镇更加开放搞活。特别是大城市群要以更加开放的姿态，参与全球资源配置和市场竞争。②

5. 新型城镇化应坚持共享发展

推进城镇化应坚持共享发展，必须坚持发展为了人民、发展依靠人民、发展成果由人民共享。目前，城镇化发展的成果还不能被所有参与者所享受。最典型的是，农民工、城镇间流动人口的基本公共服务还不完

---

① 《习近平参加贵州代表团审议时强调：要真正使贫困地区群众不断得到实惠》，新华网，2014年3月7日。

② 《习近平参加上海代表团审议：以开放谋求更大发展空间》，人民日报（海外版），2013年3月6日。

善。而城镇化进程中的红利，包括城镇化进程中土地增值的红利，还不能被广大农民公平公正地获得，等等。

城镇化推进中的共享发展应体现以下三方面：

（1）全民共享。城镇化中的共享发展，首先就是要让全体公民共享发展成果。城市开发建设的成果既应该让原住民共享，也应让新市民共享。城市旧城改造不能简单把原住民赶到郊外区，也不能拒绝吸纳低端产业就业者。只有包容性发展才是真正的全民共享。同时，城市基础设施和就业、教育、医疗等公共服务也应该全民共享，惠及所有人群。笔者工作的建邺区是现代化的新城区，南京市将其定位为国际化现代城市新中心。在新区征地拆迁和旧城棚户区改造中，都坚持将被拆迁居民在本区安置，就近安置。南京新加坡生态科技岛（江心洲）的开发中，更是让农民优先选择安置地点，让原住民的安置房靠近地铁站点。这几年，建邺区也接受了大量进城务工的农民工子弟入学。

（2）区域共享。首先，避免区域发展不平衡的加剧，加大对革命老区、边疆地区、贫困地区的基础设施投入、产业带动和转移支付。习近平强调，"决不让一个少数民族、一个地区掉队"，① 要帮助贫困地区群众提高身体素质、文化素质、就业能力，努力阻止因病致贫、因病返贫，打开孩子们通过学习成长、青壮年通过多渠道就业改变命运的扎实通道，坚决阻止贫困现象代际传递。其次，区域共享也包括城市之间的共享，从城镇孤独的碎片化发展转变成在大都市圈内、在城市群内的一体化发展。

（3）城乡共享。城乡共享发展就是要统筹城乡、以城带乡、共同发展。一方面，城镇化是解决农业、农村、农民问题的重要途径。现在许多已经进入城镇的农民，却因为非城镇户口而不能享受大部分的城市公共服务。城市文明应该让进城农民共享，要加快形成农业转移人口市民化成本分担机制，积极接纳新市民，提高城镇的人口承载能力，为进城农民提供更多的就业机会。另一方面，城镇化不能以牺牲农村、农业和农民为代价。一些发展中国家没有处理好这些关系，导致了农业衰败和凋敝。中国应坚持提升城镇现代文明与保护乡村传统文明并重。

城乡统筹发展就是要推动公共服务均等化。要加快基础设施建设，加快廉租房、棚户区改造。推进农民转移人口市民化，让农民工及其家属享受城市的社会保障、住房保障等基本公共服务与城市市民无差别。

---

① 习近平：《精准扶贫，决不让一个少数民族、一个地区掉队》，《中国青年报》2015 年 3 月 9 日。

二、新型城镇化的六大原则

1. 以人为本

党的十七大全面树立了科学发展观，科学发展观的核心是以人为本。党的十七大报告中阐述，以人为本就是发展为了人、发展依靠人、发展适应人、发展体现人、发展塑造人，发展的成果由全体人民共享。庞元正（2006）把以人为本的基本内涵概括为四句话：必须把依靠人作为发展的根本前提，把提高人作为发展的根本途径，把尊重人作为发展的根本准则，把为了人作为发展的根本目的。

马克思主义认为，人民群众是历史的创造者和社会变革的决定性力量。以人为本本质上就是以人民为本。马克思主义以实现每一个人的自由全面发展为终极目标，解放和发展生产力的最终目标是为了实现共同富裕。坚持劳动者的主体地位，增进人民福祉、促进人的全面发展、朝着共同富裕方向稳步前进是我国经济发展的出发点和落脚点，这就必然要求在推进新型城镇化中坚持劳动者的主体地位，使所有参与新型城镇化的主体，无论市民还是农民，都平等地获得尊严、尊重，公平地享有应有的权利，真正成为新型城镇化的主人。

在城镇化建设中，"人"始终是最为关键也是最为重要的因素。没有人口的集聚，就没有城市的构成，城镇化战略的出发点和落脚点必须体现在作为主体的"人"的身上。党的十八届五中全会明确指出，要推进以人为核心的新型城镇化。郭广银（2016）认为，以人为本是新型城镇化的根本价值遵循。新型城镇化建设的根本落脚点是为人民谋福利、求发展，核心目标是在城镇化过程中促进人的自由全面发展和社会的公平正义，使全体居民共享经济社会发展成果。实现这一目标的关键在于不断缩小城乡之间的发展差距，推动城乡协调发展。新型城镇化强调的是人的城镇化，是人的权利的城镇化，是人的基本权利"属地化"，包括人的经济、文化、社会、政治四项权利，这四项权利是不能分开的。例如进城务工的农民工，其选举权与被选举权在农村，而不在城市。在城镇落户，就是对这四项权利的落实。

无差别化地解决好人的问题是推进新型城镇化的关键。新型城镇化的核心是农业转移人口的市民化。坚持以人为核心推进新型城镇化，要立足于统筹"人"的各方面发展诉求，以促进人的全面发展为目标，努力探索建立城乡居民共建共享机制。彭焕才（2015）认为，解决好人的问题，主要包括：转移人，促进农业转移人口市民化；提升人，使农业转移人口的能力素质与现代城市文明相适应；发展人，尊重新市民的需求，切实保障他们各方面的权益，有效促进人的全面发展。

旧的城镇化的一个误区是见物不见人，兴城不兴业。结果，城镇规模大了，进城农民多了，但真正享受到城镇服务的人不多。新型城镇化的本质在于给人迁徙的自由，使其通过诚实劳动在选择的定居点中工作、居住和追求幸福的权利得到保障。在新型城镇化过程中，我国将会有数以亿计的农业人口迁移到城镇中成为市民。城市建设中，我们应该将这些新市民的需求纳入城镇规划，加大城市公共产品的供给，有住房保障、有就业岗位，使农民工有能力进入城镇、有条件居住在城镇、有机会在城镇发展，真正融入城镇生活。城市管理者应该思考，如何努力使迁移流动人口增强对所在城市生活的认同，增强其在城市中家庭生活的完整性。如何减少流动人口春节返乡过节，让他们在城里过节，或者父母亲戚有条件来到城市中团聚，增强迁移流动人口对所在城市生活的认同和社会融合，这是一种更加"以人为本"的城镇化发展。

2. 四化同步

党的十八大报告提出"四化同步"战略，也就是坚持走中国特色新型工业化、信息化、城镇化、农业现代化道路，推动信息化和工业化深度融合、工业化和城镇化良性互动、城镇化和农业现代化相互协调，促进工业化、信息化、城镇化、农业现代化同步发展。就"四化"的关系来讲，工业化创造供给，城镇化创造需求，工业化、城镇化带动农业现代化，农业现代化为工业化、城镇化提供支撑和保障，城镇化能够为信息化提供需求和发展空间，信息化能够提升、优化城镇功能和产业结构，农业现代化是城镇化的基础，城镇化是农业现代化的前提，而信息化会推进其他"三化"。

新型城镇化是促进"四化同步"发展的城镇化。按照"四化同步"的要求，城镇化应是工业化的加速器，是农业现代化的引擎，是信息化的载体，推进新型城镇化，要求推动信息化和工业化深度融合、工业化和城镇化良性互动、城镇化和农业现代化相互协调。城镇化是扩大内需的最大潜力，是扩大工业化、信息化、农业现代化的生产能力关键所在；而城镇化又需要产业来支撑，工业化、信息化、农业现代化反过来又是推进城镇化所必须依赖的产业所在，信息化与工业化是发展到一定阶段的"孪生子"，其深度融合是产业升级的方向与动力；农业现代化又是信息化和工业化可以大发展的基础所在（梁浩，2013）。

"四化同步"发展中的另一关键词是"同步"。城镇化与工业化要同步，农业现代化不能成为短板，农业发展要支持劳动力转移，工业化要给剩余劳动力提供就业机会，城镇化要接纳农民市民化，要用信息化的手段改造升级传统工业和农业，推动工业 4.0 的发展和农业现代化。

3. 质量优先

2013 年政府工作报告提出，城镇化要坚持科学规划、合理布局、城乡统筹、节约用地、因地制宜、提高质量。城镇化，关键是提升品质和内涵。除了非农人口比例提升和城市数量增加外，新型城镇化更应该着眼于产业结构、就业方式、人居环境、社会保障等方面的全面城镇化，更重视城镇化内在质量的提升。

新型城镇化强调质量优先而不是速度优先，是从注重量变转向注重质升。过去，在生产力落后、物资短缺的情况下，城市发展的重点曾更多地放在量的累积和速度的提升上，这是符合当时实际的选择。而当前城市发展的突出问题已不再是有没有、够不够的问题，而是好不好、优不优的问题，这就需要从质上实现飞跃，盘活存量、限制总量、做优增量、提高质量。城镇化并不是简单的造城，必须科学规划，分步实施，切忌盲目跟风，一哄而上。城镇化要克服"求大、求快"的思想，不能再搞大干快上，"摊大饼"式扩张发展。既不能重大轻小，忽视了小城市和小城镇的发展；也不能重城轻乡，导致城乡差距不断拉大。据测算，每增加一个城市人口需要投资 8 万~9 万元，按照我国 2050 年成为现代化国家、城市化水平达到 70% 的目标，城镇化率需提高近 20 个百分点，需要投资超过 20 万亿元。[①] 这样巨大的投资需要稳妥推进，分步实施。经济学家厉以宁对开放户籍持更加谨慎的态度，他认为，"户口一元化是方向，但不能急于求成，否则会留下不少后遗症"。"如果急于求成，匆忙宣布户口一元化，城乡社会保障一体化的经费问题怎样解决？中小城市负担不了支出，将来债务累累，怎么办？城市的环境能否一下子支撑大量农民工及其家属的迁入？"厉以宁（2012）认为，如果匆忙实行户口一元化，一些城市效率必定因此下降，实际上是把它们推到"骑虎难下"的境地，将来会越来越感到困难，最好的办法是走一条稳妥的道路，实行"新社区先行，中小城市次之，大城市再次，特大型城市最后"，循序渐进，水到渠成，这才是符合中国国情的户口一元化的基本途径。

---

① 李昌禹、廖文根：《城镇化不能一哄而上》，载于《人民日报》2013 年 7 月 31 日。

　　质量优先体现在农民"市民化"上。《国家新型城镇化规划（2014—2020年)》提出，到2020年，常住人口城镇化率达到60%左右，户籍人口城镇化率达到45%左右。按此计算，未来几年，我国城镇化率年均提高0.87个百分点。而2001~2013年，我国城镇化率年均提高1.35个百分点。从外延城镇化率的提高速度看，未来一段时间是放缓的。这体现了农业转移人口市民化的"存量优先、带动增量"的原则，已进城农民是存量，优先考虑其市民化，同时新增部分农业转移人口进城。农民成为市民，不是简单改个户口，不能居住城镇化、待遇农民化。核心是提供就业岗位，提升农民的生活品质，让农民出得来、留得住、生活好。

　　质量优先体现在城镇化的转型上。旧型城镇化以"摊大饼"、高消耗、城市要素供给不可持续为特征。要转变城市发展方式，走集约、智能、绿色、低碳的新型城镇化道路。新型城镇一定要有特色、功能齐全，小城镇间要有差异，小城镇与大城市要有差异，不能千城一面。新型城镇化是以人为本、效益优先、生态低碳、精明增长的城镇化。

4. 产城融合

　　"产城融合"是指以产业带动城市发展，在城市中规划落实产业承载空间，强调城市产业经济基础，城市基础设施和公共配套为产业发展提供保障，产业发展为城市提供就业和持续税收，以达到产业、城市、人之间有活力、持续向上融合发展的模式。产城融合要求产业与城市功能融合、空间整合。城市没有产业支撑，即便再漂亮，也是"空城"；产业没有城市依托，即便再高端，也只能"空转"。杨利春（2015）认为，西方发达国家走的是"先产业集聚、后人口集聚"的市场化道路，中国的城镇化更多是由政府推动形成的，忽视了对产业支撑体系的构建和培育，从而导致城市产业支撑能力不足。据《城市蓝皮书：中国城市发展报告No. 8》的分析，2003~2013年，我国城镇化率以每年1.32个百分点的速度增长，每年新增城镇人口达2000多万人，然而每年新增的就业岗位仅1200万。[①]产业支撑能力不足影响了城市的可持续发展。

　　城市化与产业化要有对应的匹配度，不能一快一慢，脱节分离。如果城镇化和产业化不能良性互动，会带来互相制约的低效问题。没有产业支撑，一味依赖出让土地、获取土地出让金的发展模式是不可持续的。房地

---

　　① 潘家华、魏后凯、单菁菁：《城市蓝皮书：中国城市发展报告No. 8》，社会科学文献出版社2015年版，第10~11页。

产的过度开发导致"有城无业,有城无市,有城无人""空城""鬼城"现象也屡屡出现。新型城镇化发展战略提出的初衷就是要逐步改变这一现状。

城市发展首先要解决的就是产业发展问题。产业发展是城市化的核心与推动力,要产业先行,有了产业的支撑才能根本解决城市发展面临的就业问题。新型工业化是新型城镇化的基础和动力。蔡洪滨(2013)认为,现代意义上的城镇化是指由工业化带来的大规模的人口从农村向城镇的迁移,以及由此导致的生产和生活方式的转变,人们需要集聚生活,这极大地加速了城镇化的进程。

随着市场经济的发展,工业发展对城镇化的边际效应逐渐减弱,第三产业成为城镇化新的推动力。城市可以大力发展现代服务业,引领城镇转型升级以增强就业和服务能力。城市人口集聚,有了人气,就会人丁兴旺,推动商业、餐饮、文化娱乐等生活服务业发展,银行、保险等金融服务业也发展起来,有了产业的支撑,就会出现"产、城、人"的融合。城市功能是否完善,也取决于城市服务业发展的好坏。城市的发展既是现代服务业与信息产业高度聚集的过程,也是传统的服务业为城市的中低收入人口提供服务的过程。

要把能否撤县设区、撤县设市、撤镇设市建立在经济发展基础上。对不符合城镇化条件的区域,要防止造城运动。应鼓励支持中小城市和小城镇培育壮大特色产业和新兴产业,逐步形成不同等级城市之间和城乡之间产业发展上的合理分工、功能互补格局。例如,通过"互联网+"来推动劳动密集型产业的发展,发展现代物流产业,发展旅游休闲和健康养老产业等。小城镇可以发挥优势,把农副产品加工业、生态农业、旅游业作为产业发展重点,把特色产业与重点镇建设结合起来。

产城融合的另一个重要理念是城市内部的职住混合,可以在家门口上班,下班可以步行回家。很多特大城市为解决城市中心人口密度高、城市拥堵问题,往往是在规划建设新区时大量建设住宅,而城市中心旧城改造拆出来的土地则建设大量商业中心和公建。其结果是什么?城市交通更拥堵了,因为交通出行量增加,人们每天都要在居住的新区和工作的市中心来回穿梭。"职住分离"导致了钟摆式交通,加重了市内交通的负担。今后我们城市规划结构要调整,从源头上削减不合理的出行需求。现在比较流行的是土地混合使用,在一个分区、一个街区,甚至一个地块上的城市综合体内追求商业、办公、居住、休闲等功能的混合。就产城融合上,石崧(2015)提出复合社区的概念,即在建成区的主要产业形态应当以产业融合为主，形成复合型产业社区。他同时强调，在郊区保留必要的专业化产业基地，增强与邻近新城和新市镇的互动，实现职住平衡和产城融合。

5. 城乡统筹

统筹发展的核心是协调发展、共同发展。曲福田等（2011）认为，城乡统筹发展就是要通过城乡资源共享、人力互助、市场互动、产业互补，把城市与农村、农业与工业、农民与市民作为一个整体，纳入经济社会发展的统一规划中去统筹解决；就是要打破城乡二元结构的基础制度，实现以城带乡、以工促农、城乡一体的协调发展；最终目标是要实现城乡经济社会一体化发展。

新型城镇化是城乡统筹的城镇化，积极稳妥的新型城镇化是城乡一体化、消灭城乡差别的有力措施。城镇化的核心是让农民在"家门口"享受到"城市般"的生活。城镇化可以是城市文明与城市生活方式导入农村，把村里镇上建得和城里一样好，农民不一定要涌入城市，这也算新型城镇化。发达农村也可以自主城镇化，成功的例子有江苏华西村、北京郊区郑各庄村等。

统筹城乡发展需要在城乡一体化规划上统筹，构建合理的城镇体系。城市化不是"去农村化"，城乡一体化也不是城乡一样化。在城乡一体化规划中，要明确人往哪里走，重点建哪些城镇，保留哪些特色村庄。这些都需要通过统筹规划来解决。必要的并村及撤村建镇是需要的，但要有科学的规划、合理的规模。韩长赋（2013）认为，农村存在的意义，在于城市是相对于乡村而存在的，这也是文明的多样性，如果农村文明消失了，那么城镇化将是单调的。要防止两个倾向：一是过度的村庄撤并，农民上楼；二是到处都是美丽乡村，重复建设。过去城镇的布局都偏好大型、集中式基础设施，如自来水厂、污水处理厂、垃圾处理厂等，甚至要求一个县都集中为一个。现在技术允许了，也可以向小型、分散、循环式基础设施转变。

6. 生态文明

新型城镇化是生态文明贯穿全过程的城镇化。这就要求在城市规划编制中就应贯穿生态文明理念，在产业选择中处理好与生态保护的关系，在城镇建设中落实低碳节能的措施，在国土空间上要为生态环境和国土安全"留白"和"添绿"。不断加大城镇生态环境建设改造力度，提高城镇生态环境承载力。

生态文明要求改变城市发展模式。一是绿色低碳城市的发展路子。绿色低碳重点在保护资源、节约资源和资源循环利用，节能减排也是体现生态文明要求的重要方面。党的十八届五中全会提出了推动建立绿色低碳循环发展产业体系，城市应该按照国家新型城镇化发展规划的要求，编制城市绿色经济发展、资源环境保护等绿色发展规划。二是紧凑型的城市发展模式。生态的意思不是要有绿色，事实上，并不是公园多、马路宽、树木花草多就能称之为生态了。国际上公认的生态绿色低碳城市是可步行的城市，就是通过步行可以满足所有需求的城市。这样的城市很紧凑，资源配置效率很高。所谓紧凑型城市经济，其一，不浪费资源和能源；其二，不要东边建一座城市，西边再建一座城市，原有城市被严重分散掉了。紧凑型城市最重要的特点是城市人口会迅速增长，只有人口规模迅速扩大，才会带来资源高效利用和要素合理配置。理解城市的生态、绿色、低碳最重要的一点就是资源的有效配置。

第二节 城市等级与规模的新认识

一、关于城市规模的确定

城市规模是指城市人口、用地、基础设施和公共配套设施等规模的综合。因为人口多少决定了用地需求，决定了公共配套设施和基础设施的配建规模与标准，所以人口规模是城市规模的决定性指标。划分城市规模的关键在于界定城市人口、确定城市边界并处理好与行政区划的关系。

1. 关于城市人口统计的口径

传统人口统计有两个口径：一是公安户籍登记的户籍人口，以前分为农业人口和非农业人口；二是人口调查的常住人口，指实际经常居住在某地区一定时间（半年以上）的人口，分为城镇人口和乡村人口。人口聚集的数量是衡量城市规模的主要指标。那么如何统计城市人口呢？城镇人口的统计口径又包括城镇的空间标准和居住时间标准。城镇的空间标准是指城镇地域的范围，时间标准是指在城镇地域居住多长时间定义为在城镇的常住人口。

在城镇人口的统计口径上，最初（1955年）是按市区、郊区和建制镇的人口进行统计。到"五普"时（2000年）采用了"行政地域+实体地域"的城乡（人口）划分标准。在城镇人口统计的时间标准上，"四普"和"五普"两次普查城镇人口的居住时间标准不同。"四普"的居住时间标准是一年，"五普"规定的居住时间标准为半年。

有人建议固化城乡（人口）划分标准，以"居委会和村委会所辖地域（常住人口）"作为划分依据，这样今后不需要频繁改动城乡划分口径，需要做的只是改进居委会的设置程序和标准，完善"村改居"相关的农村集体经济资产处置、农村优惠政策延续和村（居）民社会福利以及土地权属转变等相关政策和制度体系（张立，2011）。笔者认为，这种简化的方式并不可取。因为居委会和村委会不是划分城乡的标志，现在很多城市撤县设区后，乡镇变成了街道，村委会变成了居委会，但农民的居住环境没变、就业没变、基础设施没变，居委会管的仍然是农村。从城市地理学的观点来看，长期居住的地域类型、从事的社会经济活动、享受的基础设施和生活设施应该作为划分城乡人口的主要标准（严重敏，1989）。因为城市是非农产业集聚的地方，居住在城市的人口一般不会在城市从事农业活动，且因居住而一定要享受基础设施和生活设施。所以对于城市人口的统计口径，笔者认为应该简化为城市居住人口，不论是否登记为城镇户口，不论是否已经转为非农业户口，也不论是否在此城市拥有工作。这个"居住人口"的含义包括：（1）已在城市入户的原居民；（2）不论是否工作但在城市拥有住房的人（产权人可以是自己的父母、子女等直系亲属）；（3）虽无稳定收入但租赁住房长期（两年以上）居住的人口；（4）有稳定收入且每年居住不少于半年的进城务工人口。

关于流动人口的统计计算方法，曾经也有人做了细分，现在这个问题也可以简化，扣除在统计的城市没有住所也没有工作收入的短期或过境人口，其他只要居留时间符合要求且有稳定收入的，应计入该城镇人口。实际城市也已经把这些人口纳入了管理，如有些城市对这些要办理暂住证的人口按月收取城市建设维护费，以解决城市治安维护方面费用的不足。在城市规划中计算宾馆、医院等需求时，可以考虑不计算为城市人口的通勤流动人口。可以将三年平均数的 1/3 或 1/2，统计在城镇总人口中，以便规划和核算基础设施项目、城市建设资金时参考（严重敏，1989）。

对于在城市工作但居住在另一个城市或小市镇甚至郊区农村的，按照欧美国家的做法是房产或居住地登记，因为在这些国家人口变动迁徙频繁，且城市维护费用主要与个人的房产税收挂钩。建议中国参考这个做法，也可以在计算此类城市人口时重复统计一下。对于在城乡来回流动居住且时间差不多的，以收入主要来源地或者享受的社会保障地统计其居住地人口，尽可能不重复计算。

从经济学意义来说，"居住在城市的人口"在城市购房、工作和生活等都是与这个城市发生经济活动，要消耗这个城市的资源，为这个城市提供产品和服务并产生需求，要享受城市的公共服务。城市运营者要考虑这些人为城市创造的价值和税收，同时维护城市正常运转和提供服务需要支出多少费用。城市就像一个大的物业管理项目区，物业公司只向居住在小区内的居民（不论其是否为产权人）收取物业费，也只向居住人提供物业服务。当然一个城市提供的"物业服务"要比小区综合多样，但道理却一样，只要居住在城市，就应该为其提供服务。城市人口规模经济不经济也与物业管理规模是否经济一样。

特别需要说明的是，由于城市人口界定为"在城市地域内实际居住的人口"，与户籍性质和户籍地无关，与职业性质也无关（当然住在城里的人基本都是从事非农业生产的）。过去还要讨论居住在城市市区和城镇上的农业人口是否要纳入的问题，现在一是取消人口农业非农业的划分，二是按实际居住地来认定，这个讨论就没有必要了。因此，笔者认为户籍制度改革意义不大，只要我们把在城市可以享受的公共服务如教育、医疗、社保等不与户籍捆绑，而是最终与住房和就业关联的税收挂钩即可，也就是进城农民如果因购房或就业而成为城市的纳税人，就应该享受该城市的公共服务，类似于给物业公司（城市管理者）缴纳物业费（税费），享受小区物业服务（城市公共服务）。农民市民化与户籍无关，就没有"户改"的必要，某种程度上户籍制度改革农民不一定买账。户口的作用是什么？建议只与选举与被选举的政治权利挂钩，户籍地可以与居住地一样，也可以不一样。对居住居民来说，要发居住证，有居住证（市民卡）就应该享受市民待遇。

2. 关于城市的实体地域范围

中国的城市是一个行政区划单位，所以一个城市的面积并不等同于城市化的面积。这里讨论的城市地域是指已经城市化的"城市"的地理空间范围。就大城市而言，城市边界的概念一般有市区、市辖区、主城区和建成区等几个口径。

市区（city proper）狭义的含义是指城区（urban district），是城市辖区内地理景观具有城市特征的地域，也就是建成区。城区一般指人口密度大，建筑连片、集中，工商服务业繁荣，教育卫生设施齐全的地区，是城市的主要组成部分和核心区域，包括市中心和周围连片的城市区域。城区是相对于郊区而言的，一般城市都是由城区和郊区结合组成。

　　广义的市区是行政区划上的含义，即市辖区，包括城区和郊区，不包括市所辖的县、自治县、旗等。郊区（suburb）指城市辖区内除城区以外的地域，是城市的重要组成部分。现在一般工业基地、开发区都规划在郊区，郊区往往承载机场、港口、仓储等交通物流功能，水源地、污水处理厂、垃圾处理厂一般也布置在郊区，郊区还承担着蔬菜、肉、禽、蛋、奶等城市副食品基地的职能，不宜布置在市区的危险品仓库、传染病医院、和疗养院等都要布置在郊区，郊区也是城市扩张和蔓延的储备地。

　　这里的郊区与城区概念并不是行政区性质的区别，而仅指地域景观上的区别。城区是建成区，人口密度高，建筑密集；与城区相比，郊区人口密度低，建筑物分散，建筑密度也低，仍然有大量农地和农村。郊区也可以有自成体系的卫星城镇或工业城镇。

　　关于市区的概念，城市统计中一般直辖市和地区级城市的市区是指不包括辖县在内的城市行政管辖区，县级市的市区即它的全部辖区，相当于改为建制市之前整个县的范围。城市的法定辖区一般是指市辖区，而建成区一般是城市的地理实体范围，城市建成区仅占据城市法定边界以内的一部分地域。中国的城市都是市区范围大于城市建成区，如果把市辖区作为城市的统计单元，市辖区内全部人口均按城镇人口统计，就会造成虚假人口，放大了城市等级。

　　还有一个概念就是"主城区"。主城区一般是在城市总体规划中城市布局等级体系的概念，例如南京市城市规划分主城、副城、新区、卫星城镇等体系，把主城区范围确定为绕城公路围合的区域。以主城区的概念作为城市地域，其优点是空间界限清晰，反映了一段时期土地城市化的规划目标，但缺点是扩大了当前城市化水平，而主城以外连片的郊区建成地域又被排除且与行政界限不关联，增加统计难度。

　　1982年和1990年的城乡划分聚焦于城市行政地域，而2000年后的两次划分标准则以"城镇实体地域"为划分依据，紧密围绕"城镇建成空间"来划分城乡。尤其是与城镇建成区相连的村委会，或者是把其纳入城镇，或者是连同其所在的乡镇一起纳入，调整的焦点都集中在"与城市建成区相连的空间"上。为防止对城镇地域（人口）的高估，重点需要在"与城市建成区相连的空间"上进行明确界定。2006年国家统计局颁布的《关于统计上划分城乡的暂行规定》（以下简称《规定》），明确城镇是指在我国市镇建制和行政区划的基础上，经《规定》划定的区域，城镇包括城区和镇区。城区是指在市辖区和不设区的市中，经《规定》划定的区域，包括：（1）街道办事处所辖的居民委员会地域；（2）城市公共设施、居住设施等连接到的其他居民委员会地域和村民委员会地域。

在城市实体地域确定中，往往"城市公共设施、居住设施等连接到的"这部分很难确定。周志刚（1993）建议采用"建成区"作为城市人口统计的区域范围，具体指一个市辖区范围内经过征用的土地和实际建设发展起来的非农业生产建设的地段，包括市区集中连片的部分以及分散在近郊区与城市有密切联系，具有基本完善的市政公用设施的城市建设用地（如机场、污水处理厂、通讯电台）。在大城市的城乡交界处，建设用地往往不连片，宋小冬等（2006）建立了一个称为"建成用地"的概念，在建成用地的基础上判定建成区，并设定了详细判定规则。

笔者认为，城市化的城市地域应该是城市地理实体范围。与行政区域并不关联，也不应该采用市辖区、主城区等概念。划定的地理实体地域包括：（1）全部城区的建成区；（2）城区或郊区中符合人口密度要求、有必要公共服务、在城市财政供养范围的建成区的连绵区（具体标准将在第二节讨论）；（3）划定城市永久边界的，城市边界内人口密度、建筑密度超过规定标准的城乡接合部；（4）在近郊区中已在城市主城规划范围内的建制镇和符合设镇标准的居民点，可以作为城市地域统计。

几点说明：

一是在城市边界内已经征地撤组划入居民委员会管理的居民及其土地。这里并没有强调城市土地国有性质的意思，在此边界内即使没有征为国有的集体建设用地或小产权房，只要符合第二条的标准，应划为城市地域。为便于统计，可以把紧连城市建成区、基本符合第二条标准的行政村整建制纳入城市地域中统计。

二是城市规划区内（如规划的主城区内）地域景观仍然主要为农业田园、人口密度较低、城市公共服务还没有延伸到的区域，暂时不能作为城市地域，即使在市辖区的郊区范围内。

三是对不在城市主城规划区范围、大城市外围有绿地和田园隔离且超过一定出行距离、有独立行政建制的建成区，可以作为卫星城镇、小市镇等城市地域；与大城市主城区距离较远的、建成区及常住人口超过一定规模的区县政府驻地和建制镇，不纳入大城市统计，符合条件的可以直接设市。

四是不设区的市、县城、小市镇、工矿城市、小旅游城市，其城市边界仍按上述划分标准确定，具体指标可以比大城市低一些。

3. 关于城市化与行政区划

（1）中国的城市是行政概念的城市，是有行政级别的城市。中国的城市与欧美国家的城市不同。中国的城市是行政辖区，而欧美国家的城市就是城市。西方的城市是没有等级的，无论人口是多是少，无论城市规模是大是小，都不存在行政级别的区分。美国的行政层级分联邦、州和地方政府，州以下的政府统称为地方政府，包括县（郡）、市、镇、学区、特区。各地方政府在法律上一律平等，不存在领导与被领导的关系。从行政级别上看，中国的城市具有特殊性（徐勤贤等，2013）。中国城市不是自治的，而是上级城市管理下级城市，实行的是等级化城市管理体制，城市等级有直辖市、副省级城市、省会城市、地级市、县级市（现在又有镇级市）等，城市等级制度决定了上级城市可以管理下级城市。另外，在管辖范围上，中国的城市管理区域并不仅是城市自身的实体地域，还管辖着大量的村庄，是市带县、镇带村的管理体制。

中国特色的等级化城镇管理体制决定着中国城市的行政资源和市场资源基本向高等级城市集中，使很多中小城市的活力大大受到抑制。

（2）中国的城市化是一定行政区域的城市化。统计城市化水平，在中国而言，一定是一个行政区域的城镇人口与该行政区域总人口之比。城市化指标是反映一个地区城市与农村人口的增减变化，只有在一个较大的行政区域内讨论才有意义。例如，讨论南京市（行政区域概念）城市化水平，应该是"南京市主城区人口+副城人口+县城、卫星城镇、建制镇人口"与全市总人口的比例，但不能把这些人口统称为南京市城市人口，这些应该称为"城市化人口"。笔者认为，以县级行政单元（含县级市）为考核统计城市化水平指标的基本单元，再往下延伸，镇村城市化指标一是没有意义，二是城市化水平越低越好。市辖区的城区已经全部城市化，没有考核计算的必要，郊区可以视情况考评，来反映郊区城市化进程。

另外，即使南京市有些县城或卫星镇符合设立城市的标准，它可以成为"县级市""镇级市"而不改变其行政等级，也不降低南京市行政区域内的城市化水平。相反，对一个副省级城市或大的地级市，除了要考核城市化水平，小城市、小市镇兴起的数量也应该在考核之列。

（3）城市人口的居住地域界定要去行政化。过去在人口普查上受制于行政辖区概念的影响，城市人口的统计有些混乱。对设区的市和不设区的市和镇采用双重标准导致"市"人口中设区的市和不设区的市没有可比性（许学强，1997）。中国需要解决的不是户籍人口城镇化低的"伪城市化"问题，而是要界定好城市实体地域，解决以城市行政辖区人口为城市化人口的伪城市化问题。解决"撤县设区设市""撤乡并镇"的冲动，实实在在推行人口城镇化与土地城镇化评估相符的新型城镇化。城市人口的界定和城市人口的居住地域界定要去行政化。

（4）区域城市化规划要去行政化。每一个城市的发展都不是孤立进行的，它必然与外部发生着某种联系。尤其是当城市的发展实力不断增强以后，将随着城市的发展轴迅速展开，向有利于城市发展的方向和地区扩充。过去的城镇化是各自为政、相互独立的。在大力推进城市化进程的今天，城市扩展尤其是大城市的扩展是不可避免的发展趋势。一些城市在发展过程中就受到了行政界线的制约，影响着城市的合理发展，甚至逼得城市形态畸形发展。在这种情况下，突破行政界线进行城市规划就成为必然，城市群内的城市之间应该去除行政壁垒，推动城市之间的要素流动与资源整合。多年来杭州城市总体规划修编受到行政界线的制约得不到实质性突破。2001年3月，经国务院批准，余杭、萧山撤市建区，使杭州市区面积由原来的683平方公里一下子扩大到3068平方公里。这就为杭州由以西湖为中心的城市，走向以钱塘江为生态轴，沿江跨江发展，形成一个大都市的发展目标提供了条件。而有些经济实力相当强的县级市，城市化水平也很高，在城市化的过程中也会面临行政体制的束缚，无法有效发挥其经济辐射能力。

（5）行政因素对城市设置，特别对镇的设置影响很大。我国城镇化中城乡行政区划体制过于僵硬，不能适应迅速变化的形势。在行政建制的设置上，一方面是标准执行过松，1990年以后大量的撤乡并镇，增加设立了许多建制镇；另一方面对建制市设置过紧，一批实质上已经是城市的特大镇被忽略了，如果按人口规模为划分依据，一些经济发达、人口早已达到中等城市、大城市标准的镇或者县城，早已符合城市的标准，理应纳入城市等级中去（徐勤贤等，2013）。很多发达地区的部分乡镇人口规模、人口密度、财政收入和基础设施配套程度完全符合城市标准，如果城市化能够去行政化，不与行政级别挂钩，完全可以批准设立"镇级市"。例如，苏州市的盛泽镇。2013年，盛泽镇全镇户籍人口13.3万人、外来人口超过30万人，下辖8个社区、35个行政村。2014年，全年实现地区生产总值340.89亿元，公共财政预算收入实现24.5亿元，全口径财政收入46.45亿元，全社会固定资产投资完成128亿元。[①] 从人口集聚和经济总量、财力供养，都足以与一个县级市甚至西部中等城市相比。而实际按常住人口超过20万人就可以设立小型城市，这个设立可以不与行政级别挂钩，实际操作中往往也可以高配级别。

---

① 牛方、梁莉萍：《绸都盛泽：强者如何更强?》，载于《中国纺织》2015年第9期。

二、城市规模的评定标准

根据联合国经济社会委员会和人口司编著的《城市和农村人口增长模式》一书刊载的世界 190 多个国家和地区的城镇划分标准，概括为以下四个方面：

（1）聚居人口数量。大约有 70 多个国家和地区对于城镇标准提出聚居人口数量的要求，然而聚居人口数量多少要求不一，由最低限 100 人起始，到 200 人、400 人、500 人、1000 人、1500 人、2000 人、2500 人，直至 20000 人、30000 人，等等。其中以要求 2000 人和 5000 人者较多，约有 20 个国家和地区。

（2）聚居人口中的非农人口比例。许多国家和地区在聚居人口数量的起点要求之外，还规定城镇必须保持一定非农人口比例。荷兰、印度规定聚居人口中成年男性从事非农职业要 75%以上，聚居地方可定为城镇。

（3）聚居地的人口密度。有些国家和地区在聚居人口数量要求之外，还提出聚居地人口密度的要求。印度规定城镇人口的密度每平方公里须在 1000 人以上。

（4）城市特征。有些国家和地区如尼泊尔、孟加拉国等在规定城市人口最低数量以外，还规定必须拥有构成城市因素的一系列市政设施，如街道、市场、供电系统、交通运输设施、工厂、商店、医生、药房、旅馆、车站以及中等以上学校等。

如何建立这样一个评价体系呢？笔者认为，城市规模等级的评定不能仅考量城市人口规模，还应该考虑土地规模或者是人口密度，另外要考虑城市产业、城市服务功能，应该建立多层级多因子的评价体系。具体指标体系构建如下：

（1）人口规模与人口密度标准。

衡量城市大小一般用城市规模指标，主要包括人口规模与用地规模两类。城市是人口的总量和集聚程度的体现。人口规模是城市规模的主要判定指标，同时人口密度反映的是集聚程度，是判定是否具有城市地域特征，城市是否紧凑、节约的指标，应该作为重要指标。由于城市人口发展与用地发展大致有一个相对应的比例关系，在大多数情况下，以城市人口规模代替城市规模来讨论问题是可行的。因此，往往以人口规模来表达城市规模的大小。

简单看一下城市人口标准的历史变化。在清政府 1909 年公布的《城镇乡地方自治章程》中就有了规定，凡府、州、县治所在的城厢地方称为"城"，其余地方人口满 5 万人以上称为"镇"，不足 5 万人的称为"乡"，这也就是关于城、镇、乡划分的人口规模标准。①。辛亥革命时期，江苏省参考清末旧制，在 1912 年将县治所在地的城厢，以及村庄屯集人口在 5 万人以上的镇，均称为市。中华人民共和国成立后，中国城市规模等级划分标准经历了多次变动。1955 年公布的第一个标准规定，聚居人口 10 万人以上的城镇可以设市，若聚居人口不足 10 万人，必须是重要工矿基地、省级地方国家机关所在地、规模较大的物资集散地或边远地区的重要城镇；1963 年国务院对设镇的下限标准提高到聚居人口 3000 人以上、非农业人口 70%以上或聚居人口 2500~3000 人，非农业人口 85%以上，设市的基本标准没有变；1980 年参照联合国等标准，中国将人口超过 100 万人的城市规定为特大城市；1986 年设市标准也做了较大调整，规定非农业人口 6 万人以上，年国民生产总值 2 亿元以上，已成为该地经济中心的镇，可以设置市的建制；1993 年国务院对 1986 年的设市标准又做了调整，引入了产值指标和在地域上整县设市、整乡设镇（许学强 et al., 2009）。2014 年 10 月，国务院《关于调整城市规模划分标准的通知》将城市规模划分标准调整为以城区人口为口径的"五类七档"，结束了 25 年的旧标准划分方案。

确定城市人口统计范围的关键是界定城市地域范围，人口密度指标非常重要。人口密度指标反映了人口聚集程度和城市化质量。城市建设强调提高人口密度，体现了新型城镇化的理念要求。新型城镇化主要通过提高密度、复合利用、集约紧凑等原则开发建设城市。人均建设用地指标也是一个在城市内部反映人地关系和土地利用强度的指标，人均用地指标的倒数实际就是人口密度。中国的现状是，城市型居民点人口一般从几万至上千万人，用地从几平方公里到几百、上千平方公里；而乡村型居民点人口规模最大不过上千人，用地几公顷至几十公顷。人口密度方面，城乡悬殊更大。城市人口高度集中，一般每平方公里 10000 人左右；而乡村人口居住分散，一般每平方公里仅 100 人左右。新型城镇化规划提出，到 2020 年人均城市建设用地严格控制在 100 平方米以内。人均用地 100 平方米，换算成人口密度就是每平方公里 10000 人。考虑中国的实际，我们要严格控制超大城市和特大城市规模，提高其城市紧凑度和土地利用强度，人均用地可以控制在 60~80 平方米，一般性大城市在 80~100 平方米、中小城市

① 城市（地理学名词），百度百科。

74

在 100 平方米左右，小市镇人均用地不得超过 120 平方米。人均 60、80、100、120 平方米建设用地折算成人口密度分别相当于每平方公里 16500、12500、10000、8000 人左右。因为城市用地中还包括非建设用地，实际人口密度要求可以再小一些，大致可以规定超大城市和特大城市人口密度在 15000 人/平方公里左右；一般性大城市 10000~12000 人/平方公里、中小城市人口密度在 12000 人/平方公里左右；小市镇人口密度可以在 5000~8000 人/平方公里（见表 5-1）。对于低于这些人口密度要求的，应该是城市实体地域范围划大了或者发展极不紧凑。对城市外围的扩展区域，也应该有一定的人口密度要求。

表 5-1　　　　　　　　不同等级城市人均用地与人口密度控制建议指标

城市等级	人均用地面积（平方米/人）	人口密度（人/平方公里）
超大、特大城市	60~80	15000
一般性大城市	80~100	10000~12000
中小城市	100 左右	12000 左右
小市镇	<120	5000~8000

（2）公共服务配套设施的标准。

公共服务设施是城镇的核心。人口统计的地域范围应该与该地域是否具有城市功能与特征关联。因此，是否具有市政设施和公共服务设施是城市地域特征的重要考量。城市公共服务设施是城市生产、生活等活动的基本保障。公共服务配套包括医院、学校、商场、图书馆、体育设施等。目前，城市型居民点一般有较高水准的供电、通信、上下水、燃气、交通运输和环卫等市政设施，有较完善的文化、教育、医疗、体育、休闲娱乐等生活服务设施；而乡村型居民点则相对水平较低，甚至没有。公共服务配套的完善程度和标准高低是城乡特征差别的体现。

城市规模等级与公共服务配置的标准直接关联。城市等级的划分与政府的行政等级不用对等，与土地性质也没有关系，而是与人口集聚程度有关，也与这个集聚地区为聚居人口提供的就业、社会保障、文化教育和基础设施服务等有关。在进行大型基础设施和公共建筑规划时，也必须考虑其规模门槛，合理设置机场、铁路干线、大型剧院、体育馆等，以免重复建设，达不到规模效益。例如，超大城市应该是政治经济中心，有航空港口、国际航班甚至使馆区，博物馆，足够数量或招生规模的一流大学，足够数量的三甲医院以及其他城市该配置的一切功能，二、三线城市不一定要有机场、会展中心、金融中心等，可以有铁路、轻轨，而小城市的公共服务配置上，可能进一步考虑等级要低、项目要少，经济合理。不能错误地理解"公共服务均等化"概念，认为公共服务均等就是不论城市规模等级大小，公共服务的配置标准、项目内容与类型、设施规模和数量应该相同。如博物馆、会展中心、体育中心等大型文化、体育设施，三甲医院等是否要同等配置。还有地铁，一般大城市都开始规划地铁，但超大城市、特大城市和大城市规划的线路和公里长度应该有差别。

大、中、小城市的差别和等级往往就体现在公共服务的等级和齐全程度上，人口集聚多，对公共服务的项目内容、规模和标准要求高，负担能力也强，但如果小城市人口少，会导致公共服务设施空置率高、公共财政运营压力巨大等问题。有些公共设施是为区域服务的，虽然坐落在大城市，但服务半径覆盖周边小城市、集镇甚至农村，如三甲医院、高校、大型体育中心、机场等。大城市的公共服务设施服务半径是向下覆盖和兼顾服务的，因此大城市的配备标准要高一些，人均用地指标也可以适当高一些。现在往往相反，越是大城市用地集约度越高，人均用地水平越低，而小城市则土地浪费严重。

这里研究公共配套标准仅是判断城市的公共配套完备程度以及等级水平，参考南京市的标准和国内的一些研究，笔者选择以下体现基础设施和公共服务水平的项目与指标（这里只列举一级指标）：

一是基础设施类，包括对外交通便利程度、城市交通设施水平、市政设施完备度、信息化建设水平、生态环境质量、物流服务能力等。

二是公共服务设施类，包括教育设施水平、医疗设施水平、文化娱乐、体育设施、社会福利与保障设施、行政管理与社区服务设施、商业服务设施等。

同时，要充分考虑大型城市基础设施和公共服务设施的覆盖范围与共享性。区域统筹，合理规划布局，避免小市镇"小而全"的重复建设。有些镇村，即使合并，仍然人口少、规模小，可以通过规划一条快速路，将各镇尽可能地串起来，保证最远的小城镇也只需用25～30分钟车程就能到达区域中心城市，共享区一级的各种服务设施。相反，如果不进行城镇体系规划与区域协调建设，难免产生重复建设，恶性竞争。例如，珠江三角洲包括港澳在内不到4.3万平方公里的范围内集中了5个国际机场，在有限的客源总量下，为了确保澳门国际机场的客源，珠海机场则不能经营国际航班，而国内航线由于客源的分流，珠海机场年运行利润连银行贷款的利息都不够偿还。

在明确上述指标后，可以建立城市化公共服务相关评估指标体系，通过设定权重和综合差别得分，反映不同等级城市的公共服务设施等级。有了标准分值区间范围的，就可以判定从公共服务等级来看，该城市应该属于什么等级，如果与等级不相称，就可以看出城市化发展的质量高低，公共服务配置是过度超前了还是严重不足。如果是综合评价城市规模问题，后面将专题讨论。

（3）城市财政与就业方面的标准。

中华民国政府 1930 年颁布的《市组织法》第三条规定：凡人民聚居地方，具有下列情形之一者设市，隶属于省政府：（1）人口在 30 万人以上者；（2）人口在 20 万人以上，其所收营业税、牌照税、土地税每年合计占该地总收入 1/2 以上者。① 民国时候的政府就有了城市能否通过税收自我供养确定规模的思想。

GDP、固定资产投资等经济指标与城市规模等级没有关联（可能与城市行政等级有关），但城市基础设施和公共设施的供养须由城市财政负担，就业率也是反映城市人口吸纳能力的指标。前面把一个城市的运营管理比喻成一个物业管理小区，物业公司需要根据居住人口规模、需养护管理的绿化道路设施量、保洁的面积以及需配备的保安力量来测算运营维护成本，并向业主收费。物业费收入、广告费收入、停车及配套商业会所等设施可能的收入是小区的总收入。这里收入的起码要求是维持小区管理，否则缺口费用还要分摊到业主头上。城市管理也是如此。法国巴黎市郊的一个小市镇，5 万人左右，白天在巴黎上班，晚上回来居住。小城市的市长是选举产生，市长聘任城市经理，城市经理负责道路、绿化、保洁、路灯、警察等一切城市日常管理工作。城市收入来源主要是房产税，因为是居住城市，也没有产业税收，但城市管理有序。这个市长相当于我们选出来的业主委员会主任，城市经理相当于我们的小区物业公司经理。

城市长期运营维护是否有资金来源，那么高额的维护成本要靠什么来支付呢？对于一个城市而言，它的公共财力支出要保证城市每天的垃圾能够收集和运出，城市的路灯能够按时点亮，道路整洁和维护及时，图书馆、体育馆能否免费开放，公务员、教师、医护人员的工资及时发放，等等。如果做到了，城市就是健康的，规模就是适当的。在城市基础设施建设方面，政府财政上的压力还是很大的。据联合国推荐标准，城市市政基

---

① 城市（地理学名词），百度百科。

础设施部分占 GDP 的 3%～5%，占全部固定资产投资的 9%～15%。而我国目前很多城市基础设施维护基本靠土地出让金，不是持续的财政收入，如果今后没有出让金或者土地收益不是一次性收取的，城市如何维持运转呢？城市维护不能靠短期的土地出让金，一座城市如果没有好的产业支撑，迟早要出问题。

城市财政不能支撑公共服务运营而破产的事情已经发生了。底特律的破产给我们警醒，2013 年 7 月 18 日，底特律市申请破产保护，成为美国有史以来申请破产的最大城市（傅红叶，2014）。在破产呈请书中，底特律报告债务高达 185 亿美元。美国联邦破产法院法官裁决，底特律已无偿付能力，破产申请认定适当，底特律破产案获得司法许可。联邦法官史蒂文·罗兹说，"这座城市已经不具备向市民提供基本服务的资源"。受数十年来人口外流、城市萎缩等因素影响，底特律财政枯竭，债台高筑，这座美国汽车工业的诞生城市陷入无法保障公共服务的财政困境，囊中羞涩，没钱开启市内路灯，成为城市衰败的典型案例（傅红叶，2014）。

城市是需要有一定的居住人口和足够的财力供养的。衡量一个城市的财力状况能否维持，可以选取人均财政收入、城市公共设施运营费用占 GDP 的比重等来评价。美国的中心城市出现衰败，人口减少，但城市的物理面积并没有减少，同样数量的街道需要维护和警察巡逻，同样数量的供水、供电管道，下水道和公交线路需要维修，而纳税人口减少，收入下降，平均每人要缴纳的税收增加，使得公共服务数量和质量都严重下降，这促使更多的人离开城市（宋彦和丁成日，2005）。城市的活力依赖于适度的人口密度，没有足够的人口聚集，城市公共服务成本无法分摊，城市中心衰败导致城市地方政府财政短缺，而财政供养短缺又加剧了城市中心的衰败。郊区化削弱了城市的税收基础，人口的迁移加重了这一问题。

党国英（2015）以公共财政可持续为约束条件研究了最小城市的合理人口规模问题。按照国际上较为通行的政府体系的功能定位，一个小城市通常只负责城市的市政设施维护、一般性的国民基础教育、社会治安、环境卫生、城市基本文化活动以及常规性社会救助等，超出这些功能的其他功能由上级政府承担。这种小城市的财政预算收入一般由财产税支撑，粗略推算，在我国目前的条件下，如果财产税作为小城市的主要税种，且税率为 1%，则小城市的人口规模下限为 5 万人；税率为 3%，人口下限则可以为 1.7 万人。一位曾担任过县委书记的同志在调研中与乡镇干部反复推断过，认为一个小城镇最起码的镇区人口规模必须达到 1 万人，只有当镇区人口达到 1 万人时，许多公共基础设施的建设与管理才能维持在基本不亏损的状态（以正常的管理为前提）；当镇区人口达到 3 万人以上时，各种公共基础设施的建设与经营就可以出现良好的运行局面；当镇区人口达到 5 万人以上时，区域经济中心的主导地位与各种生产要素的聚集功能就能够明显地发挥出来，并对周边广大农村产生出较强的经济辐射和带动作用（宋亚平，2006）。苏北有很多乡镇前几年一窝蜂搞小城镇建设，宽马路、大广场建好了，但没有产业，乡镇人口外流和大量外出务工，平时镇区人口往往不足 1000 人，学校闲置，商业街萧条，广场公园杂草丛生，基础设施难以正常维护。

产业发展水平决定了城市的就业水平，城市可以吸纳的人口数量。就业人口相当于物业小区内有收入、可以交物业费的群体，而失业人口则相当于小区内的困难群体，不能交物业费。就业率就是人口供养合适规模（物业小区筹集费用比率），就业率指标对城市规模也很重要。产业发展税收也相当于物业小区的经营性收入，如公共物业的租赁收入、广告收益、停车场收益等，也是维持运转的费用。笔者进一步建议，今后要逐步消除财政收入的上下级隶属关系，让每个城市靠城建维护税、房产税、土地增值税等税费足以维持城市基础设施的日常运转，并以产业上的税收等独立财政足以维持城市教育、医疗、养老等公共服务。

（4）交通出行距离标准。

我们往往根据城市外围与市区中心的距离，分为近郊区和远郊区。中国古代很早就有了对市区与郊区的明确划分。据《周礼·地官·载师》记载，周朝时规定"邑外为郊"；离城五十里，"以宅田、士田、贾田，任近郊之地"；离城百里，"以官田、牛田、赏田、牧田，任远郊之地"。划分依据就是离城市中心的距离，城市外围统称郊区，离城市 50 里距离围合的范围是近郊，离城市 100 里距离围合的范围是远郊。

关于城乡接合部与交通出行距离的关系，由于城市规模、职能和发展阶段的不同，城乡接合部的范围也各不相同，国外一般以城区以外 10 公里左右的环城区带作为城乡接合部（严重敏，1989）。实际上我们在确定城市实体地域，进而确定城市规模，是作为大城市的连绵区还是独立组团，也要用到交通出行距离的概念。

城市不论是圈层式发展还是组团式发展，交通出行距离对确定城市规模很重要。实际上交通出行距离也自然决定了城市人口的布局区域。当然也与交通出行的方式有关，如家庭小汽车的普及大大增加了城市交通出行距离，但因堵车因素，距离也会受到限制，而开通地铁、轻轨后，会进一步延伸城市空间。交通出行形式决定了人们活动的范围。例如，美国19世纪80年代出现有轨电车，比马车更快更便宜，使得城市对外辐射范围成倍增长。过去三英里是一般人在一个小时内步行的适宜距离，对于工作在城市中心的人口来讲是非常有限的。有了有轨电车，城市增长的枝蔓从城市内伸展出去。在《有轨电车郊区》一书里，沃纳（Warner）对几年内有轨电车如何使波士顿城市范围成倍扩展以及如何从一个"步行城市"转变为现代大都市进行了描述。世界工业发达国家的城市发展表明，当私人小汽车普及率达到80辆/千人以上的水平时，城市集中发展的趋势有所改变，郊区化现象出现（段进，2006）。

综合目前的城市交通规划手段和控制大城市空间形态规模的需要，大城市的交通出行半径在20公里较适宜，超大城市、特大城市应该以不超过40公里为限。新型城镇化应立足于改造提升中心城区功能、严格规范新城新区建设。特大城市中心城区应该在多极、多中心发展的同时，将部分功能向卫星城镇疏散，例如南京市城市规划的空间结构是"多心开敞，轴向组团"。

三、城市合理规模问题

关于城市的合理规模，中外学者和专家一直进行着研究和争论。例如，苏联专家达维多维奇（1964）提出了40万人的合理限度，10万~20万人的中小城市和5万~7万人的小城镇合理规模。而美国专家莫里尔（R. L. Morrill）提出过25万~35万人的城市规模。在英国、法国、加拿大等都提出过合理和最佳的城市规模数字。英国城市规划专家提出合理规模为25万人，法国专家认为30万至50万人为宜。也有学者反对城市合理规模的研究，他们认为这样的研究毫无意义，因为不可能确定一个能够适合于任何人和任何目的的"城市合理规模"。

傅红春等（2016）以居民幸福感为目标研究城市规模问题，得出的结论是，人均收入、政府财政支出、图书拥有量、教育机会和交通状况是反映生活质量的有效中间变量，能够帮助建立不同路径下城市规模与居民主观幸福感两者之间的"倒U形"关系。他们对130个样本城市的实证检验结果显示，在幸福框架下，中国目前的最优城市规模是一个区间，即人口规模在500万~780万人。

笔者看来，城市合理规模问题是存在的，如何判定应考虑以下因素：

一是合理规模不是简单的人口数量等级，而是更重要的城市公共服务配置标准。正如前所述，如果公共服务配置等级分值合理适度，没有"城市病"，也没有过度开发给城市带来负担，那么城市规模就在相对时间段内是合理的。

二是城市在大区域范围内的层级、位次及其承担的功能。符合规模门槛率的序列分布、承上启下、合理定位，而不是盲目给自己套上"中心城市""国际化大都市"等帽子。

三是产业持续发展、经济充满活力、就业率高的城市，对人口的吸纳能力也在持续增长，城市规模如果不逐步扩大，反而会带来城市问题，规模也就不合理。

四是城市土地利用指标。土地开发利用强度、单位土地产出率、人口密度、人均建设用地水平等，这些可以判定城市土地空间是否过于低效还是密集。从而决定城市规模是否合理适度。

城市规模是否合理适度，也类似于等级划分，不同等级和功能的城市，规模相应也不同。将上述考虑因素作为第一层次，选定一些二三层次的具体指标，可以建立一个既可以评价城市规模合理程度，也可以综合衡量城市化水平的指标体系。笔者认为，指标选取相对复杂，不直接相关的指标需要剔除。如果侧重于研究城市规模合理问题，还是要在人口规模与人口密度、基础设施和公共配套服务、城市财政与就业、城市土地利用指标六个大类确定相应指标。具体见图5-1。

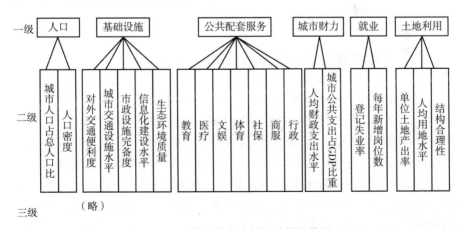

图 5-1　城镇规模合理性评价指标体系

用这样一个指标体系来衡量现代城市化程度，相对来说较为全面与合理。评价方法可用层次分析法，先确定一级指标的权重，然后再确定一级指标下面的各个二级指标权重（C_i），权重的确定可采用专家打分法。每个二级指标的分值可以用理想值或者平均值为参考，参考值设为1，将指标数值与理想值比较得到各个二级指标的得分值（S_i）。所有指标的得分值与其权重的乘积之和（R_a）为城市规模合理程度指标。即：

$$R_a = \sum C_i \times S_i (i = 1, 2, \cdots, N)$$

城市规模合理与城市宜居是两个不同但又相通的概念，规模合理适度是宜居的重要指标，而城市宜居又是城市规模合理的体现。两者在评价指标的选择上有很多是共同的。2016年6月14日中国科学院发布《中国宜居城市研究报告》（以下简称《报告》），全国40个被调查城市中，青岛、昆明、三亚、大连、威海、苏州、珠海、厦门、深圳、重庆宜居指数排名前10位，而北京和广州宜居指数分别为56.24分和56.78分，分别位居倒数第1名和倒数第2名。调查结果显示，中国城市居民幸福感排名最高的依次是厦门、威海、宁波、济南和苏州。《报告》选择的评价指标共包括城市安全性、公共服务设施方便性、自然环境宜人性、社会人文环境舒适性、交通便捷性和环境健康性六大维度及29个具体评价指标。在宜居城市评价中，生态环境指标占比重最大，其次为城市住房、市政设施和城市交通，空气质量、人均可支配收入、平均寿命等都成为重要的评分指标。[①]城市宜居性分析也说明：一线城市需要通过扩散策略实现郊区化，增加城市的开敞性，降低人口密度，并改善交通、改善环境；二、三线城市则需要在公共服务设施、城市安全等方面提升。

四、城市规模等级划分与最小规模问题

1. 城市规模研究中的序列大小分布和倍数原则

在序列大小分布的研究方面，许多研究者进行了不懈的努力，特别是地理学者通过对历史与所观察到的现实情况加以分析和归纳得出了许多成果与模式。奥尔巴克（F. Auerbach）在研究了5个欧洲国家和美国的城市规模分布后提出了一种限制性的序列大小法则，即首位城市人口数为常数，如100万人，那么各等级的城市规模就可以计算出来。例如，序列第四的城市人口规模就是100万人的1/4——25万人。即$P_i = K/R_i$，P_i为序列i的城市人口，R_i为序列，K是最大城市人口数。

---

① 《最宜居城市排名出炉！北京排名震惊了》，中国经济网，2016年6月15日。

以经济发达、人口密度高的东部地区为例，在理论上是以 5 倍来表达城镇体系规划中的原则。而在人口密度低的地区，倍数可能也要低些。在一个人口迁入迁出相对稳定的区域，也就是总人口相对稳定的较大区域，如南京市，居民点分为主城区—副城—小城市或县城—建制镇——般集镇—农村社区 6 个等级，人口序列分布上，按倍数原则，上一级是下一级的 5 倍，主城区可以定为 1，副城为 1/5，小城市或县城则为 1/25，建制镇为 1/125，一般集镇为 1/625，农村社区为 1/3125。南京市有 3 个副城、5 个小城市或县城、28 个建制街镇（扣除在主城区、副城和县城内的）、20 个一般集镇、400 个左右农村社区，假定以总人口 1000 万人计算，则主城区为 463 万人，副城 278 万人（市区人口相当于 740 万人），每个县城在 18 万人左右，建制镇 3.3 万人，一般集镇 0.7 万人，每个农村社区在 1400 人，这与南京的人口分布现状和规划基本吻合。可能一般集镇与农村社区人数会再少一些。

2. 最低设市标准与最低设镇标准

联合国将 2 万人作为定义城市的人口下限，10 万人以上可以划定为大城市，100 万人以上可以划定为特大城市。1910 年以后，美国人口普查局用 2500 人作为界定是否为城市地区（urban place）的标志。2000 年的美国人口普查更要求城市地区符合以下两项要求：第一，核心普查区内的每平方英里人口密度大于 1000 人；第二，非核心普查区内的每平方英里人口密度大于 500 人。按照美国的标准，几百人的社区也有可能叫作某某市，中国小城镇、集镇都可以发展成为小城市和市镇，区别不了农村和城市。但中国人口众多，又有集聚居住的传统，关于设市人口规模肯定要比美国和西方大多数国家标准要高得多。

中国在设市上有何标准呢？国务院颁布的新标准对最低的设市标准和设镇标准没有提及。关于设建制市的聚居常住人口规模，专家提出了 2 万人以上、5 万人以上和 10 万人以上三个数据。2 万人的主要依据是，同国外比较 2 万人的起点并不低，如芬兰、澳大利亚的建市标准也是 2 万人以上，格鲁吉亚共和国把 5000 人以上的居民点就划为城市了。5 万人的主要依据是，这一标准已高于设镇标准的 20 倍，且凡达到该规模的居民点，必然具备了城市的基本特征。10 万人的主要依据是，我国人口多，密度高，南方尤甚，设市人口规模过少，势必使大量的建制镇升格为市（冯立天，1988）。

1984 年 10 月国务院批转《民政部关于调整建镇标准的报告》中规定，

总人口在 2 万人以下的乡，乡政府驻地非农业人口超过 2000 人的，可以建镇；总人口在 2 万人以上的乡，乡政府驻地非农业人口占全乡人口 10% 以上的，也可以建镇。这个标准表述的是设立"镇"这个行政建制的要求，因而规定了区域总人口的数量，对于设立小城镇居民点的标准，实际核心要求是"居住在集镇的人口"超过 2000 人，相当于美国设立 1 个小市镇的标准要求。

当前，我国城镇化水平除了数量上落后外，更存在着质量上的差距。世界各国设市镇的标准差别甚大，如法国 1990 年人口 5660 万人，城市化水平 80%，而城镇人口为 4528 万人，城镇共 36665 座，平均每市镇不过 1235 人，但巴黎、里昂等大城市每市就占了几百万人。这说明小的镇还不到 1000 人。而我国不少集镇都已超过 1000 名常住人口，如果把该镇的人口标准降低到一般镇（约 5 万座），我国城镇化水平将达到 45% 左右，因此设镇标准目前不能放松。

关于设市和设镇的人口标准，笔者建议，人口规模可以设下限或区间，然后还是再分人口密度高的经济发达地区和人口密度低的欠发达地区两个标准。具体设市（主要指小城市和县城）最低标准和设镇（指小城镇，含建制镇和一般集镇）最低标准如下：

设市标准不宜过低。一般城市型居民点集聚规模达到 10 万人以上，可以设市，与行政级别不挂钩，可以高配。如果某地区总人口较少，且因地形原因居住分散的，可以按 5 万人以上城镇居住人口、同时又是县级行政单元的行政中心所在地，作为设市最低标准。

按照倍数原则，重点建制镇（可称为小市镇）应该在 10000~20000 人之间，一般镇（可称为小集镇）应该在 2000~4000 人之间。东部经济发达地区应该套用上限。少数民族地区、边远地区等，标准可以适当放宽。关于集镇有明确的界定，集镇是指乡、民族乡人民政府所在地和经县级人民政府确认由集市发展而成的作为农村一定区域经济、文化和生活服务中心的非建制镇。① 现在很多乡已经撤乡并镇，一般集镇可以是原乡政府所在地，也可以是达到规模的居民点。

另外，因为中国地域广阔，各省、区、市的产业特征、地域空间特征、经济发展水平甚至居民生活习惯等都有较大差异，应该明确各省、区、市可以根据实际制定自己更为科学的标准。而且功能不同，人口规模也可以有差异，旅游城镇人口可以少一些，工矿城市人口可以多一些。

---

① 《村庄和集镇规划建设管理条例（摘）》，载于《建筑知识》1993 年第 5 期。

第三节　城市布局的新理念

一、城市是有边界的

关于城市边界的认识，新城市主义宪章提出，开发模式不应该模糊或彻底破坏大都市的边界，在现有城市地区内填空式的发展，以及重新开垦边缘和被抛弃的地区可保护环境资源、经济投资和社会网络，大都市地区应该发展某些战略来鼓励这样的填空式开发，而不是向边缘扩张；只要适当，朝向城市边缘的新开发应该以社区和城区的方式组织，并与现有城市形式形成一个整体；非连续性的开发应按照城镇和村庄的方式组织，有它们自己的城市边缘，并规划达到工作和住宅平衡，而不是一个"卧室型"的郊区；城市和城镇的开发和再开发应该尊重历史形成的模式、常规和边界。[①]

美国提出的精明增长（smart growth）的概念实际也是限制过度郊区化和畸形的城市蔓延，对城市增长方式的空间管制。中国也提出了控制城市边界的要求。2013 年《中央城镇化工作会议公报》提出，"城市规划要由扩张性规划逐步转向限定城市边界、优化空间结构的规划"；2014 年发布的《国家新型城镇化规划》明确要求"严格控制城市边界无序扩张"。国土资源部称，包括北、上、广、深在内的 14 个城市的开发边界划定工作于2015 年完成，此后全国 600 多个城市也会陆续划定开发边界。开发边界将作为城市发展的刚性约定，不得超越界限盲目扩张。城市边界的提出可以遏制城市对乡村资源的无限吞占，促进双方的平等良性互动。在区域空间结构上，城市边界的提出使区域范围的"廊道空间"呈现出来。

城市开发边界的官方定义是，根据地形地貌、自然生态、环境容量和基本农田等因素划定的、可进行城市开发和禁止进行城市开发建设区域的空间界限，即允许城市建设用地扩展的最大边界。[②] 中国划定边界的办法主要是划定永久基本农田红线和生态保护红线。上海根据不同地类提出分类管理策略，即"三线管控"：建设用地控制线、产业用地控制线、基本农田控制线。

[①] "新城市主义宪章"词条，百度百科。
[②] 丁建庭：《城市发展不能继续"摊大饼"了》，载于《党政视野》2015 年第 7 期。

笔者认为，城市边界有现状边界和开发规划边界两类。现状边界是城市人口统计上的统计边界，是城市建成区现有实体地域的范围，空间特征上符合本章第二节所述定义。开发边界则是以一定规划期内的城市用地规模和扩展方向划定的城市增长管控区域。这个边界是永久的还是弹性的呢？笔者建议，结合生态红线划定的边界线是刚性永久的，结合耕地保护线（基本农田保护区）划定的边界部分是规划期内刚性的，结合人口、产业规模划定的城市发展边界则需要根据城市发展动态情况及时调整，该扩展的扩展、该压缩的压缩，评价指标不是城市大小，而是与其容纳的人口规模对应的城市规模的合理性评价。不是大城市一定要严格控制，小城市就鼓励扩张蔓延，合理性标准应该是一样的。大城市边界扩张如果受生态红线影响，就应该跳出边界，建新区、新卫星城，发挥辐射带动作用，进而演化为城市群。而有些中小城市、小城镇如果因为资源枯竭、产业空心、人口大量外移，城市内的土地利用效益日益下降，则应该停止供地，即使符合规划，即使在开发规划边界内。

二、城市是开敞的

《雅典宪章》中体现了许多城市要有开敞空间的理念。例如，在过度拥挤的地区中，生活环境是非常不卫生的，这是因为在这种地区中，地皮被过度使用，缺乏空旷地，而建筑物本身也正在一种不卫生和败坏的情况中；因为市区不断扩展，围绕住宅区的空旷地带也被破坏了，这样就剥夺了许多居民享受邻近乡野的幸福；住宅区应该占用最好的地区，……必须考虑这些住宅区应该接近一些空旷地，以便将来可以作为文娱及健身运动之用；在每一个住宅区中，须根据影响每个地区生活情况的因素，制定各种不同的人口密度，在人口密度较高的地区，利用现代建筑技术建造距离较远的高层集体住宅，留出必需的空地，作为公共设施、娱乐运动及停车场所之用，而且使住宅可以得到阳光、空气和景色；工业区与居住区（同样和别的地区）应以绿色地带或缓冲地带来隔离，新城市主义宪章把大都市地区定义为由地形、流域、岸线、农田、地区公园和河流盆地为地理边界而确定的许多地方组成，并形象地把耕地和自然比喻为城市的花园。

城市开敞空间可以是在城市的建筑实体以外存在的开敞空间体，包括山林农田、河湖水体、各种绿地等自然空间，以及城市的广场、道路、庭院等自然与非自然空间（张晓猛，2012）。保持城市的开敞性，实际也是城市形态上的跳跃型、间隙式空间布局。荷兰兰斯塔德、阿姆斯特丹、海牙、鹿特丹组合城市人口 400 多万人形成著名的绿心、大马蹄形城市。合肥市著名的三叶风扇形城市形态，规划 170 万人规模的城市，让郊区田园融入其中。这些都能有效保证城市的开敞性。

现在城市周边都要划定基本农田，基本农田的布局不仅可以作为控制城市外延式扩张的重要规划工具，同时也为城市提供了开敞空间。农田不仅具有生产功能，而且具有生态功能和景观文化功能，是一种自然与人文的复合景观。

三、城市是紧凑的又是多中心的

新城市主义宪章中提出，社区应该是紧凑的、步行友善和混合使用的；日常生活的许多活动应该发生在步行距离内，使不能驾驶的人群特别是老年人和未成年人有独立性；相互连接的街道网络应该设计为鼓励步行，减少机动车的出行次数和距离，节约能源；适当的建筑密度和土地使用应该在公共交通站点的步行距离内，使公共交通成为机动车的一个可行替代物；集中的市政、机构和商业活动应该置身于社区和城区内，不是在遥远的单一用途的建筑综合体内与世隔绝，学校的规模和位置应在孩童可以步行或使用自行车的范围。

在一个划定区域的城市内部空间上还是要集中型发展。所谓集中，是指城市以紧凑、密度高的方式进行布局和发展，城镇空间的集中型发展意味着整体空间不论是区域还是城镇内部，也不论是采取何种形式发展都要求紧凑而不是松散（段进，2008）。根据加拿大学者 M. 罗斯兰德"生态城市 10 原则"，我们需要修正土地使用方式，创造紧凑、多样、绿色、安全、愉悦和混合功能的城市社区。德国城市发展采取多中心多级的策略，但仍然十分强调城市内部土地利用的紧凑性。例如，在慕尼黑的城市建设策略"紧凑的慕尼黑：城市和绿色"中，市区建筑容积率为 0.9~2.5，30%~50%的用地为公共设施、绿地和交通用地，轨道交通条件优越。出于经济和生态目的，将这些区域建设为居住工作的混合区域，容积率提高到 1.6~2.5，个别地区容积率提高到 3。降低土地和开放空间的消耗，提高现有城市土地和开放空间的利用效率，是德国城市可持续发展政策的基础（王洪涛，2003）。

由于城市圈层式外扩、"摊大饼"发展带来的城市问题，城市布局上往往不再是一个中心，特别是大城市，一般都发展成多极多中心模式。轨道交通和城市快速路网的发展撑起城市"多中心"。城市尺度增大，城市的活动范围增大，交通距离增加。人口的增加和市场的扩大使城市有能力建立新的生产和服务分中心以提高效率和降低成本，新的分中心不仅为其居民提供服务和市场，而且其活动可对整个城市甚至其他地区产生影响（宋彦等，2005）。目前中国绝大多数大城市的规划都采用轨道交通加快速交通来实现城市多中心模式。

关于集聚和分散的方向选择，还要看是大城市还是小城市，看城市化发展到什么阶段。前面已经对城市规模标准进行细化研究，规模能否再拓展扩大，关键看是否符合标准。李铁（2016）认为，全世界城市都是沿着主城区、沿着边界向外扩张，这是城市发展的基本规律。沿城市边界向外扩张的时候，基础设施最短，管道、路网最短，成本也最低。只有城市规模拓展过大，城市交通出行距离超过30公里，才有发展卫星城的必要。还有一种观点是城市内也可以有城市农业，即使城市内部要集聚，也要留有绿色和开敞的空间。

四、城市是绿色的

绿色城市即建成人与自然健康发展、资源能源高效清洁、自然环境健康宜人、基础设施完善舒适、社会环境和谐文明的城市。20世纪80年代，绿色城市概念在国内出现萌芽，进入21世纪后，我国从中央到地方纷纷提出建设"绿色城市"。目前，国内已有100多个城市在打造不同层面的绿色城市（城区）、生态城市（城区）、低碳城市（城区），如中国和新加坡合作的天津中新生态城、曹妃甸的国际生态城、深圳的光明新城、长沙的大河西，德州、保定、淮南等地也都在进行示范。《国家新型城镇化规划（2014—2020年）》中对绿色城市建设提出明确的建设要求，2016年2月2日《国务院关于深入推进新型城镇化建设的若干意见》中要求加快建设绿色城市、智慧城市、人文城市等新型城市，全面提升城市内在品质。

笔者结合南京实际，提出建设绿色城市要抓好"六个绿"：

一是绿色空间。绿色城市首要的是绿色空间的嵌入。在城市内部形态上，要用绿色空间环绕城市、分割城市，改善城市环境，维护生态平衡，增强生态功能；利用山形水势等地形条件楔入点、线、面的园林绿地，构成城市绿色系统。在区域大城市空间布局中，要建设大城市多中心、组团式发展的形态结构，使城市空间与自然生态空间有机地结合起来并相互穿插，改变单中心、"大饼式"发展的城市形态。

二是绿色建筑。推广绿色建筑，不断提高建筑节能水平。政府投资的保障性住房、公益性建筑应该优先带头申报绿建，大型公共建筑、集中居住小区政府应该强制执行绿色建筑二星级及以上标准。同时对既有建筑开展节能改造，提高单位建筑面积的节能效益。促进建筑节能相关技术的应用，提高建筑工业化、装配化比例和住宅建筑全装修交付比例。按标准要求建设建筑能耗监测与控制系统，以能耗监管系统为平台，结合物业管理制度积极开展建筑节能管理。

三是绿色交通。发展绿色交通，完善低碳交通运输设施网络。加快新能源汽车，完善充电站、充电桩等配套设施体系完善；加强步行和自行车等慢行交通系统建设，完善公共自行车站点规划，规划建设专用自行车道；进一步加强轨道交通规划建设，完善有轨电车网络，建成地铁、公交、有轨电车、公共自行车无缝衔接的绿色低碳型交通网络体系。

四是绿色环境。打造绿色环境，深化绿色生态城区建设。实施清洁空气工程，强化大气污染综合防治，重点做好机动车尾气排放和施工扬尘治理，改善城市空气质量。提高城镇绿化覆盖率指标，做好居住小区和公园绿地建设。严格保护沿江、沿河绿地和湿地生态系统，提升整体生态功能。

五是绿色生活。倡导绿色生活，形成人与环境协调发展的氛围。城市发展要给市民良好的生态环境，让城市生活变成追求阳光明媚、山清水秀、空气洁净、回归自然和绿色食品、田园风光、间暇场所。倡导低碳出行、文明节约、绿色消费，推广节能环保型汽车和餐厨废弃物资源化利用，减少一次性产品的使用。

六是绿色产业。大力发展绿色产业，推进新型工业化和传统产业转型升级。严格遵循环保要求，借助科技，改造现有工业，淘汰落后产能，借助供给侧结构性改革，发展资源节约和污染减少（节能减排）的产业。以人才引进和技术成果转化为抓手，培育一批高新科技产业，重点发展环保产业。对生产环保设备、水环境治理、空气净化、垃圾回收和处理等市场潜力极大的产业给予政策扶持。以智慧城市建设和"互联网＋"为手段，大大提升产业发展中的信息共享与资源整合。以金融创新和商业模式创新，鼓励大众创业和小微企业的发展。大力发展农村电商，复兴乡村工业。

综上所述，城镇化布局到底是集聚还是分散，以上原则是互为前提、并行不悖的。在区域层面，只有限定大城市的边界，才能让城市与城市之间分散开来，避免城市间连绵式发展，这样城市之间就有开敞空间；在城市层面，为了保证城市内的绿色开敞，城市应该要形成多中心，城市内各个中心之间要有开敞空间，特别是与工业开发区之间要有生态隔离；而在城市分区微观层面，每个中心区及其周边要集聚和紧凑发展，避免土地的浪费，同时城市紧凑发展，社区功能综合，居民出行便捷。以上各个理念融为一体，因而段进（2008）提出我国城市空间发展的模式应该是集中型间隙式山水化发展。

第六章

新型城镇化的新模式

第一节　城镇化进程的一般规律

一、美国城市化的阶段性分析

1. 美国城市化的历史阶段

一般把城市人口占总人口比例10%以上看作城市化的开始，把城市人口占总人口比例50%以上看作初步城市化的完成，美国城市化的历史可分为酝酿期、初步完成期、郊区化时期三个阶段（王春艳，2007）。

第一阶段：城市化酝酿时期（1609~1830年）。

美国城市发展最早开始于东海岸1609年开始的欧洲移民。这一阶段美国的工业水平低，农业占主导地位，1790年美国人口普查，城市化水平仅为5%，处于初级阶段。

1800年，美国的城市人口接近30万人，总人口500万人，即大约有6%的美国人居住在城市。从1776年到1830年，美国交通还是以传统的运输方式为主，1825年伊利运河将纽约和五大湖地区连接起来，芝加哥、底特律、密尔沃基等城市逐渐兴起。由于海运的发展，纽约、波士顿、巴尔的摩、费城等一批以商业贸易为主的城市出现在大西洋沿岸，纽约成为无可争辩的商业中心。

第二阶段：城市化加速及初步完成期（1830~1920年）。

以南北战争为界，这一时期可分为内战前（1830~1865年）和内战后（1865~1920年）两阶段。

南北战争前（1830~1865年），美国城市人口比例由1820年的7%上升到 1860 年的 20%。1820 年，10 万人以上的城市仅有 1 座，而到 1860 年，增加到 9 座。美国西部开发加快，旧金山湾出现很多城镇。

南北战争后（1865~1920 年），1860 年美国总人口为 3100 多万人，其中 20% 为城市人口；1920 年美国总人口超过 1 亿人，而城市人口超过了 50%，标志着城市化基本完成。这个阶段城市人口迅猛增长、城市化快速发展，许多城市的明显特征是集中和密集。随着时间的推移，城市失去了其优美、开敞的模式，建筑物间的空间消失了，建筑物越来越高，街道日益拥堵。19 世纪末 20 世纪初的美国人口密度是前所未有的。

第三阶段：城市化的新阶段——大都市化和郊区化时期（1920 年至今）。

1920 年，美国有 51.2% 的居民住在城市。1920 年以后，人口出生率下降，外来移民减少，人口城市化上升速度减缓，城市与农村人口相对稳定平衡，人口迁移主要变成城市之间的自由迁移。

1950 年至今，都市区变成巨型城市带。1957 年为人口婴儿潮的顶点，婴儿潮以后，美国的人口出生率持续下降。1960 年，中心城市和郊区人口相当，2000 年以后，城市人口占全国总人口的比例基本稳定在 80%~83%。

美国自 1840 年起城市人口超过 10%，在 1840~1930 年间城市化速度呈斜直线增长，20 世纪 40 年代以后城市发展呈平稳增长，到 1960 年美国城市化率达到 70%，每年提高 0.5%。从 1900 年到 2000 年这 100 年中，美国的总人口增长了 3.7 倍，城市化水平则增长了 2.8 倍。

这个阶段，美国城市化的空间特征就是分散，人口、产业都从集聚到扩散。机动车交通、电子通信以及收入增加成为动力因素，都促进了人口和经济活动的大规模郊区化，并一直持续到现在。

现在，美国又出现了郊区再城市化现象。20 世纪 80 年代以来，受到石油价格持续攀升而导致的通勤成本增加，以及中心城区环境得到改善等因素的影响，一些郊区的居民又重新回到城市中心区，形成了一股所谓再城市化的潮流（新玉言，2013）。一些城镇正努力向城市方向发展，以吸引年轻的劳动力和雇主。根据加州大学伯克利分校和宾夕法尼亚大学研究院所做的一项调查显示，2000~2010 年的 10 年间，美国最大的 50 个城市市中心中，年龄在 25~34 岁且受过大学教育的人数增加了 44%，人口增速是这些城市其他地区的 3 倍。

2. 美国城市化发展的主要特点

（1）移民政策推动了美国城市化的发展。美国通过不断移民增加人口，特别是城市人口，造就了许多新兴城市的出现。美国有丰富的自然资源，但劳动力资源严重短缺，因而政府重视移民并依靠移民立国。欧洲移民的快速增长是美国人口增长的最主要因素。在人口结构上，2000 年的人口普查显示，美国的非白人人口比例已经高达 25%，从以白人为主的人口结构变成了多民族的国家。可以说，如果没有外来移民，美国的城市化进程会滞后几十年。因为移民的原因，新兴城市的发展速度令世人惊叹。在 19 世纪中后期的美国，特别是西部城市的兴起完全超越了常规。例如芝加哥，西进运动开始后，芝加哥 1837 年正式组建为市，1880 年该市人口达 50 万人，1890 年超过 100 万人，1910 年超过了 200 万人，成为美国第二大城市。

（2）美国工业化带动了城市化快速发展。工业化和产业集聚是推动城市化发展的持续动力。美国的产业发展经历了工厂手工业时代、制造业时代和信息产业化时代。产业不断升级更替，但始终占领着产业发展的战略高地，棉纺织业、钢铁业、汽车业、飞机制造业、高新技术产业、信息产业相继成为城市化发展的动力（王春艳，2007）。20 世纪 60 年代以来，美国传统制造业逐步外迁和转移，这对就业和人口城市化带来一些影响，但随着高科技产业崛起，网络经济、信息时代来临，形成一个个高科技聚集区，美国城市化向郊区蔓延，新兴小市镇不断出现。

（3）人口可以在全国范围内自由流动。人口自由流动加速了美国城市化进程。美国是世界上人口流动最频繁的国家，号称"车轮子上的国家"。铁路网、公路网建设以及汽车的普及让美国人口自由迁移非常方便。在城市化集聚阶段，农村人口流向城市，出现郊区化时，人口又从市区迁向郊区。这个人口迁移过程中，没有任何的门槛和政策限制，不需要办理人口或户口之类的登记，只需要税务登记和选民登记，迁徙自由。

（4）城市化与农业现代化的良性互动。城市化也带动了农业发展，同时，农业生产的集约化促进了美国城市化。集约化农业首先产生在美国北部，北方工业比较发达，促进了北方农业的集约化。农业集约化推动了农业商品化和专业化，大量农产品需要销售网点和市场，农产品进入城市、进入工厂推动了城市发展，促进了城市化，从而城市化也带动了农业发展。美国很多城市都是平地而起，这种城市化带动了农业的开发。1873 年，加利福尼亚州成为美国最大的小麦种植州。

3. 对中国的借鉴与启示

美国城市发展既有成功的经验也有失败的教训，因美国特殊的政治、经济、历史、地理和其他因素，中美之间的城市化模式也有很大差异，通过中美之间城市化的比较可以得到一些对中国新型城镇化发展的启示。

（1）工业化与城市化同步，产业发展推动城市增长。城市化是工业与服务业同步发展的过程。农民进城需要城市提供稳定的就业岗位，而且要能让农民进城定居，农业剩余劳动力才真正转移到非农产业中。美国的经验说明，每个城市都应该依托自身资源优势，确定城市主导产业。产业造城，很多小城镇甚至城市都是因一两个企业的集聚带动发展的。例如西雅图市的林顿镇，因为波音公司带动发展成一个小城镇，现在是微软总部所在地，电子信息产业非常发达；硅谷的高科技企业云集，成为世界上最充满活力的小城镇群带；纽约是美国商业、金融中心；迈阿密是南部著名的旅游城市。笔者曾经在斯坦福大学短期培训，斯坦福大学在旧金山附近只有5万多人的小城镇帕洛阿尔托，该镇毗邻斯坦福大学，有人才优势和创新的活力，随着电子、软件等产业快速发展，成为硅谷地区的创新小镇，也是一个"富人区"。

（2）精明增长理念的建立，控制郊区蔓延，同时推进城市中心更新。为防止城市过度郊区化和无限制扩张蔓延，美国提出了"精明增长"的理念。精明增长理念强调土地紧凑利用和混合利用，是公共交通导向的开发模式。新城市主义赞同将不断扩张的城市边缘重构形成社区，使其成为多样化邻里街区。这些对我国城市建设有很大启示：倡导土地使用功能的混合，构建紧凑型的城市空间格局，转变经济发展方式，建设低碳生态城市，提高城市的宜居度。

（3）城市工业外迁既带动周边郊区城市化，又给城市更新留下空间。美国的城市工业外迁带来的是郊区化和城市中心的衰退。而在中国，城市工业因为区位的变化，常常会因城市外延发展而几次搬迁或"退二进三"，这个常见的过程往往成为过去城市发展的规律，经济转型是大城市经济发展中必经的历史过程，城市工业外迁既带动周边郊区城市化，又给城市更新留下了空间。从工业经济向后工业经济的转型，对城市和整个社会的影响是巨大的。中国通过扩大城市行政区范围，市区和郊区功能互补，市区留住和培育服务业，郊区制造业快速发展，相得益彰。传统主城区有序疏散策略运作成功是城市转型的关键。

（4）高速公路和轨道交通建设是推进城市化发展的重要因素。在交通策略上，大量的轨道投资和发达的城市公共交通系统是中国的优势。中国的高铁建设将成为中国城市化进程的重要助推器，不断推动区域都市化、大城市郊区化和相邻城市的同城化发展。加快城市郊区的道路交通等基础设施建设，是推进郊区化进程的关键。在中国，城市郊区化是因为大量中低收入阶层在中心城区被拆迁安置到新城新区，依赖区位差得到了住房改善，或者是低收入群体在城市郊区获得保障性住房。但这些并不富裕的群体买不起汽车，需要政府发展公共交通、轨道交通等解决出行问题，因而是以公共交通为主的郊区化。目前，我国很多城市也在建设城市轻轨交通体系，如南京市都市圈规划要求以南京为核心，构造"1 小时单程出行时间"的交通网络体系，轨道交通覆盖到每个区县，黑色化高等级公路覆盖到每个街镇，这将大大推动都市圈内的城市化进程。

（5）郊区化中建设大型独立式购物中心很重要。购物中心促进了商业、零售业的集中化，改变了城市公共空间的结构。郊区小市镇的住房政策使得人口外迁，推动了商业的外迁或扩展，而郊外大型购物中心的建设更进一步推动郊区城市化发展。中国城市出现过度郊区化的可能性较小。但购物中心作为一种商业模式和建筑形式，在带动我国县城和小市镇的发展上有很大作用。商业发展是逐利原则，而人口集聚才能产生消费。据笔者多年在基层政府的工作经验，银行、超市等商业金融机构的布点往往不是政府招商给政策"拉郎配"所决定的，而是基于他们自身对服务区域人口数量和消费能力的分析。苏南很多 20 万人以上人口的小镇也成了许多品牌超市、电器连锁抢滩登陆的战场。而这些服务配套的发展又反过来大大推动市镇对周边农村人口的吸纳。

（6）城市化与户籍制度无关。美国居民是可以自由迁徙的，对自己是否为城市户口或属于哪个城市并不在意，在意的是是否有国民身份、选举权与被选举权，以及居住在哪里、在哪里纳税。中国要破除城乡二元结构，应该将资源分配、市民化的福利保障等都与户口全部脱钩，放开户口管制，按市场化规则让人口自由流动，将市民待遇与住房、就业、税收等挂钩。需特别说明的是，也有人看到农村大学生不愿意把户口迁入城市或者有城市人把户口迁到了农村，称之为中国出现了"逆城市化"，其实逆城市化压根就与户口迁移无关，而是人们生活方式、工作生活地点的选择问题以及由此带来的城市发展方向的变革。

二、美国的城市化模式——大都市化与郊区化

进入 20 世纪以来，美国城市化进一步发展，大都市区化和中心城市郊区化成为城市化的主导趋势。"二战"后，美国形成了三大集合城市：东北集合城市、中西部集合城市及加利福尼亚集合城市，这三大集合城市集中了全美大部分制造业。大都市区化，就是随着郊区发展，以原有城市为

中心，城市向四周蔓延，城市化区域不断扩大，横向扩展，使中心城市与周边地区形成经济紧密联系的一体化区域，并形成多中心空间格局的一个过程。郊区化或称为逆城市化是伴随着大都市化产生的，所谓郊区化就是指人口居住、就业、服务业等从大城市中心向郊区迁移的一种离心分散化过程，也包括郊区不向大城市集聚而是本身向心聚集过程的统一，包括郊区自身的城市化和城市郊区化，它既包括城市中心的推力及扩散力，又包括郊区农村本身的拉力及聚集力（吴元波等，2009）。郊区化可以疏散城市中的人口，解决城市堵车、环境差等问题。同时，中心城区的工业"退二进三"，转型升级成为服务业、信息交流和经济决策的中心。郊区化推动了大城市周边中小城市和小城镇的兴起，形成大都市圈和城市连绵带。大城市地区间的郊区相互交错，城乡间差异已不明显。

1920 年以后，美国城市化进入郊区化发展阶段。城市郊区化使得美国人口分布发生了重大转变。在社会经济发展因素和各种政策的推动下，20 世纪 20 年代美国就开始了中心城市人口的外迁过程，1945 年后的郊区化比 20 世纪 20 年代的郊区化要快得多，1950 年郊区人口为 4000 万人，1960 年时达到 6000 万人，1970 年时为 7600 万人。1970 年，郊区人口超过了城市中心，成为美国人口最多的地区，15 个最大的都市区内 72%的居民在郊区工作。[①] 20 世纪 70 年代至今，美国郊区化进程更加迅速，出现城市人口向农村迁移的现象。80 年代，城市人口进一步向郊区分散，占全美人口的44%。1990~1998 年郊区人口所占比重增加了 11.9%，而城市中心的人口只增加了 4.7%。伴随郊区化的进程，大都市区的数量不断增加，导致了多中心城市空间结构的形成和巨型城市带的兴起。1990 年，人口在百万人以上的大都市区数量达 40 个，占总人口的 51.5%，美国成为一个以大型都市区为主的国家。[②] 90 年代之后，郊区化浪潮再度高涨。到 2000 年，大都市区的数量达到 280 个，超过 100 万人口的大都市区有 50 个，占人口总数的 60%。从中心城市、郊区和非都市区人口变化的过程来看，美国人口的增量主要分布在郊区，从 1950 年到 2000 年，美国人口增加了 1300.9 万人，其中约有 77%住在郊区。[③] 至 2005 年，城市化水平提高到 80.8%，此时城市人口增长率也下降到 1.5%左右，农村人口数量基本稳定。[④]

---

① 王春艳：《美国城市化的历史、特征及启示》，载于《城市问题》2007 年第 6 期。

② 宁越敏、李健：《让城市化进程与经济社会发展相协调——国外的经验与启示》，载于《求是》2005 年第 6 期。

③ 白国强：《美国郊区城市化及其衍生的区域问题》，载于《城市问题》2004 年第 4 期。

④ 何志扬：《城市化道路国际比较研究》，武汉大学博士论文，2009 年。

美国伴随人口郊区化之后就是制造业、零售业、个人服务业和办公业的郊区化。"二战"后，美国大城市制造业大量外迁，在郊区及非城市地区的小城镇重新选址，城市生产功能逐渐从中心向边缘、郊区乃至非城市地区迁移，使经济重心由城市中心转移到城市外围地区。1960～1980 年，美国出现了 2000 多个郊区工业园区，到 1988 年，全美拥有 6000 多个郊区工业园。80 年代起，大城市郊区的制造业就明显超过市区，一些新的郊区还出现了科学园区。① 随着工厂及富裕人口转移到郊区，商业也向郊区分散，出现了巨大的商业区和购物中心。80 年代之后郊区零售额就超过整个社会的半数，美国零售业的重心转移到郊区。在城市商业外迁之时，城市其他服务业也被迫向外分散。

三、城镇化的阶段论与中国城镇化模式

世界城镇化历史表明，城镇化具有明显的阶段性特征。美国城市地理学家诺瑟姆于 1975 年提出城市化发展的一般规律，即诺瑟姆"S"形曲线：城市化的初级阶段（城市化率小于 30%），城市化水平低，发展缓慢；城市化中期阶段（城市化率大于 30%，小于 70%），城市化加速；城市化后期阶段（城市化率大于 70%），城市化又缓慢发展（见图 6-1）。

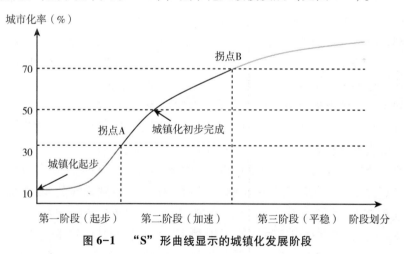

图 6-1　"S"形曲线显示的城镇化发展阶段

从美国和一些发达国家的城市化历程来分析，城市化总体进程都是

---

① 徐和平、蔡绍洪：《当代美国城市化演变、趋势及其新特点》，载于《城市发展研究》2006 年第 13 卷第 5 期。

沿纳瑟姆"S"形曲线变动。一般城市化发展进程可分为三个阶段：第一阶段是城镇化发展的初期，城镇化率超过10%算城镇化的开始，这一阶段由于工业不发达，城镇化水平低于30%，处于"S"形曲线底部，以中小城镇的发展和带动为主；第二阶段是城镇化中期阶段，城镇化率在30%~70%之间，处于"S"形曲线挺起的中部，工业带动农业人口就业，乡村和中小城镇人口向大城市快速集聚，为大城市主导的城市化阶段，其中城镇化率超过50%时，城镇人口超过了农村人口，标志着城镇化的初步完成；第三阶段是城镇化后期阶段，处于"S"形曲线顶部，城镇化率高于70%，服务业成为城市主导产业，城乡一体化发展，出现大城市人口向郊区迁移动向，可称之为逆城镇化阶段。20世纪80年代以来，一些发达国家中又出现了再城市化的趋势。再城市化将是继逆城市化后新的城市发展趋势，也可称为第四阶段。再中心化是发达国家政府及其城市为了加强城市的吸引力，保持城市的国际竞争力，改善城市中心区的景观，利用优惠的财政政策，进行集中的政府投资和民间投资，刺激城市中心区再度繁荣的过程（黄发红，2014）。这一阶段城镇化率可能仍然保持平稳水平，但城市中心人口与郊区人口会出现数量和结构上的变化。

　　城市化的阶段性特征是世界城市化进程的客观规律，美国城市化的进程如此，中国城市化的发展趋势也应如此。也就是说，近代城市的发展一般都要经历三个阶段：城市化（urbanization）、特大城市化（metropolitanization）和大都市区化（megaloplitanization）。中国在改革开放前期的20年成功走过了第一阶段，随即进入第二阶段，是合乎规律的发展。城镇化效率和效益同城市规模成正相关关系是普遍规律，但是在城市化率已经全面超过50%的今天，不适合再坚持"以小为主"，以小为主的城镇化方针到了需要改革调整到以大为主、大中小城市和小城镇协调发展的时候了（田雪原，2013）。方创琳（2013）说，2012年中国52.6%的城镇化率中，大城市对国家城镇化的贡献由1990年的27.01%提高到现在的46.09%，中等城市对国家城镇化的贡献由1990年的12.07%缓慢提高到现在的13.85%，小城市对国家城镇化的贡献由1990年的10.72%降低到现在的3.63%，而小城镇对国家城镇化的贡献更由1990年的50.2%降低到了现在的36.44%（见图6-2）。[①]。

---

　　① 方创琳：《区域发展新型城镇化"红利"几何》，载于《21世纪经济报道》2013年12月27日。

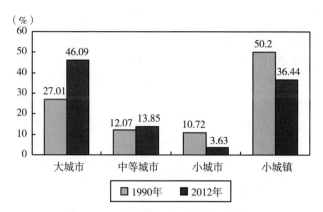

图 6-2　中国城镇化的贡献构成情况

资料来源：中科院地理所区域与城市规划设计研究中心数据。

　　实际上，中国因为强调"小城镇大战略"，过早地走小城镇路线，导致大城市的集聚发展并不够充分，对于中西部地区来说，城市化还远没有完成，也就谈不上到第三阶段——逆城市阶段。从前面的分析看来，中国的国情与美国不完全一样，一是中国的城镇化与工业化并不同步，城镇化滞后于工业化的发展，需要解决大量已经非农就业的农民进城问题，需要补城市集聚的"课"，也需要解决"伪城市化"和土地过度城市化问题。二是区域发展的严重不均衡，不同地区的城市化存在差异性，也处于不同的发展阶段。发达地区已经出现中心城市人口外迁，处于郊区化的阶段，而中西部地区仍处在人口由农村向城市集中的阶段。三是中国的人地矛盾突出，任何形式的城市化模式都应该强调土地的集约节约利用原则。四是要解决好中国的"三农"问题。发达国家的城镇化水平很高的同时会伴随着农业的现代化。中国"三农"问题的根本出路在于大量减少农民的数量，提高农业土地的集约化生产，机械化、规模化生产和专业化生产水平。

　　在"十二五"期间，全国城镇化水平超过 50%，城镇化速度明显放缓，年均提高幅度降至 1.21 个百分点。2011~2014 年，城镇化水平的提高幅度逐年降低，依次为 1.32 个、1.30 个、1.16 个和 1.04 个百分点。[1] 中国城镇化整体上已进入中后期发展阶段。根据城镇化发展的阶段规律，中国人口城镇化速度将趋于降低。目前，中国的逆城市化现象并不普遍，有

---

　　[1]　潘家华、魏后凯：《城市蓝皮书：中国城市发展报告 No.8》，社会科学文献出版社 2015 年版，第 2~3 页。

些逆城市化只是因为在少数地方农村户口有巨大利益，是户籍制度制造的怪胎。关于郊区化问题，长三角、珠三角地区的特大城市已经出现这种情况。而中西部地区还为时尚早。在这样的过渡期，我们既不可能等大城市充分发展起来，然后通过郊区化再带动周边发展，也不应该限制大城市的发展而只发展小城镇。

如果我们不是整体拉平去研究中国的城市化水平与发展路径，而是把中国的东部和西部分开来考察，甚至再细分成几个大的板块，我们会发现城镇化发展的阶段性规律得到了进一步验证。据2012年中国城市化率调查报告数据，2012年长三角地区的城市化率达到68.31%，已经接近城市化发展的第三阶段（70%），其中上海的城市化率更是达到了89.8%，江苏和浙江的城市化率也达到了63%。西部地区截至2011年城镇化水平仅为41%，东西部城市化水平存在较大差异，西部地区城市化率低于东部地区20个百分点，同时也低于全国的平均水平，很多省份（如西藏、甘肃、贵州等）城镇化还处于起步和加速推进阶段。因此，两个地区所处的城镇化发展阶段不同，就应该走不同的道路，不能搞"一刀切"。

立足中国区域差异性大的实际，我们的发展方针是什么呢？笔者认为，我们的方针是：区域差异化确定方向，各补各的短板。东部地区以发展中小城市为主，特大城市、超大城市人口要控制增速而不是严控增量；中西部地区要补大城市集聚的短板，小城镇及乡村的人口要流入中西部大城市或者到东部来。这与当前区域之间的产业特点也是对应的。另外，我们也要强调资源的均衡配置，公共服务的同等覆盖。现在优质资源过度集中在大城市、特大城市和超大城市，"虹吸"效应导致城镇化"极化"现象严重，大城市、特大城市和超大城市越来越大，而中小城市、小城镇难以获得应有的经济资源和公共资源，发展缓慢。为实现大中小城市的协调发展，土地、资金等资源要均衡配置，基础设施、教育医疗要同等覆盖。但"均衡"和"同等"不是"平均"和"一样"，要按人口集聚、产业集聚的一套评价指标规则配置，这些前面已经论述。我们应该改变过去外生型政府主导的城镇化模式，少用行政手段，不用计划手段，以内生型市场主导的城镇化模式为主，尊重市场规律和市场的选择来推进城镇化进程。城镇化的阶段性特征就是一条客观规律，我国东中西部发展不平衡，处于不同的阶段，就要各自遵循规律做出因地制宜的路径选择。

第二节　中国城镇化的路径选择

一、路径选择的决定因素

1. 产业因素

产业的分布与转移决定了人口的分布与迁移。如政府引导劳动密集型产业布局在中西部，中西部的外出务工人员将从东部返乡，就近打工。这意味着，中西部地区的城市群将迎来新的发展机遇，人口聚集能力进一步增强。反面的例子是东北，过去东北三省是中国的老工业基地，城镇化水平较高。东北地区一度是中国经济发展最好的地方，可是改革开放后，却一步步地被沿海城市甩在了后面。据《中国青年报》报道，东北地区很多工厂周边的饭馆不断关停，医院产科护士也愈发清闲，导致这一现象的原因是东北三省超低的出生率和年轻人越来越多的离去。[①] 国有企业普遍经营困难，没有能力提供更多的就业岗位，东北出现劳动力过剩的情况，而能提供最多就业岗位的民营企业在东北举步维艰。东北没法给年轻人提供更多的工作岗位和更好的生活，越来越多的人开始外出寻找就业机会。上海的产业升级转型也导致人口结构的变化和增量的减少。2010 年上海户籍人口总数超过 2200 万人以后，增速便开始放缓，且呈现越来越慢的态势；到 2015 年末的 5 年间，上海总人口增长了 200 多万人，但 2015 年户籍人口数量仅比 2014 年增长了 4.36 万人。[②] 常住人口降低的原因是一部分劳动力随着产业结构调整而迁移，主要是石油、精细化工和钢铁三大行业用工下降。城市自身的产业发展规律是"退二进三"。工业需要低成本的环境、基础设施、厂房租赁、土地、劳动力等，当城市发展到一定阶段，在城市市区的成本过高，于是工业便逐渐向城市外转移，服务业替代传统工业，城市人口就业实现转型。当然一个城市的产业也要多元化、多层次，既要发展高科技制造业、现代服务业，也要为低就业门槛的产业留有余地，让农民工进城有生存空间。

---

① 魏巍：《年轻人为什么都不愿意留在东北？可不只因为钱》，凤凰网，2015 年 11 月 20 日。

② 劳佳迪：《上海外来常住人口首次负增长　这 15 万人为何逃离大上海？》，载于《中国经济周刊》2016 年第 10 期。

产业的转型实际也是城市的转型。现在中央推行供给侧结构性改革,产业结构上需要从低附加值产业转向高附加值产业,降低能耗,发展绿色低碳产业。调结构、去产能、去库存等必要的措施对城市化进程也必将产生深远影响。高消耗、高污染、高排放企业的关停将对传统工业城市带来困难,劳动力过剩,下岗工人增加;而新兴产业的崛起对所入驻城市的扩张又有强大的带动力,甚至形成该城市的主导产业。

2. 高端企业的分布

能否进入高端企业决定着进城后的就业和待遇,也影响着人口集聚的方向。以中国 2002~2011 年间的 500 强企业分布为例,北京有 183 家,上海有 94 家,深圳有 52 家,分列前三名,紧随其后的是杭州 41 家,天津 40 家,南京 37 家以及广州 32 家。① 中心城市、大城市因其科教资源、信息交流和生活便利等优势,既吸引了高端人才,更加速了高端企业的集聚,大城市也成为大学生毕业的首选。

3. 教育与医疗等公共资源配置

全国 39 所"985"高校中,北京、上海、陕西(西安)、湖南(长沙)分别有 8 所、4 所、3 所、3 所。100 所"211"工程重点院校分布中,北京 26 所,上海 9 所,南京 8 所,湖北 7 所,四川 5 所,广东、黑龙江、辽宁 3 省都是 4 所。大部分省份的主要重点高校又多集中在省会城市,云南、内蒙古等省、区均只有 1 所"211"高校。全国的三甲医院也集中分布在北京、上海、广州。要读书,要受到好的教育,只能去大城市;病人就医往往也迷信大城市的大医院。对教育资源与医疗资源的垄断让这些大城市成为人们移居的首选。要均衡发展就是要打破大城市对核心资源的垄断,均衡城市之间的资源配置。通过网络、信息化等手段均衡配置教育、医疗等资源,除了虚拟空间的合作共享外,政府也应该引导资源下沉和转移,设立分支机构,让教育、医疗等公共资源均衡化配置。

总之,产业的分布与迁移,吸纳就业强、报酬高的高端企业分布以及优质教育、医疗等公共资源的配置,对人口的流动和城市发展方向有决定性作用。

---

① 《中国企业 500 强总部分布 10 大城市》,中国新闻网,2011 年 9 月 3 日。

二、哪些人进城

亚里士多德说过，人们之所以从乡村来到城市，是为了生活得更好。农民进城是个大趋势，也是城乡融合的过程。现代社会的远景，就是多数人住在城里，少数人住在农村。城乡一体，互补互促，多姿多彩，幸福繁荣。

这里讨论的哪些人进城应该是指乡村人口进城，以农民为主体，也包括原居住乡村的非农业人口。根据当前乡村人口进城的实现方式，可以将路径分为被动城镇化和主动城镇化两类。前者是城市扩展到郊区农村，让"本地人"在地域上和身份上成为新市民；后者是"外地人"主动寻求路径进入城市的移民，包括了异地农民工市民化。目前有三种农民在规划发展时应当考虑：一是市内农民，即生活在市域范围内的农民；二是流动农民，即已经出来打工的农民；三是暂时或长远留乡务农的农民。前面两类实际就是需要城市化的农民（黄冲等，2010）。

1. 已经生活在市区范围内的农民

第一种情况是在城市外延发展中已被划入城市建成区的"城中村"居民。随着城镇化的发展，有的农村在空间上已被城市包围，地理位置上属于城市市区，但村民在公共服务、经济活动、社会福利、就业生活方式等方面仍未与城市接轨。第二种情况是在市域范围内城市近郊区务农的农民。也就是城市边界扩张后由农民到市民的身份转变，转变的方式大都是靠土地征用（现在很多省份已经禁止通过土地流转或非规范征地让农民进入社会保障）。这部分农民土地没有征用前还是继续务农，但也有了更多机会从事非农生产和经营。对这部分已经踏入城市大门的农民，在编制城市规划时应该予以考虑。第二种情况中也应该包括广义的失地农民，也就是在城郊以外因道路、铁路、独立工矿等项目征地而失地的农民。

2. 城市新移民

是指在工业、服务业等行业就业后的农民市民化。城市工业、服务业的发展，造就了大量的岗位需求，而年轻农民一旦就业后，工作岗位将把农民牢牢地捆绑在城市，实现市民化。打工、移民是我国城市化的重大特色，几乎所有的农民都知道市里比村里收入多、福利多、信息多、机会多。前几年所谓的打工潮，实际上是一种农民自发的主动城市化。据中国人民大学团委和城市规划与管理系共同完成的一项对新生代农民工的全国调查，对于"农民工是否能成为城市人"，50.7%的受访农民工认为"完全可能"，另有37%的农民工认为"有可能"；2009年新生代农民工寄回（带回）老家的钱平均每人5779元，仅占年收入的27.9%；选择"赚够了钱就回家乡"和"尽快回家乡"的仅占23.2%。[①] 新生代农民工挣钱回家盖房娶媳妇的少了，抱着"具有稳定的工作""拥有城里的住房"和"拥有城市户口"梦想的年轻人多了。今天，在中国1.5亿进城务工的农民中，1980年后出生的约有1亿人，占60%多。在广深沪等沿海城市，"80后""90后"等新生代农民工已经成为打工的主体，占打工群体的80%以上，[②] 中国劳动力的素质整体在提升。

城市新移民群体都有哪些类型呢？

（1）通过高考考入国立大学或专科院校而分配留城的农村大学生。这是农民的孩子跳离农门的常规路径。他们是没有种过地但又是农村户口的农民。他们是上一代农民改变阶层世袭化现状的希望，他们可以依靠自己的智慧和努力，考取城里的一所好大学，读本、读研、读博，然后获得一个好工作，获得一份高收入，风光而又体面地留在城里，并成为这个城市的精英。中华人民共和国成立后的第一部户籍管理规定《中华人民共和国户口登记条例》（1958年实施）中规定，"公民由农村迁往城市，必须持有城市劳动部门的录用证明、学校的录取证明"。通过读大学等升学途径是农村的学生从根本上解决户籍问题并市民化的主要模式。据人事部资料分析，我国改革开放以来，大学（含中专以上）毕业后回农村就业的仅为2.2%，97.8%的人才在城市就业，累计为1.3亿人。假设他们在城市结婚生育小孩，因此使城市市民增加比例为1∶1，则升学使我国城市市民增加总额为2.6亿人，占2007年5.9亿城市化人口的40%，为2007年我国45%的城市化率贡献了20个百分点左右。[③] 随后由于高校的不断扩招，也出现了大学生就业难的问题。1999年高校开始扩招，招生达到160万人，2009年的毕业生人数达到了610万人。

（2）成为私营企业主或市场经营成功的农民。城市是农村年轻人心中创业的乐土，年轻人进城具有强烈的自我实现的欲望。有一批胆子大、头

---

① 黄冲、李涛：《调查称87.7%新生代农民工认为可成为城市人》，载于《中国青年报》2010年4月6日。

② 《1亿新生代农民工深度撞击"城市化中国"》，新华网，2010年3月30日。

③ 陈广桂：《经济学视角下的中国农民城镇迁移》，江苏大学出版社2011年版，第76页。

脑活的农民抓住改革开放的机会，进城搞建筑、卖建材、开饭店、经营服装等，成为城市里大大小小的"老板"，有些甚至开办了很大规模的公司，聘请大学生、博士生为其打工。这些老板一般能够在城市买得起一套甚至多套住房，可以游刃有余地在城市生活。还可以招聘一大批家乡的或者全国各地的农民进城为其打工，带动更多人进城。1998 年公安部《关于解决当前户口管理工作中几个突出问题的意见》中规定："在城市投资、兴办实业、购买商品房并居住一定年限者准予落户。"20 世纪很多人受惠于这个政策。

（3）进城在国企或民企的务工者，也即通常所说的农民工。农民工群体中又分为技能型农民工和体力型农民工。这些农民成为城市建设的主力军。工厂、建筑工地、环卫保洁、物流快递、餐饮服务等，都有着他们的身影。据有关统计，目前全国共有大约 1.4 亿名农民进城打工。他们年人均收入约 5000~6000 元，其中一多半寄回家，每年共有几千亿元从城市流回乡村。进城打工时间较长的农民，往往文化、语言、生活习惯等都已经市民化，他们的子女也不愿意再回到村里。因此在政策允许的时候，他们就会拿出多年的积蓄，买房落户，成为城市的新市民。但在城市买得起住房的农民工比例很低，因为没有住房、没有户口，子女要么成为农村留守儿童，要么在城里接受不稳定的、较差的教育。这种教育的后果是"社会阶层凝固化"和"职业世袭化"（厉以宁，2014），比如说，父亲是农民工，儿子还是农民工，孙子以后也可能是农民工。而新一代的农民工，特别是"80 后""90 后"的年轻一代农民工，他们中大多数人已不会种地或不愿种地，很难返回农村，城乡在生活习惯和文化习俗上存在的巨大差异，让他们走出农村后也不能接受再回农村，他们的出路和希望就在城市，在于市民化。城市里的优质教育资源更让年轻人希望将来自己的孩子能成为城里人，与城里孩子一样获得同等接受教育的机会。据东莞的调查发现，大约 20% 的农民工夫妻带着子女在城市务工，其中 80% 通过租赁或购买方式有了单元房居住。这些进入城市的年轻一代，已经成为事实上的城里人，不可能再回到农村。

（4）跟着儿女进城的农民。儿女进城了，结婚了，生小孩了，作为父母责无旁贷要照看孙子。于是，有一大批五六十岁的老夫老妇，拎着大包小包，上车下车，来到城里。不是旅游，不是购物，更不是养老，而是要完成自己义不容辞的使命。而且一来就是七八年，从婴儿到上学。无形中，这些纯粹的农民，也变成了城市的暂住或常住人口。

（5）已经进城非农化的"城里人、街镇上人"往更大城市迁移。过去

"镇镇冒烟"的工厂要么倒闭、关停，要么搬到工业集中区，原来在镇上工厂打工的，变成去城市打工，在小城市打工的熟练工又会到大城市打工。由于大城市的集聚虹吸效应，过去的小城市、小城镇在萎缩，人口在减少。大城市人口快速增长，需要不断增加教育、医疗配套，过去小县城还有很多优秀的老师、医生，现在已经大多在大中城市扎堆了。笔者所工作的南京市建邺区近五年已经从江苏省特别是苏北地区招聘教师和医护人员 200 多名，这些人被"挖"到南京并带着全家从小城市市民成为大城市的市民。

（6）农民通过婚姻实现市民化。由于中国妇女出嫁后一般随男方落户，按过去户籍管理的规定，一般是男方为城镇户口，女方婚嫁进城入户的类型为主。城市与农村的婚姻结果基本表现为女方进入城市而实现市民化。六七十年代有很多农村女孩的婚姻目的就是为了进城。

三、进入哪座城

2014 年，我国农民工总量已达到 2.74 亿人，农村留守妇女、儿童、老人约 1 亿多人。2015 年国务院总理李克强作政府工作报告时指出，要坚持以人为核心，以解决四个"1 亿人"问题为着力点，发挥好城镇化对现代化的支撑作用。一是产业向中西部转移、增量资源向西部倾斜，中央提出到 2020 年，要解决在中西部地区的约 1 亿人口就近城镇化，逐步减少人口大规模候鸟式迁徙，中西部地区将成为未来推进城镇化和吸纳新增城镇人口的主要载体；二是 1 亿农业转移人口落户城镇，让政府、企业等社会力量和农民一起分担农民融入城镇的成本；三是约 1 亿人口的城镇棚户区改造和城中村改造；四是约 1 亿多人口留守农村分享城镇化成果，新型城镇化应注重质量，不能荒了农村。[①]

这四个"1 亿人"能否按照政府的理想规划梯度进城呢？从人口流动规律看，"人往高处走"，劳动力优先向大城市聚集。"高"意味着在大城市能找到更好的工作、得到更高的收入。陆铭说，大城市里的就业机会更多，城市规模每扩大 1%，个人的就业概率平均提高 0.039~0.041 个百分点，还意味着更完善的医疗、教育等公共服务和更丰富的文化生活。[②]表 6-1 是一、二线城市 2009~2014 年的人口流入情况。

---

① 李克强：《2015 年政府工作报告》，新华网，2015 年 3 月 5 日。
② 朱隽、顾仲阳：《大城市空间有多大?》，载于《人民日报》2014 年 5 月 19 日。

表 6-1　　　　　　2009~2014 年一、二线城市人口流入情况　　　单位：万人

城市	2009 年	2014 年	流入
上海	1921	2425	504
北京	1755	2151	396
天津	1228	1516	288
广州	1033	1308	275
东莞	635	834	199
深圳	891	1077	186
郑州	752	937	185
成都	1286	1442	156
佛山	599	735	136
重庆	2859	2991	132
厦门	252	381	129
苏州	936	1059	123
武汉	910	1033	123
温州	807	906	99
杭州	810	889	79
长沙	664	731	67
南昌	464	524	60
福州	684	743	59
贵阳	396	455	59
青岛	850	904	54
大连	617	669	52
南京	771	821	50
宁波	719	767	48
沈阳	786	828	42
济南	670	706	36
无锡	615	650	35
呼和浩特	268	303	35
昆明	628	662	34
合肥	735	769	34
常州	445	469	24
石家庄	1038	1061	23

根据表 6-1 分析，人口流入特点是：

第一，人口主要流入到三大都市圈的 13 个城市，三大都市圈中有 8 个城市人口流入超过 100 万人。长三角中，上海+苏州+杭州+南京+宁波+无

锡+常州＝流入 863 万人；珠三角中，广州+深圳+东莞+佛山＝流入 796 万人；渤海湾，北京+天津＝流入 684 万人。第二，进入非都市圈的人口也主要集中流入到郑州、成都、重庆、厦门、武汉五大枢纽城市，流入人口均超过 100 万人。第三，其他二、三线城市人口流入速度缓慢，甚至停滞，35 个主要城市合计流入 3778 万人，其中前 13 个大城市就流入了 2832 万人，后面的 22 个二线城市，则只流入了 946 万人，省会以下的三四线城镇，人口的停滞或者流失将不可避免，三线及以下的城市已经进入人口萎缩阶段。[①]

中国流动人口的规模在改革开放后的 30 多年中持续增长，尤其是 20 世纪 90 年代以后增长速度明显加快，从 1982 年的 657 万人增长到 2010 年的 2.2 亿人，达到了前所未有的规模，占全国总人口的 17% 左右。上海、广州和北京等城市的当地常住居民中，约 40% 是流动人口。大部分流动人口是从农村流动到城市的年轻劳动力，2010 年全国流动人口中约有 1.5 亿人来自农村，省内流动人口中有 54% 来自农村，跨省流动人口中则有近 82% 来自农村。迄今为止流动人口规模仍继续增长，根据国家统计局发布的《2012 年国民经济和社会发展统计公报》，2012 年全国流动人口约为 2.36 亿人，比上年末增加 669 万人[②]。

根据第六次人口普查，城市人口呈现向大城市集中趋势，2000～2010 年中国小城市和中小城市的新增城市人口合计仅占全部新增城市人口总数的 0.1%，为 13.89 万人，小城市的城市人口在"六普"净减少 465.31 万人，2000～2010 年，中国特大城市和超大城市的新增城市人口分别为 3492.49 万人和 9112.83 万人，占全部城市新增城市人口的 24.57% 和 64.10%。新增城市人口中的 88.67% 集中到了特大城市和超大城市，城市人口向大城市集中的趋势明显，城市人口规模超过 100 万人的城市内省际流动人口显著增多，尤其是城市人口规模超过 300 万人的超大城市，省际平均流动人口规模约占城市平均人口规模的 1/4 左右。而且城市人口继续向东部沿海省区集中，集中表现为中国东部省区的城镇化水平普遍较高且对中国城镇化的贡献率显著高于其他经济区（纪韶和朱志胜，2013）。

大中小城市在持续分化。一部分城市人口在减少，一部分城市人口在增加。二三四线城市房地产要去库存，房价较低，而一线城市房价在上升，部分甚至还在暴涨，其背后的推手是人口的流动。一边是一线城市房

---

① 严九元：《越高冷越吸引，"逃离北上广"只是个传说》，搜狐网，2016 年 4 月 28 日。
② 郑真真、杨舸：《中国人口流动现状及未来趋势》，人民网，2013 年 5 月 14 日。

价飙升，逃离"北上广"的声音又开始大量出现，而另一个声音是"哪里房价高，就到哪里去工作"。据智联招聘的《中国就业市场景气指数报告》，2016 年第一季度，一线城市的用工需求同比增长 10%，二线城市是 4%，而三四五线城市的用人需求都是负增长，分别为 -15%、-24%、-23%。[①] 一线城市的最大好处是就业机会多，人才集聚、资本集聚、信息发达带来的是产业快速发展。最受国家政策资源倾斜的高成长性产业（如互联网和高新科技）巨头基本活跃在北上广。金融、互联网等轻资产行业的人才需求依然生机勃发，这正是北上广深的典型产业。

现在有些大城市、特大城市为限制外来人口而采取了学历歧视，排斥低学历的人进入，这种人为设置门槛是错误的，大城市也需要有低端的产业，城市的产业应该有梯度从而实现多元化、多层次的包容。另外，中小城市如果有发展很好的产业，解决充分就业，在公共服务上与大城市并无差别，农民就多了一些选择。"我到底进哪座城？"政府应尊重农民的选择。

"人从哪里来？人往哪里去？"这对制定城市化战略和编制城镇体系规划非常重要。很多地方客观上喜欢模糊城市人口的界定，把辖区人口都计算成城镇人口，且不考虑本地人口是流出地还是流入地的问题，就是为城市扩大规模来考虑。郭仁忠称，如果汇总全国城镇体系规划，将会闹出全国新城新区规划人口达 34 亿的笑话，在城市规划中盲目想象人口迁入和虚高城市化水平的例子层出不穷。要达到规划面积的目标，需要有多少人？这些人口从哪里来？这是一个很现实的问题。一些城市把城市化目标变成了一种数字指标，片面追求城市化率。不是科学地预测和严谨地论证该城市的发展可能性，而是由领导人想当然、"拍脑袋"、主观臆断，确定一个数字指标，或者是上级给该城市下达城市化率的数字指标（李铁，2016）。例如，某个经过 50 多年才发展为 100 万城市人口的城市，硬要在 10 多年内就实现 200 万人甚至 300 万人的城市化率指标，如果没有特殊的机遇，显然是不可能的。某一个西部城市，2009 年城市人口 200 万人，做 2020年的城市总体规划时城镇人口目标要达到 1000 万。人从哪里来？又进了哪座城？这是推进城市化进程中必须统筹协调的问题，否则就会闹出"34亿"规划人口的笑话。

笔者前面提过，城市化模式和人口控制政策可以是全国"一盘棋"，但绝不能全国"一刀切"，东中西部地区要差异化确定政策。不能就某个城市讨论人口规模控制，应放在区域和大城市群视角考虑。必须着眼全

---

① 严九元：《越高冷越吸引，"逃离北上广"只是个传说》，搜狐网，2016 年 4 月 28 日。

国，促进区域协调发展，用产业和就业引导城市化人口的流动，适度控制大城市人口规模，减少向特大城市迁移的人口。

第三节　城市包围农村——中国城市化空间扩展模式

一、城市对农村的三重包围

从城市化的基本内涵出发，笔者提出"以城市包围农村"的城市化模式。"以城市包围农村"的城市化模式主要体现在城市对农村的"三重包围"上。

一是城市郊区化。推动特大城市的都市区化和郊区化，发展外围卫星市镇，并与都市圈内的中小城市连片形成巨型城市群，空间特征上可以称为城市郊区化，是"跳跃发展"。这种非连续性的开发是按照新区、新市镇的方式组织，有自己的城市边缘，并按照产城融合的原则实现新的职住平衡。一般是实施城市老城区疏散战略，通过旧城棚户区拆迁改造，把人口向郊区迁移，同时推进的是老城区内的工业企业搬迁，实施城市更新和产业功能置换，工业企业向郊区迁移。

二是郊区城市化。城市在规划约束和产业发展、人口集聚的支撑下，向城中村和城市周边农村扩张式包围，空间特征上可以称为郊区城市化，是"连续发展"。这种连续式开发是以社区和城区的方式组织，并与现有城市形成一个整体。是限定在大城市的边界内，在现有城市地区内填空式的发展。

三是农村城市化。城市文明向农村渗透，农村和农民就近就地城市化。前面两种"包围"是城市空间上的扩张与包围，后一种"包围"则是农民居住生活方式被城市化，同时布局上相对集中、有一定规模，成为小市镇。原来那些村民成为"不在城里居住的城里人"，空间特征上可以称为农村城市化，是就地发展。村庄还是那座村庄，但交通基础设施、水电气、路灯、网络、超市等与城市无异，教育、医疗、文体生活与城市一样均衡覆盖。周边仍然是大量农田，产业还是以农业为主，还可以有手工业、农产品加工、旅游业等产业。

这里定义的城市郊区化与郊区城市化是两个不同的概念，其空间特征上的区别在于：前者是跳出原城市圈，到外围发展新的小市镇；后者则是原城市圈层向外的拓展延伸。空间形态上前者是隔离的，后者是连绵的；前者是中心向外分散，后者是外围向中心集聚。从城市发展方针来看，前者主要针对特大城市的规模控制，后者主要是支持中小城市规模的合理扩张。这两种类型中涉及的中小城市有两类：一是大城市圈内的中小城市；二是远离大城市圈的中小城市。为减少"大城市病"的危害，大城市不断将一部分居住功能和产业向外围拓展扩散，形成功能互补的圈域，也就是大城市圈。圈内的中小城市（含卫星市镇）承接着大城市的居住和产业转移，以大城市的郊区化为自身发展的原动力。圈外的中小城市是周边地区的工业、商业和行政中心，要承担向周边及广大农村区域提供行政服务、文化教育、医疗卫生、商业、物流等城市功能，同时还要发展有竞争力的产业作为自身发展的动力，这些产业可能是制造业、矿业、旅游业、流通业，等等。

而对于城市包围农村的第三种类型——农村城市化而言，没有产业的支撑和相关制度的保障，肯定是被动的无动力的城市化过程。中国城市化的进程最重要和最关键的恰恰是这个"农村城市化"，解决好这个问题，才能解决好"三农"问题，解决好城乡统筹发展问题。

前面是以城市包围农村的三种空间扩展模式，农村的人口迁移有就近转移、跨区域进城和梯度转移等多种方式。特大城市、大城市人口如果向城市市郊和外围城镇转移，这属于第一种包围——大城市跳出"圈外"向近郊农村包围，即城市郊区化；如果人口从近郊农村集聚到现有的城市，则是第二种城市包围——城市向外延展式包围，即郊区城市化；如果是远郊农村就近迁移集中居住，属于第三种包围——集镇和村庄被城市化，即农村城市化。

二、中国的城市郊区化

1. 中国已经出现城市郊区化

2015 年 4 月 30 日，中央政治局审议通过《京津冀协同发展规划纲要》，7 月北京市委、市政府确定了北京贯彻协同发展国家战略的时间表和路线图，北京按 2017 年、2020 年、2030 年三个时间节点，疏解非首都功能、提升首都核心功能，通州升级为北京市行政副中心。[①] 有序疏解非首都功能，是破解北京"大城市病"的根本之策。政府最高层级搬迁后，可以带动同心圆的圈层结构平移至新区，带动功能、产业、人口的流入，从而创造出一个新的增长区域。这也是城市空间布局的重大调整，尤其是对

---

① 《北京有序疏解非首都功能是京津冀重中之重》，载于《人民日报》2015 年 7 月 13 日。

地方政府做大做强本地经济提供帮助。目前许多城市都把政府办公地搬迁至新区作为一个重要举措，通过新区带动本地经济社会发展。

上海在城市总体规划（1999~2020年）概要中提出了基于中心理论的"中心城—新城—中心镇—集镇"的都市城镇新体系规划，并提出在未来20年间将集中建设新城和中心镇，拓展沿江沿海发展空间，形成由沿海发展轴、沪宁、沪杭发展轴和市域各级城镇等组成的"多核、多轴"城市空间布局结构。目前，浦江、高桥、朱家角、奉城、罗店、枫泾、周浦和堡镇等8个中心镇的常住人口规模明显增加，均已达到5万人以上，松江新城和嘉定—安亭新城目前的常住人口规模都达到了20万人左右（其中嘉定全区常住人口规模目前已接近90万人）。2001~2005年间，通过郊区城镇建设和住宅开发，郊区城镇尤其是地铁沿线城镇吸纳了一定规模的中心城区人口，中心城的拥挤现象得到一定程度的缓解。

2. 中国城市郊区化的趋势

为了减轻特大城市的压力，大城市功能有必要做调整，以推动郊区化。在中国，北京是首都，政府部门都在北京，国字号的企业、最好的大学、最好的医疗机构几乎都在北京。人为地配置这些资源自然会导致人口向这些城市流动，去占有、分享资源。在美国却恰恰相反。华盛顿是首府，除了首府什么都不是。美国甚至把很多事务性的行政机构放在华盛顿以外的地方（如美国人每年要报税，处理居民税务的机构就不在华盛顿）。具体到每个州也是如此，以加州为例，加州两大城市，即旧金山和洛杉矶，但是加州的首府在萨克拉门托。加州10所州立大学，除了洛杉矶分校在洛杉矶，其他都是在小城镇，最大限度地把公共资源分散化。为了避免人口源源不断地往旧金山、洛杉矶流入，美国就采取了城市群带的模式。在北加州，从旧金山到圣何塞，就是所谓的硅谷，这条线上云集了很多小镇，非常像上海到杭州这样的一段路，但是资源不是集中在两个点上，而是均匀地分布在这条线上，这就实现了资源的优化配置。把一个城市稀释成若干个城市。每个城市自成系统，但是又不远。假想一下，在上海到杭州这条线上，如果上海只作为一个金融中心，把上海的IT业迁到嘉兴，把上海的高校分散在这条线上的不同县区，上海还会这么拥挤吗？房价还会这么高吗？显然不会。

关于城市是否已经拥挤，是否需要疏散和郊区化，可以按人口密度指标来判定。通常大城市人均建设用地指标按100平方米/人为宜，也就是1万人/平方公里。一般2万~3万人/平方公里是适度拥挤，5万人/平方公里以上应该需要做疏散，当然这是指一个较大规模的街区单元。

前面分析了中国城市化的新背景，这些背景因素都将导致城市郊区化的出现。一是高铁轻轨时代的到来，城市的交通出行距离可以增加。以南京为例，城市沿轨道交通线延展，副城和地铁小镇纷纷出现，这就是郊区化。二是智慧城市的发展。现在全国智慧城市越来越多，将掀起新一轮城市化大潮。电子商务、智能协同、远程教育、远程医疗等领域的快速发展，使居民的很多服务都可以在远离市中心的小镇远程控制和解决。资源配置的模式发生变化，对城市集聚的依赖性减弱。三是在新区开发建设中，快速复制城市综合体模式，一个城市综合体就是一个大型居住、商业加商务的社区。大容量整体模块化地将城市居住和办公向外迁移。四是全域旅游、农业旅游、休闲旅游带活周边乡村，旅游小镇、美丽乡村等成为大城市居民度假休闲的后花园。城镇居民选择到郊区和农村异地养老也越来越普遍。

三、"农村城市化" 的意义与实施途径

城市化绝不是简单意义上的人口向城市的集中，让所有的农村人口转移到城市里去。城市化的真正内涵和最终目的是让城乡居民都能享受到现代城市的文明。所谓农村城市化，简言之，就是农村或乡村地区的城市化。在城市化过程中，农村是不可或缺的，它不仅不会消失，而且有着十分重要的生态意义。

这里提出的农村城市化，就是特指城市包围农村模式中的第三种类型——农村就地或者就近集中居住，形成小市镇，生活居住方式城市化。农村城市化就是在农村地域规划建设小市镇或者城市新社区，完善公共交通设施和商业服务，让农民就近集中居住，农民可以充分就业和同等享受城市生活保障，农村居民点逐步符合城市规模标准、变成"城市"的过程。在农村城市化过程中，在地域空间不变或者就近集中的情况下，农村居民生活方式"城市化"了。城市居民可以享受的购物、教育、医疗、养老等基本服务农村居民也能享受，再加上农业生产的专业化、机械化，农民成为专业的农业生产工人，农民成为一种职业，那么农村居民就是生活在农村的"城市市民"。城镇化要让城市的现代文明、城市的活力涌到农村去，让农村充满城市的生机和活力。欧洲农村的城镇化道路，其特点不是大城市化，而是就地城镇化，即使村庄、村镇的居住条件达到现代城市生活的标准，改造乡村的自然环境和人文环境，让乡村变得美丽、舒适，适宜居住、生活，供全体国民旅游、度假、居住等（刘景华，2013）。

在公共服务均等化方面，城乡基本公共服务应该统一配置，但城市和乡村地区的公共服务可以有差异，即城市和乡村人口所获得的公共服务在数量和等级上不是完全相同。2011 年 9 月 27 日，南京市政府发布并实施了《南京市农村地区基本公共服务设施配套标准规划指引（试行）》（以下简称《指引》），《指引》将农村地区定义为南京市城市总体规划确定的中心城区（含主城、副城）、新城规划建设用地范围之外的地区。包括新市镇（农村地区镇街的镇区，规划人口规模一般在 2 万人以上）和新社区（农村地区镇区以外的居民点）。新社区按照规模和功能，可分为一级新社区和二级新社区两种。一级新社区规划人口规模一般在 1000~5000 人左右，二级新社区规划人口规模一般在 300~1000 人左右。基本公共服务设施指具有基本公共服务功能的一系列设施的总称，包括教育、卫生、文体、社会保障、行政管理、商业等社区服务设施和市政设施。

这个《指引》实际就可以作为农村城市化后的新社区公共配套建设标准。《指引》的目的是让新市镇、新社区居民与城里人同等待遇，公共服务均等化。《指引》中，农村基本公共服务标准很明确：一个拥有 2 万人的新市镇，要建成一个 3000 平方米的卫生院、一个 6000 平方米的敬老院、一个 1000 平方米的文化站；一个 1000 人的一级新社区，将拥有一个 120 平方米的卫生室、一个 200 平方米的托老所、一个 100 平方米的文化活动室，每个一级新社区都要有一个托儿所，实现本地人基本的文化生活、体育锻炼、看病、买东西等日常需求可以在当地基本解决。①

这种农村城市化有哪些意义呢？第一，有利于大大缓解城市扩张对城市边界土地形成的压力。通过控制城市边界可减少耕地流失，保护粮食安全。农村城市化可以减轻由于城市过度庞大造成的城市病。第二，有利于推进现代农业规模经营。第三，有利于释放更多的劳动力走向城市，推动人口向城市集聚。第四，有利于改善村民居住条件、提高村民生活质量，通过在城镇集中居住，享受城市文明，促进农民到市民的身份转变。第五，有利于建立全社会统一的社会保障体系，构建和谐社会。

实施农村城市化的关键有两点：一是居住相对集聚，让规划上不保留的村庄的农民"离乡"，但除选择到大城市外也可以选择就近安置，从乡村搬迁到规划的市镇居住；二是农地集中，让农民"离土"，农民充分享有土地权益后，大部分农民可以选择不再直接耕作土地，实现农地规模化经营。

需解决的配套相关政策有哪些呢？第一，房屋拆迁安置：统拆统建、

---

① 陈曦、李冀：《人的城镇化　南京着力探新路》，载于《南京日报》2013 年 4 月 23 日。

集中安置，安置到多层标准公寓房或复式公寓房中。第二，土地流转：土地承包经营权可以采取入股、租赁、置换等多种形式流转。第三，就业：免费技能培训，推荐就业，零就业家庭有一人稳定就业，鼓励农业规模经营企业优先使用项目区农民从事农业生产。第四，生活保障：农民可以自愿选择参加新型农村社会养老保险或城镇社会保障。第五，市民待遇：自由选择是否转变户口性质和是否迁入城镇，与城镇居民同等享有子女教育、职业培训、就业服务等方面的权利。

第四节　如何协调发展

目前，国家正在编制新的《全国城镇体系规划》，提出要构建"十百千万"的城镇体系，即"十个国家中心城市、一百个国家特色城市、一千个中小城市、一万个特色镇"。以新的城市发展总体方针为指导，以第六次人口普查中各地级市市辖区常住人口为基本数据进行计算，到 2030 年我国将形成由城市群、超大城市、特大城市、大城市、中等城市、小城市和小城镇组成的六级国家城市规模结构的新金字塔形格局（方创琳，2014）。

一、布局中心城市、发展大城市

1. 布局国家中心城市

国家中心城市是《全国城镇体系规划纲要》中提出的位于中国城镇体系中最高位置的城市。国家中心城市所必须具有的五大特征：一是国家组织经济活动和配置资源的中枢；二是国家综合交通和信息网络枢纽；三是国家科教、文化、创新中心；四是具有国际影响力和竞争力；五是国家城市体系中综合实力最强的塔尖城市。国家中心城市主要综合评估城市的经济实力、创新能力、国际化程度、综合交通能力等，细化指标包括：全球500 强企业总部数量；对外开放平台，如自由贸易区、国家级新区等数量；国际科技创新基地、新型产业总部基地等数量；航空、航运、轨道交通的建设情况、吞吐能力；国家级会展中心、博物馆、展览馆等建设情况；国外领事机构、国际组织设立办事处数量等（颜彭莉，2017）。

建设中心城市关系到国家的地位与命运，现代化的经济需要强大的经济中心来带动，它是经济发展的引擎、发动机。中国需要有国际级的经济中心城市成为全球经济网络的节点，这种国际经济中心城市，没有足够大的规模，就难以承载经济、科技、教育、信息中心以及这些职能的强大物质支撑，承担巨大的人流、物流、信息流（陈秉钊，2003）。2010 年 2 月，中华人民共和国住房和城乡建设部编制的《全国城镇体系规划（草案）》在全球职能城市的基础上，拟将北京市、天津市、上海市和广州市四大城市规划为国家中心城市，并将重庆市（主城）由区域中心城市提升至国家中心城市层面，提出五大国家中心城市的概念。2016 年 5 月，经国务院同意，国家发改委和住建部联合印发的《成渝城市群发展规划》指导文件中，将成都市定位为国家中心城市。2017 年 1 月 25 日，"国家中心城市"再增 2 个：武汉、郑州。还有 8 个城市有望竞争剩余席位，包括沈阳、南京、西安、长沙、深圳、杭州、青岛、厦门等城市。

2. 发展大城市

大城市特别是超大城市人口聚集带来的规模效应，给餐饮、购物、交通出行等生活需求带来无限商机。城市越大，能够提供的就业机会相对也越多，对人口的容纳能力也越强，从而又可集聚更多人口。大城市的聚集效应对经济推动作用巨大。我国大城市的数量不是多了，而是偏少。中国政府的统计中只有 6 个超过 1000 万人口的城市，原因是它剔除了外来务工人员和郊区人口。经济合作与发展组织（Organization for Economic Cooperation and Development，OECD）将狭义上的行政范围以外的都市地区人口也纳入调查中，称中国目前有 15 个特大城市。[①] 全国（不含港澳台地区）共有 658 个设市城市（截至 2012 年末），2014 年 100 万人口以上的城市 142 个，占设市城市总数量的 21.6%。2010 年国际上 300 万人以上的城市数量与 100 万~300 万人的城市数量的比值为 0.4，500 万人以上的城市数量与 100 万~500 万人的城市数量的比值为 0.17，据住建部数据测算，同一时期我国这两个比值分别为 0.35 和 0.13，均低于国际平均水平。[②] 经合组织在 2015 年 5 月发布的报告《中国城市政策综述 2015》（*OECD Urban Policy Reviews：China* 2015）显示：城市越大，人均 GDP 的贡献也越大。千万人口的城市，人均 GDP 贡献几近每年人民币 5 万元。《城市蓝皮书——中国城市发展报告 No.1》指出，通过不同指标的测算，可以得出一个基本结论：在中国目前发展阶段，城市规模与科学水平和发展能力大致成正相关关系，即城市规模越大，科学发展水平和发展能力相对越强。

[①] 《速度与阵痛：中国城市化调查》，载于《城市设计》2015 年 11 月 24 日，转载自纽约时报中文网。

[②] 朱隽、顾仲阳：《大城市空间有多大?》，载于《人民日报》2014 年 5 月 19 日。

国内外实践充分证明，"城市病"与城市大小没有必然联系。我国的"城市病"病因多元，与城市大小无关，大城市特有的规模效应反而更有利于治理"城市病"。例如，只有城市人口达到一定规模时，发展地铁才是经济上比较有效率的，而只有建成大规模的地铁网络，人们才可能摆脱对小汽车的依赖，乘坐公共交通出行，从而缓解交通拥堵。

国家现在"一刀切"严控特大城市的扩展值得商榷，规模是否合理不能简单看人口总量，笔者前面已经论述过，城市规模是否合理要看人口密度、土地开发强度和产出、主导产业的活力与带动力等因素。其实现在所谓 500 万以上人口的特大城市，其人口都是指全市域的总人口，并不一定是严格意义上居住在城市里的人口。如果客观规律和产业动力促使人口流入，而政府又用计划经济的手段实施严控，必然导致城市拥挤，发展空间局促，造成新的"城市病"。所以政府要尽快建立客观、科学、全面的评价指标，差别化对待，科学决策。中国区域差别十分巨大，有时适用于东部的政策往往完全不适用于西部。适用于特大城市的政策完全不适用于小城市。国土资源部的政策特别强调了东部三大城市群发展要以控制增量、盘活存量为主，并将逐步减少新增建设用地供应。而实际上东部地区产业集聚、人才集聚、就业机会多、单位土地产出高、在全国经济总量中的比重高，土地投入的边际效益也是最高的。其实，"城市病"的根源并不在其"大"，而是因为"大而不当"。北京大学国家发展研究院院长周其仁曾表示，要确保城市的可持续健康发展，就要接受大城市在规模以及人口上不断扩张的趋势。

也有一些特大城市在完成规模扩张进入精明增长的新阶段，提出不再新增建设用地，用好存量，充分挖潜，走紧凑型城市发展之路。例如，2014 年上海推出了"五量调控"的土地新政，明确总量锁定、增量递减、存量优化、流量增效、质量提升五条基本原则，其核心就是以国土资源部批复的 2020 年建设用地总量作为上海今后长期严守的用地"天花板"，这也标志着继深圳之后，上海也正式告别增量规划时代，步入存量规划的新阶段。这也是符合城市是有边界的原则的。

二、构建城市群

城市群（urban agglomerations）的基本概念可以概括为在特定的地域范围内具有相当数量的不同性质、类型和等级规模的城市，依托一定的自然环境条件，以一个或两个超大或特大城市作为地区经济的核心，借助于现代化的交通工具和综合运输网的通达性，以及高度发达的信息网络，发生与发展着城市个体之间的内在联系，共同构成一个相对完整的城市"集合体"，这种集合体可称之为城市群（姚士谋，2006）。

城市群是随着工业化和城市化的过程逐步在发展条件优越的地区产生的，是生产力发展、生产要素优化组合的结果，是区域经济与城市化发展到一定阶段的产物。区位、资源和产业的综合优势，高速公路和铁路为主的现代化快捷交通网络等推动了城市群的兴起。

推进城市群的发展有利于完善区域城镇体系，促进大中小城市和小城镇协调发展。城市群发展的基本方向是实现区域整合，大中小城市和小城镇协调发展。区域内不同等级、职能的城市构成一个具有强大综合功能的有机体，使区域城镇体系更加完善。城市群产业强大、齐全，金融发达，有创造就业岗位的巨大能力，为农民工提供更多的就业机会；城市群财政情况相对较好，有能力逐步为农民工提供均等的公共产品和服务；城市群教育资源丰富，能为农民工提供必要的职业培训，为农民工子女提供优良的基础教育。推进城市群的发展，既可以克服大城市发展中带来的交通拥堵、环境污染等城市病，使大城市获得更广阔的发展空间；又可以在大城市的辐射带动下，使中小城市获得集聚和增长的动力。卫星城的快速发展，以轨道交通为骨干的城际公共交通的完善，则可以为特大型城市在其周围承担起农民工市民化的责任。

以城市群为主体形态的城市空间战略格局是不会改变的，也是符合规律的。现在已经编制了长三角、长江中游、成渝等城市群的规划，后面主要是需要中央政府编制的跨省、区、市城市群规划。通过城市群规划，特别是通过加强城市群综合交通网络的建设来合理地引导、支撑城市群的进一步发展。

随着城市的扩大，现代交通使城市不断蔓延，城乡间的物理界限越来越模糊，这些超越行政管辖范围，建筑物、交通等城市用地占很大比例的城市地带又相互连接，使城市与城市之间的界限变得模糊，从而构成了城市连绵区，城市连绵区空间范围很大，一个城市连绵区常常是一个国家的经济走廊；其次是城市群，一个城市连绵区常常包括几个城市群；最小的是城市地带或大都市地区，一个城市群可以包括几个大都市地区（姚士谋，2006）。发展城市群的本质是以核心城市中心城区的强大服务和创新功能，对周边中小城市和特色小镇产生辐射及带动作用。因此，我们需要在一个没有行政界线的较大城市群区域内统筹谋划，以都市区为龙头、中心城市为骨干，大中小城市协调发展，特色小镇联结农村的城市发展格局。林毅夫（2013）指出，发展城市群，要打破行政壁垒，建立城市之间的税收同盟和服务同盟。

三、重视中小城市和县城

吕颖慧（1997）提出，中国城市化应以中等城市为发展重心，有利于节省有限的资金，获得规模效益；有利于培养新的经济增长点，缩小地区间、城乡间的差别。李铁（2013）把中国大中小城市的数量与英国、德国和法国的城市数量进行比较，提出中国的中小城市数量少，有发展空间，建议释放中小城市活力。《新型城镇化规划》提出，把加快发展中小城市作为优化城镇规模结构的主攻方向。中小城市，特别是重点城市群内部的中小城市将是今后城镇化的重要战场。我们预计，未来几年部分县城将逐步改市。那些资源环境承载强、区位优势明显、具备一定产业特色的中小城市发展将进一步加快。

缩小东西部经济发展的差距，必须从缩小城市化水平的差距入手，这就有赖于集中发展中等城市。中西部地区大中城市比较少，分布稀疏，小城镇规模太小，经济基础薄弱，致使中西部地区的城市辐射效益远远低于东部地区。在中西部地区适当地扩建、新建和充实提高一批中等城市，有利于中西部地区形成新的经济增长点，从而带动中西部地区的经济增长，缩小与东部地区的发展差距。集中发展中等城市，也有可能为农村的结构调整创造适宜的外部环境，从而为缩小城乡差距做出贡献。林毅夫（2013）提出，大城市在过度集中以后，可以中心城市加城市群的模式发展，城市群内的中小城市发展潜力巨大。

加快中小城市的发展步伐，应该把县级城市的发展作为重点。县城是连接城乡的重要节点和统筹发展的重要平台，是城市之"尾"，也是农村和乡镇之"首"。县城是区域内的政治、经济和文化中心，也是我国最底层的城市，县城的公共资源对农村生活有着保障作用。县城高质量的学校、高水平的医院、健康的文化和体育场所、时尚的大型购物中心都是居民享受社会公共服务均等化的基础平台。县城在引领全县产业发展、带动农村就业方面也都起着重要的作用。县级单元聚集了全国新增城镇人口的54.3%，是城镇化的重要层级。城镇化的下一步应当以县城为辐射中心，鼓励农村人口在乡村和临近的小城镇就地城镇化。要使经济和自然条件相对具备、有发展前途的县城成为县域经济、政治、文化中心，使它们与周围其他大中城市和下属集镇、农村形成有机的联系。任玉岭（2013）建议在城镇化顶层设计中，要重视县城的发展，原则上一县至少设一市，只有这样，城镇化才能真正加速。

国家应该在政策、土地和资金等各方面支持县城的基础设施建设、服务业和产城一体化园区的发展。特别是中西部地区要依托县城和县域中心镇来发展壮大一批中小城市，优化产城一体化布局，发挥它们吸纳返乡农民工并留住返乡农民工的功能，实现城镇化的均衡发展。可以分类推进，以多种形式推进省直管县改革：第一，把具备一定条件的县升格为市；第二，与大城市有一定距离、相对独立的经济强县（市）可升格为中等城市；第三，中心城市、大城市辐射范围内的县可"撤县改区"。其余的农业县，可以在财政管理甚至行政管理上实行省直管县模式。

四、特色小城镇和"镇级市"

小城镇是一种正在从乡村性的社区变成多种产业并存、向着现代化城市转变中的过渡性社区，是指居民密集，房屋相连，拥有街道、水电、通信等公共设施的居民区（或称"镇区"），不包括在行政上由镇政府管辖的其他村落的地域和人口。小城镇介于城市与乡村之间，是城乡居民点的交融与连接，兼具城乡居民点的某些特征。关于设镇的人口规模标准问题前面已经做了讨论。

小城镇模式在改革开放初期中国城市化进程中占有重要地位。小城镇数量多、分布广泛，位于广大农村之中，是沟通城乡的联系纽带。通过发展小城镇，可以吸纳大量农村剩余劳动力，控制大城市规模，缓解大城市就业和基础设施建设的压力，避免大城市过度膨胀；可以加强城乡之间的沟通和联系，将城市中的资金、技术、信息、文化、生活方式等扩散到农村，促进城乡协调发展；对改变农村面貌、提高农村人口文化素质、丰富农民精神生活、促进农村现代化有着特殊的重要性。

当前小城镇发展的方向是解决规模小、资源浪费问题，实现规模再集聚。小城镇的布局安排，切忌"天女散花"。根据有关资料统计，我国目前仅建制镇便有 19060 个，镇区平均占地面积 2.2 平方公里，镇区人口在 4000 人以下的有 13031 个，占全国建制镇总数的 68.4%；4000~10000 人的有 4605 个，占全国建制镇总数的 24.1%；10000 人以上的镇 1424 个，占全国建制镇总数的 7.5%。[①] 小城镇规模普遍比较小，人口比较少，造成

---

① 孟新社：《浅析我国城市化进程中的小城镇发展问题》，载于《延安职业技术学院学报》2012 年第 26 卷第 4 期。

财力分散，各自小本经营。城镇规模小，造成现代基础设施建设过度的分散与过小的规模，必然导致县域范围内城镇建设的重复现象严重，城市功能不完善、不健全，社会事业、基础设施和公用设施的建设投资成本高，产业升级换代困难，创造就业的门路狭窄，缺乏人口的吸引力，结果往往陷入低水平的恶性循环（宋亚平，2006）。

小城镇的发展重在特色。2016 年 5 月 3 日，国家发改委表示，将强化对特色镇基础设施建设的资金支持，支持特色小城镇提升基础设施和公共服务设施等功能，2016 年将选择 1000 个左右条件较好的小城镇，积极引导扶持发展为专业特色镇。李强（2016）认为，在大城市群中，在城乡接合部建小而精的特色小镇，就是要在有限的空间里充分融合特色小镇的产业功能、旅游功能、文化功能、社区功能，在构筑产业生态圈的同时，形成令人向往的优美风景、宜居环境和创业氛围。例如，浙江省聚焦信息经济、环保、健康、旅游、时尚、金融、高端装备七大产业，以及茶叶、丝绸、黄酒、中药、木雕、根雕、石刻、文房、青瓷、宝剑等历史经典产业，成功打造了一批特色小镇。

在现阶段，东部地区的很多小城镇已经经历过"大战略"的狂热扩张，在乡镇工业萎缩或者迁入开发区后，人口减少，产业空心，基础设施也无力养护，同等级别的小城镇之间也在争资源、争资金，这需要县域统筹规划，有所取舍。笔者建议，小城镇也到了应该守成和挖潜的阶段。目前集镇人口仍在 3000 人以下的，慎重选择再扩张，特别是远离大城市，也没有产业特色和旅游资源的小城镇。对小城镇发展也一样进行规模合理性评价，如果人口密度高、土地开发强度达标且产业有活力，可以供应土地支持发展，否则应有所控制。中西部地区不要再走小城镇的道路，除非是已经有了一定的基础，居住了相当多的人口，并有望发展成为小城市。

"镇级市"是什么？镇级市与小城镇不一样，虽然也是镇的建制，但人口、产业规模集聚到与中小城市相当。"镇级市"中的"镇"是一个行政级别，"镇级市"中的"市"则是一个没有行政级别含义的城市。镇管理着这个城市和城市周围的农村。这个城市之所以能够称为"市"，是因为人口规模、人口密度、基础设施和公共配套，特别是财政供养等都符合了设立城市的标准。

国家新型城镇化综合试点已启动，此次试点重点将放在镇改市工作上，选择镇区常住人口 10 万人以上的建制镇，开展新型设市模式试点工作，增加城市数量。2015 年出台的《新型城镇化综合试点方案》将浙江省苍南县龙港镇、吉林省安图县二道白河镇列为镇改市国家试点。

在中国，有一批人口规模和经济条件达到中小城市等级而仍然被称为"镇"的特大镇。根据国家统计局的建制镇统计数据，截至 2012 年，全国有建制镇 2 万多个，以镇区人口规模排序的"千强镇"，镇区平均人口规模达到 7.6 万人，已接近我国城市设市规模标准。国家发改委发布的《国家新型城镇化报告 2015》显示，当前，我国镇区人口超过 10 万人的特大镇有 238 个，超过 5 万人的有 885 个，主要分布在长三角、珠三角等东部沿海地区，中西部地区数量仅占 1/3，这些城镇大多拥有优势产业，具有一定的人口、工业和商业聚集规模，已经具备了城市的体量和特征。①

镇级市其实是要让小城镇具有城市功能。在新型城镇化背景下，要求小城镇由"乡"变"城"，就地城镇化，真正成为乡村向城市发展的主力军。设立镇级市的重点是制定小城市的建设发展标准，建立相关审批制度，对达到标准、符合条件的重点城镇批准撤镇设市。同时要理顺特大镇的财权和事权使之匹配，创新改革，改变"小马拉大车"的现状，赋予特大镇县一级经济社会管理权限，进一步理顺上下级政府间的条块关系，设立延伸机构时，将人权事权一并下放。推进镇区常住人口 10 万人以上建制镇设市，对于提升城乡统筹发展水平、带动乡村现代化发展和激发小城镇的发展活力，对于提升镇的服务能力和治理水平、加快乡村人口集聚和吸纳部分大都市疏散的人口等，都具有重要作用。

镇级市不是人为造"市"，而是已经具备了城市的特征。首先，镇级市一定有其产业特色，要在一定区域范围起到经济带动和辐射作用。其次，这些镇级市的地方财力强大，足以支撑城市运营。如龙港镇总人口达50 万人，2015 年财政总收入 23.2 亿元；盛泽镇全镇户籍人口 13.3 万人、外来人口超过 30 万人，2014 年公共财政预算收入实现 24.5 亿元，全口径财政收入 46.45 亿元。最后，镇级市需要补基础设施与公共服务的短板。基础设施可能包括城市标准的道路，原乡村公路往往缺路灯、隔离带、交通标识等，要有雨污水管网、管道煤气，等等；公共服务重点是教育、卫生、文化等设施要与所服务的人口配套。一个像样的城市规模的人口集聚需要有对应的职能部门来管理服务，镇级市财政可以支撑的情况下，可以设立学校、医院、图书馆、派出所、环卫所等城市运维机构，可以给其人权、事权，招聘教师、医生、警察、环卫工。

镇级市强调的是城市功能而不是城市级别。镇级市之中的"市"并不

---

① 鲁元珍：《镇改市：如何迈过"四道坎"》，载于《光明日报》2016 年 6 月 16 日。

是行政区划概念中的"市",而是强调其具有城市功能的"市",不是行政级别的改变,而是以镇的属级建设的小型城市。有人反对镇级市的概念,理由是现在县级市就把官序搞乱了,地级市副市长带着县级市市长出差,让人搞不明白。也有人认为设镇级市是违宪的,宪法上没有规定这个镇级市,开宪法玩笑。① 这些都是城市官本位思想。按道理城市只有大小之分,没有级别高低,是行政机构增加了"市"这个层级。过去是省、地区(州)、县、乡四级名称,笔者老家盐城地区管着盐城市和各县,盐城市就是指纯粹的市区,现在地区没有了,改为市管县。如果我们把人口集聚到一定规模的社区称为"市",类似于美国超过 2500 人可以称为"市",原先行政区划在什么地方管辖的,仍然不变,那么出现镇级市、村级市又有什么关系? 2012 年 5 月 8 日,河南濮阳西辛庄村党支部书记李连成就正式宣布成立村级的"西辛庄市"。村支书介绍,西辛庄村这个"市"合并附近的 15 个村,一没有公务员,二不设行政机关,成立后行政建制还是一个村,说到底就是一个由 15 个村组成的农村社区。笔者相信,如果江苏华西村宣布成立"华西市"并不会有人惊讶,因为它的人口规模、产业和经济总量甚至已超过西部的地级市。

　　笔者认为,"镇级市"问题同样要遵循我国区域发展差异特征。从中国目前小城镇发展的基础来看,在中国东部地区,许多大的建制镇的非农人口规模、城镇规模和建设水平等早超过了设市的标准,但在中西部地区,小城镇的集聚程度不高,也没有好的支撑产业,具备设立镇级市条件的很少,中西部地区的重点是往大城市集聚,而不能再分散资源搞小城镇。

五、发展田园城市与美丽乡村

1. 田园城市

　　田园城市,英文名称"garden city",是英国城市规划师霍华德(E. Howard)于 1898 年针对英国快速城市化所出现的交通拥堵、环境恶化以及农民大量涌入大城市的城市病所设计的以宽阔的农田林地环抱美丽的人居环境,把积极的城市生活的一切优点同乡村的美丽和一切福利结合在一起的生态城市模式。霍华德在《明日,一条通向真正改革的和平道路》一书中提出,应该建设一种兼有城市和乡村优点的理想城市,他称之为"田园城市"。1919 年,英国田园城市和城市规划协会经与霍华德商议后,

---

① 《地方政府设市设区新冲动考验城镇化破局之道》,载于《东方早报》2013 年 1 月 22 日。

明确提出田园城市的含义，田园城市是为健康、生活以及产业而设计的城市，它的规模能足以提供丰富的社会生活，但不应超过这一程度。

霍华德对田园城市的规划和设想是：总占地约 6000 英亩；城市居中占地 1000 英亩，圆心是中央公园，环公园是政府、图书馆、医院等公共设施，之外是环状公园，外圈是商业区，再外圈是住宅区，住宅区外环有林荫大道、学校和儿童游乐设施等，之外又是花园住宅区，这些界定的区域似同心圆状层层相扣，构成了基本的田园城市；四周的农业用地占 5000 英亩，是保留绿带，包括耕地、牧场、果园、森林、疗养院等，永不得改作他用；六条干道交通体系从中央公园的圆心均匀地呈放射状向外扩散；田园城市居住人口总数约 32000 人，其中 30000 人住在城市，2000 人散居在乡间；城市的规模必须加以限制，如城市人口超过了规定数量，则应建设另一个新城市；中心城市的规模、面积略大些，建议人口为 58000 人；若干个田园城市围绕中心城市，构成城市组群，称为"无贫民窟无烟尘的城市群"；城市之间由铁路、公路等快速交通系统连接（见图 6-3）。①

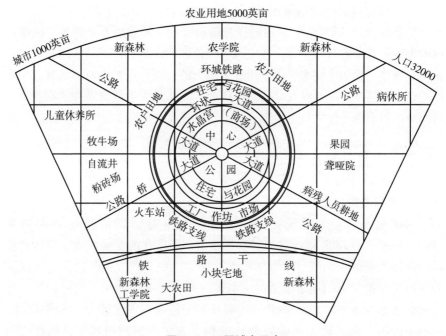

图 6-3　田园城市示意

_____

① "田园城市"词条，百度百科，https：//baike.baidu.com。

霍华德从城市规划的角度，提出两种城市空间结构。一是"一个中心、四个圈层"的田园城市结构；二是建立在快速交通体系基础上的田园城市群空间结构。1903 年，霍华德和田园城市协会在距伦敦约 56 公里的地方成立了第一个田园城市公司，购置土地近 4000 英亩，1904 年第一座田园城市——莱奇沃思（Letch worth）正式动工，到 1914 年基本建成。在两位受过专业园林规划教育的建筑师巴里·帕克和雷蒙德·欧文的规划设计下，最终建设成为由绿带包围的相当于 1/4 圆的扇形，城区被划分为商业区、工业区、居住区、农业区和公共活动区等，还有条交通轴，穿过位于城镇中间的公共活动区，通向火车站，将外部农村与中心城区以及郊外工业区相连接，是当时世界范围内最为先进、合理、功能完善的新型小城镇。

中国也有很多城市开展了田园城市的实践探索。如琼海市的"特色风情小镇+农业公园+旅游联通绿道"；成都市的"五朵金花"；西咸新区的秦汉新城"城市组团+绿色廊道+优美小镇"模式等。但笔者认为，这些实践更多的只是移植"田园"的概念，进行周边乡村的改造和景观提升，建一批农业公园，做一些都市郊区旅游的文章。虽然田园城市英译为"garden city"，但霍华德的田园城市的着眼点并不是"田园"或者"花园"，田园城市有其深刻内涵、思想精髓和现实意义。对此，笔者有以下理解：

第一，田园城市大致规定了小城市的设市标准。田园城市首先是一个具有城市功能的居住地，就是一座小型城市，霍华德设想了城市人口的适宜规模（32000 人）、城市与农村人口的比例（15∶1）、城市人口密度（7500 人/平方公里）。同时也隐含城市市政运维的成本标准（当时是 5 万英镑）。

人口规模和人口密度的控制是其核心思想之一，目的是把它作为探求解决人口逐渐向拥挤的城市集中这一问题的最好的"万能钥匙"。田园城市规定的是城市人口的上限而不是下限，不是人口越多越好，但也不是越少越好，超过一定规模要另建新城市，其作用是疏散过分拥挤的城市人口，防止"摊大饼"的城市布局。

第二，城乡成为一体。田园城市内的农业用地也属于城市，是城市的田园。田园城市实质上是城和乡的结合体，是一种兼具农村与城市共同优点的模式："城市—乡村"，一种全新的"城市—乡村磁铁"。田园城市的全部收入来自地租。农地的收入和租金也是城市的收入来源。

第三，城市的开发建设运营完全是公司化运作的市场模式。城市居民需要缴纳的是土地租金和税收。地产商把收到的总金额用于支付贷款、利息及公共基金，霍华德经过计算，城市 550 块住宅，用地税租每年总收入 33000 英镑，而工业、仓库、市场等用地税租每年 21250 英镑，再加上农业用地的税租收入 9750 英镑，田园城市每年总收入 64000 英镑，人均 2 英镑。而在支出方面，每年除去偿还基金和利息，还可以剩下 5 万英镑用于田园城市的市政需要。

第四，非常重要的一点是田园城市涉及土地制度的改革。霍华德主张城市土地归居民集体所有，类似于我国的土地公有制，土地使用者必须缴付租金（rent），类似于土地使用权的批租租金。土地租金按年收取而不是一次性收取，成为城市持续性收入，同时，全民集体享有在土地上的增值，也就是涨价归公。城乡之间的最显著差别在于土地的租金。田园城市聚集了 32000 人，这使城市土地大量的增值，而这逐渐上涨的全部增值是整座城市的财富。财富的增加，会使田园城市的磁力增加，同时也大大降低了每人每年需要支付的租金额度。而田园城市的居民会非常愿意每年支付这样一笔较少额度的地租和税金。

田园城市也体现了城市土地经营的思路，但主要是年地租和税金，而不是土地的一次性出售，田园城市中的土地制度设计对我国研究土地发展权和城市土地增值收益分配具有借鉴意义。

第五，完全按城市的要求规划建设城市基础设施和公建配套，并由城市承担日常费用。田园城市的 5 万英镑税租的支出，主要用于城市道路、学校、图书馆、展览馆、污水处理及偿还各项债务，田园城市的上述开支极少运用外界财务。

第六，这个城市是完全独立的经济社会体，是一个社会城市，其行政管理类似于我国较大的居民小区自治，城市建设和管理都体现了居民的参与。"人民城市人民建"，是一个以人为本的城市开发建设模式。田园城市的管理委员会成员（男女不限）由纳税缴租人选举产生，在一个或几个部门服务，这些部门可以分为诸如公共管理、工程、社会目标等若干组织，这些组织又包括很多分组织，如财政、税务、法律、道路、管线、给排水、交通、通信、教育、图书馆等。而各部门的主席和副主席组成中央议会，掌管社区的权力，拥有安排总体规划、决定支出用款数量，以及对各部门进行监督和控制的权力。田园城市试图建立独立城市管理机构和投资回报机制来寻求城乡融合与协调发展。所以，田园城市的管理就像我们的大住宅区的物业管理。只不过这个物业管理除市政绿化外，还有学校、医院、教堂、农场等。而且这些"物业"（如外围农业用地）也是全体"业主"所有的。田园城市中也包含了居民自我管理、社会秩序构建、共有资产经营管理等更深层次的社会学内涵。

第七，城市规模要得到很好控制。在霍华德的设计中，环绕田园城市的农业用地不能被用于开发，都市不宜漫无限制地扩张，应以永久绿带来限制。每户居民都能极为方便地接近乡村自然空间；城市的发展不是依靠扩建，而是新增建城市，形成城镇群。而且，他主张控制土地投机以防城市膨胀。

第八，霍华德田园城市关于城市结构与布局的思想对现代城市规划仍有很强的指导意义。一是田园城市的布局是紧凑的，田园城市设定 7500 人/平方公里的人口密度是基本适度的。二是城市之间是绿色开敞的，农业用地包围城市，既可以有开敞的绿色空间，也可以为城市居民提供新鲜农产品。三是圈层式布局与组团式发展，建立起城市之间的快速交通网络。在田园城市理论基础上，理论界进一步发展了有机疏散论、卫星城镇理论等城市规划新理论。

总之，霍华德的田园城市的理论与实践在城市规模、人口密度的设定，城市开发模式和土地利用，城市结构与布局，城市社会结构等方面都有着深远的影响。中国在城市群内合理布置一批这样的田园城市，对合理疏散拥挤的城市人口，提高城市居民生活质量，改善城市生态环境，推动城乡更好融合，都有积极的作用。但我们不能把田园城市当作一个个孤立的城市来规划，而应该在大城市群规划和区域规划中统筹考虑其功能、主导产业、人口规模等。另外，田园城市是依附于大城市而存在的，是大城市的副城，应该要有适度距离和快速交通，建议在特大城市周围的田园城市离主城距离不超过 60 公里，离一般大城市和中等城市的距离以 20~30 公里为宜。且田园城市内应该有产业和就业，理想的城市应该是自足性的，经济上不能依附于主城；还要有完善的基础设施和独立的商业、教育、文化等生活配套。

2. 美丽乡村

我们把田园城市归为城市，属于新型城镇化中城镇体系的重要组成部分，美丽乡村则应该属于新农村的范畴，其核心词是"乡村"，不能混淆城乡的概念，城乡一体化不是城乡一样化，要按照乡村的风格来建设，而不能按照城市来建设。美丽乡村的概念也是从新农村建设演变而来，2008年浙江率先提出美丽乡村的概念，出台了《建设"中国美丽乡村"行动纲要》，并以安吉县为美丽乡村的样板。"十二五"期间，广东、江苏、海南等都全面规划和启动了美丽乡村建设。美丽乡村建设作为城市化的重要补充，将城市公共配套设施与文明生活带入乡村，同时给城市留有足够的生态空间和副食品基地，让城市居民放慢生活节奏，体验农耕文化和乡愁，实现城乡融合发展。习近平指出，中国要强，农业必须强；中国要美，农村必须美；中国要富，农民必须富。[①]

关于美丽乡村，2015年农业部发布了《美丽乡村建设指南》（以下简称《指南》），对美丽乡村的内涵、建设内容、标准等做了详细规定，《指南》定义美丽乡村（beautiful village）是指经济、政治、文化、社会和生态文明协调发展，规划科学、生产发展、生活宽裕、乡风文明、村容整洁、管理民主、宜居宜业的可持续发展乡村（包括建制村和自然村），同时也规定了美丽乡村建设的六大内容，包括村庄规划、村庄建设、生态环境、经济发展、公共服务和其他方面，等等。[②]

如何建设美丽乡村呢？笔者认为，美丽乡村建设应抓好以下五方面。

（1）抓规划。不仅城市建设需要规划引领，建设美丽乡村也一样需要规划，规划也要下乡。抓规划的含义有两层：统筹城乡和精心设计。

首先是统筹城乡，就是在城乡一体化规划基础上做好美丽乡村的选点工作。既不是全部乡村变成城市，也不是城市乡村化，更不是城乡一样化。建设美丽乡村也不是农村就地城市化。我国村庄数量大、规模小、布局分散。过去新农村建设什么都强调"村村通"，现在应该统筹规划，避免重复投资和土地资源浪费，哪一些地方可以进行美丽乡村规划，要根据城市规划、产业战略规划的需要以及村庄的区位与资源禀赋确定，该撤并的村庄还是应该撤并。统筹规划就是要选择好点，有所取舍。

笔者认为要把握"三个不纳入"：已经在城市规划区内的不纳入，人口太少需要撤并的不纳入，规模太大已经成为小城镇的不纳入。还有"两个不增"，即不增人不增地。不增人就是没有人口的迁入，只有自然增长；不增地就是不增加建设用地供应，原则上在现有村庄基础上改造，除对外交通外，公共配套也尽可能内部挖潜解决。不能把美丽乡村建设也变成圈地运动。如果确有相邻村庄撤并一些过来，应按照人地挂钩的原则确定规划范围。另外考虑分批建设、示范带动的需要，选择美丽乡村要彰显个性与特色。2014年中国最美休闲乡村和中国美丽田园推介活动中，农业部认定了北京市密云县干峪沟村等100个村为2014年中国最美休闲乡村。这100个乡村被分为四类：特色民居村（29个），特色民俗村（22个），现代新村（28个），历史古村（21个）。中心村、历史文化村落和规划保留

---

① 《中国要强农业必须强　中国要富农民必须富》，载于《京华时报》2016年4月29日。
② 《美丽乡村建设指南》，国家标准（GBT32000-2015），2015年7月3日。

村是首选，自然风貌、旅游资源、交通条件等往往也是分批建设选择时要考虑的因素。例如，南京市以彰显特色为原则，选择了郊区一批中心村、精品村、特色村等进行美丽乡村建设。2011 年以来，南京先后开发了高淳"国际慢城"、江宁"金花"系列、六合"六朵茉莉""四季花海"、浦口"八颗珍珠"、"溧水新十景"美丽乡村系列产品。

其次是乡村规划中的精心设计。在设计中既要挖掘每个村庄的自然风貌特点、历史文化遗存并加以彰显，也要改变过去农居的单调统一，力争每栋建筑都有设计、有特点，不能千村一面。既然我们不能把农村建成城市，农村的建筑特点就是低矮、低密度、开敞，不建高楼和单元式建筑，方便居民像传统的方式串门交流。保持农村建筑的特点和风貌就是保留农村生活方式。美丽乡村建设更不能逼"农民上楼"。现代化农村不一定是推倒重来，重新规划建设。在有些国家，人们更愿意把钱用在老房子的维修利用上。不一定要拆旧建新，农村建筑的功能要多样化，厨卫可以现代化，建筑的宜人化设计（层高、开间、门窗尺寸等），有良好的采光和隔音，车库、厨卫设施要配置合理，也要符合节能方面的要求。而且要在村庄公共空间设计上下功夫，房屋之间的道路应符合车行要求，广场、庭院要艺术化、花园化。整个村庄要与周边水系、农田、山脉等融为一体。

2013 年 7 月 22 日，习近平到湖北省鄂州市长港镇峒山村考察，他说，实现城乡一体化，建设美丽乡村，是要给乡亲们造福，不要把钱花在不必要的事情上，比如说"涂脂抹粉"，房子外面刷层白灰，一白遮百丑，不能大拆大建，特别是古村落要保护好。① 在乡村规划设计中，我们就应该遵循这样一些原则：功能优先，满足需要；文化传承，注重特色；尊重传统，保护自然；配套齐全，环境美化等。为了提高村庄改造的规划设计水平，我们也可以向发达国家学习，动员社会精英群体重返乡村去参与乡村的规划建设和治理工作，让知识下乡、人才下乡、资本下乡，同时也是规划设计的理念下乡。

（2）补短板。"美丽乡村"建设的目的是推动城乡均衡发展，而乡村的短板主要在基础设施和公共服务。城市反哺农村的落脚点就是把基础设施延伸到农村，帮助农村完善公共配套。但均衡不是"一样化"，要根据城乡居民点等级规模确定的配建指标相应配置。笔者认为，在基础设施建设上，电力、通信、有线电视、供水和卫生设施应该无差别，

---

① 习近平：《建设美丽乡村不是"涂脂抹粉"》，新华网，2013 年 7 月 22 日。

宽带全覆盖，对外交通的道路要"村村通"且尽可能"黑色化"（指沥青路面），要有较高比例的客运班车通村率；废水有排放和处理措施，生活垃圾有集中收集，村内的道路和路灯原则上应该由村集体公益金来解决，上级支持或乡贤捐建都可以。政府不要"包打天下"，要发挥集体经济组织作用，调动农民自身的积极性。这一点崇明岛瀛东村的经验值得借鉴。

公共配套上，教育按照适龄学生和试教区来确定，不一定保证每个村都有小学，但应该有交通半径的限制（服务圈），幼儿园保留的村应该都要有，每个村要有一个医疗站（室）、一个文化室，村民社区服务中心里整合包含了养老保险、计划生育、农技服务等服务，商业、菜场、金融服务可以由市场来解决，如村民家里开商店，能开几家由市场定。

（3）整环境。村庄环境整治的内容包括很多，最基础最主要的任务有垃圾收集、污水治理、卫生改厕、河沟清理、道路硬化、村庄绿化等。村庄整治并不限于要建设的"美丽乡村"，应该对保留村庄全覆盖，但可以优先对条件基础较好的村进行整治。第一，卫生保洁是"美起来"的基本要求，要推行农村垃圾集中收集处理，实行厕所革命，全面改造旱厕。第二，村庄绿化是美丽乡村行动的重点。尽可能绿化农村所有空闲地和庭院，提高村庄绿化覆盖率。第三，生态修复是村庄"美起来"的内涵，要贯彻习近平总书记提出的"绿水青山就是金山银山"发展理念，保护好自然生态，让美丽村庄听得见鸟叫蛙鸣。要控制污水排放，推进农村河道流域综合治理，恢复其自净功能。第四，村容村貌美化和空心村整治是美丽乡村建设的深度延伸。对破败的建筑进行必要整修，空房子退出来的宅基地可以增加一些公共空间或服务设施，村庄的色彩和景观做必要提升。

（4）促产业。2015年的中央一号文件明确推进农村一二三产业融合发展。农业不仅是农畜产品生产，还包括与农业相关联的第二产业（农畜产品加工和食品制造）和第三产业（流通、销售、信息服务和农业旅游），即六次产业：第一产业×第二产业×第三产业。农村的产业发展笔者建议从四个方面入手，即农业、农产品加工业、乡村手工业和旅游业。

第一，大力发展现代农业。农业现代化要做到规模化、机械化、专业化、市场化、科技化、信息化，机械化是关键，有了机械化才可以促进规模化。现在对农业的补贴政策很多，但补钱往往解决不了生产力的提高，就应该补机械，或者机械化作业的专业服务队，真正实现农机下乡。科技下乡、科技惠农也十分重要，中国农业的科技含量低，广种薄收而不是精耕细作，缺少优良种子，滥用化肥农药。所以农业需要培养农业专家和专业技术人才，需要增加熟练农业工人、职业农民。农业还需要充分运用信息化技术，更好地促进农业市场化。政府可以统一搭建农业综合信息服务平台，为农民提供种子、原材料信息和农产品销售、加工等市场渠道，促进大市场、大流通、大生产格局的形成。利用大数据，发展信息化下的订单农业，有效解决生产流通环节的脱节，避免市场风险。

第二，发展农产品加工业。农产品加工业属于就地取材，劳动力可以就地解决，相对规模化工业生产的要求不高，在农产品产地发展加工业比较合适。当地的特色农产品要通过加工业增加它的附加值。例如，安吉以生产竹子为主，除了可以把新鲜竹笋包装卖到市场外，还可以制作笋干包装销售，可以加工竹器，可以做工艺纪念品，等等，围绕竹子做出一条产业链。再如南京溧水的蓝莓，可以观光采摘，也可以简单包装销售，同时开发出了蓝莓瓶装饮料。农产品的延伸加工大大增加了农产品抵御市场风险的能力，也就地消化了农村富余劳动力。今后，我国农产品加工的发展应当进一步加强科技研发、果蔬储藏与保鲜加工技术研究，也要加强品牌意识和质量意识，做出规模。

第三，发展手工业。非工厂化生产的手工品往往被看作是货真价实、结实耐用、返璞归真，甚至是非物质文化遗产和有收藏价值的产品，老年群体有情结，年轻人看着时尚，小孩子觉得好玩有参与性，纯手工制作的产品市场价值也很大。如手工布鞋、香包、手工刺绣，还有很多手工制作的食品，乡村流传下来的编织、剪纸等传统工艺。手工业的发展要与创意设计结合，要有精致的包装设计，要与旅游纪念品开发结合，要在产品个性化和新、奇、特上下功夫。

第四，发展乡村旅游业。乡村旅游是在乡村地区，以农民经营为主体，以乡村性内容作为主要吸引物，以满足旅游者观赏、休闲、娱乐等多方面需求为目的的旅游活动。随着农业技术进步和农业产业化程度加深，现代农业正向"科技、健康、创意、休闲、共享"为特色的新农业时代发展。具体模式有以下一些建议。

① 将现代农业园区升级为农业公园。农业公园规划范围一般是涵盖村庄、农田、池塘、河流、湿地等多种空间类型的，面积相对较大的乡村区域，既适宜进行规模化农业生产，也适宜开展多元化的休闲旅游体验活动。农业公园，将农业生产功能与公共休闲功能高度融合，推动了一二三产业联动发展，承载着乡村生态修复、农业生产示范、乡土文化传承、美丽乡村营建、旅游休闲度假、地域农业品牌塑造等多种功能。

被称为现代农业示范园区、农业产业化示范基地、农业科技园区的升级版。农业公园项目的打造，有着鲜明的政府主导特征，并具备开放性、公众性、景观性等"公园"特点，在保证农业生产与乡村居住基础功能之外，将传统的农业生产与生活空间，转化为承载农业生产示范、农产品加工贸易、乡村游憩、乡土文化体验、田园观光等多种功能的开放式空间。农业公园不仅生产和销售农产品，同时也生产和销售文化、生态以及生活方式。

②以创意为基础，将休闲农业与旅游产业合理搭配组合。农业与旅游产业发展的关系越来越紧密，如"花卉+婚庆产业""苗木+休闲娱乐""林业+游乐项目""田园养生+度假模式"等。

③大力发展乡村民宿。支持发展具有文化内涵的中高端精品民宿及民宿集聚区，引导乡村民宿产业化、品牌化发展。积极推进农家乐向民宿转型发展，结合本土自然生态、人文景观等资源及农事体验等活动，打造优品民宿、精品民宿，破除乱占地、同质化等问题，引导乡村民宿特色化、品质化发展。组建民宿行业协会，制定行业规范，加强培训，优化服务；借鉴国外民宿分级管理经验制订民宿星级评选办法，开展民宿等级评定，促进乡村民宿规范化发展。

④美化乡村旅游环境和完善公共服务设施。指导乡村旅游景区（点）房屋外观改造和标牌、标识规范设置；推出乡村旅游手机客户端。指导乡村旅游厕所建设；优化美丽乡村旅游直通车运营模式。

（5）留乡愁。"乡愁"的概念出自诗人余光中1971年写下的一首现代诗《乡愁》，表达的是漂泊异乡的游子对故乡、对祖国恋恋不舍的一份情怀。关于乡愁是什么？2014年全国两会期间，江南时报记者专访江苏环保、住建、教育三位民生部门的厅长，三位厅长从不同角度说出了他们心中的"乡愁"。环保厅厅长陈蒙蒙说，乡愁是小时候乡下那清清的河水；教育厅厅长沈健说，乡愁是南京倒垃圾马车发出的摇铃声；住建厅厅长周岚说，乡愁是城南浓浓的邻里情。① 笔者认为，通俗说，乡愁就是"想回老家看看"，是对曾经生活过的家乡故土的感情回忆和思念，包括过去生活的环境，如门前老树、院内水井、房前屋后的建筑等，也包括生活方式、邻里关系、文化活动等。因为中国的"城里人"绝大多数都是在20世纪60年代以后一代代从乡下进城的，乡愁现在更多的含义是指与城市有差别的农村的环境和生活方式。我们经常纳闷有一些老人为什么在城市里

---

① 《江苏三厅长两会期间话乡愁 难忘浓浓邻里情》，人民网，2014年3月11日。

留不住？因为他们离开了比较舒适习惯的环境氛围，在城市生活封闭隔离，缺少交流，没有邻里情，生活节奏太快，等等。因此，笔者认为，现在乡愁的引申含义是保护好农村的自然环境，对农村生产生活方式的尊重，对农村历史文化的传承。留住那些充满原始而质朴的人文气息的田园、民居、宗祠、庙观、古树、小桥等"记忆物"，保护好村庄生态与自然环境，山绿水清，让美丽村庄成为一些乡贤荣归故里、叶落归根的养生养老的理想空间。

总之，对于田园城市和美丽乡村而言，笔者认为要有别于城市的高楼大厦和用地的高度集聚，农民可以不必"上楼"，建筑可以在3~4层以下，但还是要相对集中紧凑布置，避免土地浪费。笔者在南京市高淳县（现改为区）工作期间重点建设的"国际慢城"对于当地农民来说应该算美丽乡村，而对于南京城市市民来说则可以是"田园城市"。后面将在实证篇中专题介绍。

六、区域差异化城镇化路径

我国城市的地区分布很不平衡，从31个省、区、市（香港、澳门和台湾除外）的情况看，总人口的分布态势是东高西低、东密西疏。在我国的版图上，从黑龙江黑河到云南腾冲，有一条呈45度角的斜线，这就是地理学家胡焕庸1935年提出的我国人口密度划分线，亦称"胡焕庸线"，在某种程度上也成为目前城镇化水平的分割线，这条线的东南部土地面积占国土总面积的36%，西北部土地面积占64%。[①] 而据"五普"的结果分析，这条线东南部人口占全国总人口的94.1%，西北部占5.9%。

中国地域辽阔，区域发展很不平衡，城镇化的模式就不可能是统一的，实现途径应当是多元的。区域不同，发展重点和策略就不一样。同一个区域和同一个城市群内，也应该科学布局、梯度安排大中小城市及小城镇的发展方向，并做到统筹协调、分工合作、优势互补、资源共享。

方创琳（2013）指出，城镇化是个差异化的过程，从不同的区域来看，东、中、西部地区，大、中、小城市在城镇化的过程中对区域发展的影响是不一样的。东部的城镇化，可能主要靠新型工业化拉动；西部可能靠一些特大城市或者是大城市拉动。东部的城镇化，市场和外资驱动力可能更多一些；西部则会少一些。辜胜阻等（2011）也主张因地制宜，在东

---

① "胡焕庸线"词条，百度百科。

部沿海和中西部采取不同的区域城镇化模式。

　　未来国家应注重实施差别化的城镇化政策，允许有不同的地方模式，中国没有一个放之四海而皆准的统一模式。就区域差异而言，有几点需要考虑。首先是一个地区的总人口与现有城市人口分布。人口是否有迁入或外流？每年迁入或外流多少？然后看城市化人口占总人口的比例。按照前面所述的序列分布和倍数法则。以河南为例，截至2016年底，河南共下辖17个地级市、1个省直管市、52个市辖区、20个县级市、85个县，常住人口9532.42万人，居中国第3位。从目前各市城市化水平来看，河南需要培育首位城市和区域中心城市，也就是要以发展大城市为主。中西部的农业大省河南、四川，有近亿人口，工业基础薄弱，乡镇工业也不发达，不可能走小城镇发展道路，应重点发展大中城市，且在城市群内要有一批实实在在城市化了的人口过百万的大城市。相反，江浙沪粤等地要以发展小城市和卫星城市为主。其次是看某个区域处于城市化的什么阶段，就本区域而言按城市化一般规律确定发展模式。例如，某省份如果城市化水平已经超过70%，应该是进入城市高度集聚后的大都市化和郊区化阶段，重点是发展小城市和小城镇。再次要因地制宜，区别对待。城镇化过程中，哪里发展大中城市，哪里发展小型城镇，一定要结合地区特点和资源禀赋，因地制宜地确定方向。最后还是应服从产业的需要。产业分布到哪里，人口集聚到哪里。如果中西部有新兴产业，如果产业从大城市向小城市转移，如果某个区域是国家重点产业布局，这些都会改变城市功能定位和发展选择。

　　近年来为了合理控制城市用地规模，国土资源部针对不同类型的城市分别给出了有针对性的政策：对超大城市、特大城市，除民生、基础设施和国家重点项目用地外，原则上不再安排其他新增建设用地；对大城市，合理控制新增建设用地规模，逐步减少新增建设用地增量，引导城市理性增长；对中小城市则是适当安排新增建设用地（赵云泰、徐小黎，2016）。笔者认为这样的做法非常不妥，这种一厢情愿的调控很可能导致大城市产业发展急需用地而无地可供，人口正常的集聚受到影响，反而加剧大城市的城市病；而小城市的产业发展和人口集聚对土地没有那么大的需求，从而导致土地浪费或者低效利用。

第七章

推进城镇化的土地制度改革设计

第一节　中国历史上的几次土地改革

中国历史朝代的更替往往都伴随着土地的变革或者革命。中国共产党在夺取政权之前在苏区搞"土改","打土豪、分田地",发动土地革命。1949年后土地改革就一直伴随着新中国的建设进行着。这里所研究的中国历次土地改革,主要还是1947年至今的几次土地制度改革。

一、中华人民共和国成立前后的土地改革（1947年9月至1952年底）

1. 改革背景

中华人民共和国成立前,旧中国的土地制度是封建地主私有制,土地分配极不均衡。当时70%~80%的土地被集中在地主和富农（他们只占农村人口的10%）手中,而90%以上的贫农、雇农、中农手中没有土地或者是只有少量土地。农民一般要把农业产量的50%作为地租交给地主,有的可高达70%~80%。这种封建土地占有制度与生产力发展要求极不相称,剥削现象严重。广大农民迫切要求进行土地改革,平均分配土地。恢复经济,发展生产是当时面临的迫切任务。

2. 改革目的

平均地权,让无地或少地农民获得土地,消灭剥削,让贫下中农翻身做主人。

3. 改革内容、方法和步骤

土地重新分配为改革的主要内容。1947 年 10 月 10 日，中国共产党公布《中国土地法大纲》，中华人民共和国成立后在 1950 年颁布了《中华人民共和国土地改革法》。

（1）土地改革的准备阶段，暂不否定封建土地所有制和推翻地主，实行减租减息、肃匪反霸。减租减息让受剥削农民意识到土改的好处，提高农民的阶级觉悟，为土地改革做好了准备。完成这一任务可为土改创造一个安定的环境。

（2）划分阶级。阶级成分的划分是保护、没收、分配土地的依据。

（3）没收和分配土地。废除封建土地所有制，没收地主土地，给无地的贫雇农分配土地，同时保存富农，团结中农（即"中间不动两头平"），最终建立农民土地个人所有制。

4. 地块耕作经营形式

地块由大变小，化整为零。实行以农户为基本决策和核算单位的农作制度。

5. 改革方式

运用阶级斗争的手段，强制没收、征收地主土地，无偿分配给没有土地的农民。

6. 改革社会效果

中华人民共和国成立初期，中国共产党用 3 年时间就完成了土地改革。这一改革使无地和少地的农民获得了赖以生存的土地，农业生产连续几年增长。彻底改变了中国几千年以私有财产为基础的土地所有制及其租约关系，消灭地主阶级，消灭封建土地所有制，实行农民土地所有制。调动贫下中农的革命热情，支持共产党夺取了政权。土地改革激发了人们的劳动积极性，提高了农业生产率。

二、社会主义改造阶段的土地改革（1953 年至 1956 年底）

1. 改革背景

1953 年春，中国土地改革基本完成，新中国百废待兴。但按照马克思主义理论，党和政府意识到小农经济、个体经济是分散脆弱的，不能推动工业发展，个体经济也容易再次两极分化，只有团结互助、合作生产，才能实现共同富裕。

2. 改革目的

最初目的是成立农村生产互助组织，恢复生产，增强农民抵御自然灾害的能力，后来发展到完全大公无私，建立人民公社，通过积累农业剩余，服务于国家工业化战略。

3. 改革内容、方法与步骤

为了开展互助合作，1953 年先后颁布两个文件：《中共中央关于农业生产互助合作的决议》和《中共中央关于发展农业合作社的决议》。依照这两个文件，实行农业合作化，加强对农业的社会主义改造。

第一阶段：初级农业合作化阶段。

在土地改革后的农民私有制基础上，引导农民互助合作。先是实行劳动互助，虽然还是分散经营，但建立了农业生产互助组，互助形式有人工变畜工、搭庄稼、并地种、伙种等，相互提供帮助。然后建立农业初级合作社，不改变农民土地私有，通过入股方式联合生产、集中经营。土地制度演变成农民私有、联合的集体统一经营使用的土地制度。

这是一个过渡时期，生产资料公有制尚未完全确立，土地的产权出现了公有与私有并存的结构，1954 年的宪法除了规定自然资源的国有和全民所有外，第八条规定："国家依照法律保护农民的土地所有权和其他生产资料所有权。"

第二阶段：高级合作社和人民公社化阶段

高级合作社从 1955 年秋开始在全国推行，对小农经济的不认可体现在土地政策的变迁中。在政治狂热下，农民激情高涨，一年半的时间内，就在全国范围内完成了组建农业高级合作社的任务。截至 1956 年底，全国共建高级社 54 万个，近 90% 的农户入社，1958 年全国高级社又合并成 2.6 万个人民公社。社会主义改造从根本上确立了公有制以后，过渡时期的小农土地私有产权就消失了，土地产权完全被国家产权或集体产权所取代。[①]在高级社和人民公社阶段，公有制成为主导，所有一切都是"一大二公"，不再按土地入股和农具入社实行分红，合作社的集体土地所有制代替了农

---

① 俞悦：《土地制度与中国农业产业化经营》，载于《兰州学刊》2003 年第 1 期。

民土地私有制。

在人民公社制度建立以后，由于它既不符合农业生产分散性的特点，又与农民劳动的生产积极性相悖，由此造成了农业生产的急剧下降，在60年代初，毛泽东等中央领导人也发现了政策走向的极端，后来改大队为小队，保留了自然村这样的生产集体，"一大二公"的人民公社体制不得不让位于"三级所有，队为基础"的集体所有制（刘守英，2000）。

4. 地块耕作经营形式

地块由小变大，化零为整。家庭经营变成集体经营。经营单位从户→互助组→初级社→高级社→人民公社→"三级所有，队为基础"。小农经济消失，农民成为"社员"，即集体组织的一分子。

5. 改革方式

农民由自愿到盲从，也有一些强制性集体化。

6. 改革社会效果

把农民土地私有制改造成集体所有制。合作社和人民公社的好处是为兴修水利、规划建设公路桥梁、发展工业等提供了廉价的劳动力和土地。另外，具备土地规模经营和农业机械化的前提条件。改革以后，集体经济组织也成为事实上的基层政权机构。

三、党的十一届三中全会前后的改革

1. 改革背景

"文化大革命"刚刚结束，受政治运动影响，国内社会动荡，生产力遭到极大破坏急需恢复。70年代末，农村生产停滞、经济困难。人民公社制度被认为扼杀了农民的生产积极性，效率很低而被解散，在人民公社时期，被组织起来的农民缺少生产积极性，农业产出很低，在农村存在着严重的贫困，几乎有一半的农村人口无法保障最基本的生活需求，没有足够的粮食。

2. 改革目的

由农民为了解决生计问题而率先自行发动。包产到户可改变农民生产积极性低下状态，结束农村集体耕作的弊端。

3. 改革内容、方法与步骤

这次改革是农民的创举和尝试。1978 年 11 月 24 日，安徽省凤阳县凤梨公社小岗村 18 位农民秘密签下"生死状"——包干保证书，偷偷搞起了分田到户。1979 年 10 月，小岗村打谷场上一片金黄，经计量，当年粮食总产量 66 吨，相当于全队 1966 年到 1970 年 5 年粮食产量的总和。安徽滁州地区的改革尝试也经历了以下过程：先是"一组四定"责任制，即划分作业组，实行定任务、定时间、定质量、定工分，然后是来安县烟陈公社魏郢生产队包产到组、以产计工，超产奖励、减产赔偿的办法，天长县新街公社在抗旱中实行棉花管理田间责任到人、超产奖励的责任制；1979 年秋收后，全面推行"双包到组"（包产到组、包干到组），联产计酬的"双包到组"虽然打破了生产队的"大锅饭"，但又出现了作业组的"二锅饭"；1978 年底和 1979 年初，全区已有部分生产队暗中搞了联产承包到户，主要是包产到户，增产效果显著。

这次改革的主要内容就是家庭联产承包责任制，俗称"包干到户"或"大包干"。后来绝大部分地区都采用的是包干到户的形式。

4. 地块耕作经营形式

地块由大变小，化整为零。由集体统一经营变成家庭分散经营。经营单位从生产队户→生产小队→互助组→农户，最终形成以农户为基本决策和核算单位的农作制度。

5. 改革方式

由农民自发式的改革尝试，自下而上推动政府全面改革。

6. 改革社会效果

"一大二公"和"大锅饭"的旧制度被打破，农民的生产积极性被充分调动起来，"缴足国家的，留够集体的，剩下都是自己的"，包干到户、责任明确，农村的生产力水平大大提升。

家庭联产承包责任制没有改变土地所有制性质，家庭联产承包责任制是我国农村集体经济的主要实现形式。生产经营方式又回到了以农户为基本决策单位的农作制度。该种农业生产组织形式充分调动了农民的生产积极性，农民自己的地自己种，粮食增产，让广大农村迅速摆脱贫困，改变了农民生活，被邓小平同志誉为中国农村改革与发展的"第一次飞跃"。

四、90 年代以后家庭承包制的调整与完善

1. 背景

随着社会主义市场经济的深入发展和城市化的推进，土地家庭承包责任制在部分地区已跟不上农村经济发展的形势。以户为单位的小农经济生产方式面对市场存在着很大弱点，规模小、效益低和机械化程度差成为小农生产组织方式的主要问题。

2. 改革目的

稳定农业经营，稳定家庭承包制，实现适度规模经营。

3. 改革方法政策与措施

90 年代以后，中央在政策和法律上将家庭承包制确立为中国农村的基本经济制度。1991 年在《关于进一步加强农业和农村工作的决定》中首次提出"把以家庭联产承包为主的责任制、统分结合的双层经营体制，作为我国乡村集体经济组织的一项基本制度长期稳定下来，并不断充实完善"。后来在 1998 年修订的《土地管理法》、2002 年出台的《土地承包法》中都明确提出"国家实行农村土地承包经营制度"，特别是 1999 年宪法修正案明确提出"农村集体经济组织实行家庭承包经营为基础、统分结合的双层经营体制"。

这些改革的核心内容包括：（1）稳定土地承包责任制。土地的集体所有性质不变，明确家庭责任制是一项长期不变的基本经营制度。（2）明确土地承包经营权的合法地位和具体权利。依法保障农民对承包土地的占有、使用、收益等权利，赋予农民长期而有保障的土地使用权。（3）延长土地承包期。90 年代初、中期，二轮承包时将土地承包经营期限延长至 30 年。2008 年党的十七届三中全会、2013 年党的十八届三中全会提出"稳定现有土地与承包关系，实行长久不变"。（4）完善农地承包经营权流转体系，推行适度规模经营。2008 年党的十七届三中全会规定："加强土地承包经营权流转管理和服务，建立健全土地承包经营权流转市场，按照依法自愿有偿原则，允许农民以转包、出租、互换、转让、股份合作等形式流转土地承包经营权，发展多种形式的适度规模经营。"2013 年中央一号文件提出："坚持依法自愿有偿原则，引导农村土地承包经营权有序流转，鼓励和支持承包土地向专业大户、家庭农场、农民合作社流转，发展多种

形式的适度规模经营。"

4. 地块耕作经营形式

可以部分实现规模经营。地块由小变大，化零为整。

5. 改革方式

仍然从农村开始，自下而上，尊重选择，试点推进。

6. 改革效果

解决了农地抛荒、经营规模过小等问题，加速了农业产业结构调整和农村剩余劳动力转移。为农业规模化、机械化生产创造条件，解放了农村大量富余劳动力，为中国作为"世界工厂"提供了足够的制造业工人，让人口红利推动经济发展，特别是大大推进了中国城市化进程。

笔者对历次土地改革进行了以下比较（见表7-1）。

表7-1　　　　　　　　　　历次土地改革比较

	第一次	第二次	第三次	第四次
时间	1947年9月至1952年底	1953~1956年	70年代末	90年代以后
改革目的	平均地权，耕者有其田	建立公有制，支持工业	解决农民生计和生产积极性，打破大锅饭	稳定承包制，实现适度规模经营
土地所有权	土地所有权归农民	农民所有（初期）—公社所有—集体所有	土地集体所有	土地集体所有
土地使用权	经营权归农民	农民没有经营权	家庭经营	家庭承包制基础上的经营权流转
地块经营形式	小农：地块由大变小，农户分散经营	大农：地块由小变大，集体经营	小农：地块由大变小，包产到户，家庭经营	小农、大农并存：地块适度集中，家庭为主，统分结合
改革方式	强制没收地主土地无偿分配给农民	农民自愿、盲从以及强制集体化	农民自发，政府肯定	自下而上，试点推进，自主选择

有人把过去60年（1948~2008年）农村土地制度改革分为四个阶段：农民直接拥有土地所有权（1948~1952年）、收回农民土地所有权（1953~

1956年)、收回农民的土地使用权（1957~1977年）、把土地使用权还给农民（1978~2008年）。[①] 实际从所有权与使用权的变动分别来考察，所有权制度经历了土地农民私有、土地公社所有、土地集体所有的变革，土地经营制度经历了分散经营、统一经营、家庭承包（分散经营）、家庭为主下的统分结合等变革。从这样延续过来的变革来看，土地从私有到合作共有再到集体公有制，有着历史背景和缘由，社会已经趋于稳定，如果现在突然宣布国有化肯定是行不通的，回到私有制也会形成新的社会动荡。重点需要明确和解决的是集体所有制下个人土地财产权如何实现与保障，以及在此基础上更科学的土地经营与人地关系协调。

第二节　农村土地产权制度改革

一、目前农村土地产权制度存在的问题

农村土地产权制度是农业和农村经济发展的基石。党的十一届三中全会以来，随着家庭联产承包责任制的推行，土地集体所有，家庭承包经营，所有权与使用权分离的中国特色的农地产权关系普遍建立起来。后来因土地流转的需要，出现了承包权与经营权的分离。总体来说，家庭联产承包责任制在坚持农地集体所有制前提下，实行农民自主经营，农民自身成为独立的经济人，积极性充分调动，保证了农村稳定，促进了农村大发展。

但由于农业生产分散经营本身的特性及"小农经济"的制度设计缺陷，在20世纪80年代中期以后，农业劳动生产率不能持续提高，土地撂荒，农村劳动力得不到解放，农村经济增速放缓甚至停滞。目前，农村产权制度存在许多着许多值得检讨的问题。某种程度上这一制度制约了农业机械化和现代化的发展，也越来越不适应社会主义市场经济和城市化的发展。北京大学农村金融研究所所长王曙光说："30年农村改革，我们提倡统分结合（集体统一经营和家庭承包经营相结合），但基本是分而不合，这样的小农经济已经不适应当前全球化、大规模产业化的竞争要求。"[②] 中国必须有组织地实现由小农经济向大农业的转变。目前，我国农村土地产权制度上存在的问题有以下三个方面。

---

① 文宗瑜：《土地改革应着眼于土地所有权制度》，新民网，2008年10月7日。
② 《农村改革将有新突破》，浙江在线新闻网，2008年10月8日。

1. 集体土地所有权主体虚置

集体土地所有权的主体是谁？是自然村、行政村，还是整个村社的农民集合体？按照 1962 年《农村人民公社工作条例》（以下简称"农业六十条"）规定，农村土地是"三级所有，队为基础"。1998 年修订后的《土地管理法》第十条也对农村集体土地所有权的三个层级法定主体做了表述。产权主体的模糊界定，加上"三级所有"的所有权边界不清晰，这导致了现实中权益主体的模糊和土地产权权能的淡化，由此产生若干被合法化的对农村土地产权的侵权行为，城乡土地产权歧视和不对等，造成了大量农地流失和农民权益损失。具体来说，有以下几点：

第一，所有权主体的虚置使土地变成行政机构所有或无主所有。农民的土地经过高级社合作化后，由私有变成了集体所有，原来的合作社演变成为公社、生产大队和生产队，后面则变成乡、村委会、村民小组，农村集体经济组织的功能慢慢弱化，演变成了行政管理机构，将农村集体财产"一分而光"，使农村集体在经济实体上徒有虚名，也就是产权主体虚置。而行政机构成为土地所有权的代言人，上级对下级土地的"一平二调"现象时有发生，从《确定土地所有权和使用权的若干规定》中第 20~24 条的规定可以看出，许多土地调整行为是合法化的；行政行为可以任意扩大所有权范围，乡镇集体建设用地经常对原土地所有者不作合理补偿。农民对土地所有者是谁的概念越来越模糊。当他们被问及"土地是谁的"，常常回答土地是"国家的""公家的""村上的"。

第二，"队为基础"的村民小组土地所有权形同虚设。村民小组没有独立法人资格，村民小组土地所有权在目前法律文件中无法体现，不能成为完整的土地所有者，村民小组（生产小队）的土地所有权往往被村集体经济组织（生产大队）行使，由村委会控制承包土地的分配和调整、土地收益的征收和支配等。村民小组是没有人格化的产权所有者，其利益得不到应有的保障，队为基础的"基础"并不存在，形同虚设。

第三，乡镇集体土地所有权无法体现。一是乡镇已经不是经济核算单位，而是管理机构，无法确定土地主体；二是乡镇土地过去都是平调而来，主要用于集镇、学校、道路、水利等建设；三是乡镇所有的土地边界难以确定。

第四，集体和农民之间关系的模糊，农民不能成为土地财产的主体，但农民又是财产的一分子。集体和每个农户之间到底如何分割土地权利和义务？虽然是"交足国家的，留够集体的，剩下都是自己的"，但由于土地产权主体不明晰，产权缺乏对农民行为的激励和约束，农民没有产权只有承包权。一方面，土地承包权可以被频繁调整，基本没有执行中央"增人不增地，减人不减地"的政策；另一方面，农民担心被调整和承包期限的因素，在土地承包期内掠夺式经营。"反正是公家的，不是自己的"，耕地资源的保护意识淡薄。而在宅基地问题上，产权不明晰，农民权益不能得到保障，因而农民即便进城也不放弃自己在农村拥有的宅基地，导致大量的农民迁移到城市，但农村的宅基地面积并没有减少。

2. 农民土地使用权缺乏保障

农村土地使用权的法律、政策保护机制不够完善，基层政府对农民的土地使用权乃至收益权、处分权大量的、频繁的干预，农村的土地使用权也就是土地承包经营权十分不稳定，土地使用权缺乏有效的法律保护。

第一，农民土地承包权得不到稳定保障。承包合同可以随意终止，承包期限也可以随意调整，这让农民对土地缺少安全感。1998 年 8 月九届人大四次会议修订并通过的新《土地管理法》规定，"土地承包经营期限为三十年"。从延长土地承包期的实践看，中央在土地承包上的法律法规在地方经常被乡规民约所替代，农民承包的土地被随意调整，缩短承包期限或中止承包合同，农民土地使用权得不到保障。

第二，农民的土地权益经常被侵占。农民没有处置权，在农村土地流转、征用等交易过程中，价格标准由政府文件明确规定，农民根本就没有讨价还价的权利，一些地方的土地交易成为一种暗箱操作。地方政府征用、征购土地之后，将土地的使用权出让，从中获得巨额利益。土地投入城市建设带来增值，但农民没有享受增值收益，而是变成失地农民。征收、征用的公权力可以随意侵犯私权力，行政权力也肆意干涉了财产权利，且征用权的行使具有不对等性和强制性。

第三，农民土地承包经营权的权能缺失。土地由集体经济组织与农民以签订承包合同的形式发包到农民手中，形成的是一种法律上的合约关系，不是赋予农民土地财产权。土地承包经营权仅是"耕作权"，转包、出租、入股等权能并不完整。在这样的情况下，很多农户宁可选择兼业化，在进入非农行业后仍然不愿放弃农地经营。另外，土地承包经营权也没有从法理上解决抵押权的设立问题。

3. 经营规模难以满足农业现代化的需要

地块零碎，经营规模过小，影响农业技术运用和农业机械化。中国农地利用的一个最基本特征是土地规模小、数量多，就是所谓的"碎渣地"困境。土地均分化，即农地承包权、使用权均等地分配到农户，这是造成纯农户户均农地经营面积过小的根本原因。土地承包制虽通过承包期的延长克服了短期经营行为，但地块分割零碎，基础设施和农业机械无法共同利用，不利于农业产业化和适度规模经营。耕作田块规划是在有利于农作物生长和机械化操作的原则下，确定耕作地块的方向和形状的，田块要长一些（400~600 米），宽度尽可能为机组作业幅宽的整倍数。耕作田块规划还要求不大于末级固定渠道的有效间距和护田林带的有效防风间距，面积以 200~300 亩为宜。但现在只是为把田块按数量质量绝对平均分配，没有考虑田块的方向和形状。地块的零碎分割阻碍了机械化的推广，农业机械化无法实施，也无法实现连块连片耕作和现代化经营（宗仁，1992）。

统分结合的双层经营实际"只分不统"。农村集体经济组织徒有虚名，不能在双层经营体制中担负起应有的责任，原先"统分结合"的经营体制在"统一经营"落空后，农民一家一户的小规模分散经营，势单力薄，难以抵抗市场风险。而家庭分散经营，难以形成规模经济效益。由于每户的农田分散，日常的经营管理成本增加，人力浪费。一方面是农业收入过低导致大量农民进城打工，土地抛荒；另一方面却是许多种田能手无地可种，形成土地资源的高度稀缺与大量土地粗放经营甚至撂荒并存。

分散经营也导致农村基础设施难以建设。实行家庭联产承包责任制后，农田水利基础设施建设、道路建设等公共产品的建设无人问津，有些设施如公共沟渠甚至受到破坏。承包制后，农户都希望道路沟渠离自己家土地近一些，但又都不希望占用自己家的土地。这种公共产品的建设需要协商，有时交易成本过高而无法实施。水利工程设施规划完成后，由于分户经营，每户拥有一份承包地，不同农户地块离沟渠的远近也不一样，在灌溉水的引排等问题上，农户之间就会经常发生矛盾。土地规划只考虑某个地区土地利用的平面布置，进行渠、路、林等骨架工程的设计规划，这在一家一户的经营格局之下，就不易实施，并且分户经营以后，生产单位是一个家庭，制定详细的内部规划和基础设施规划已无实现的可能（宗仁，1992）。

二、制度设计的原则

1. 农村集体土地所有制不能变
围绕贯彻落实中共十八届三中全会《决定》精神，中央及有关部门陆续出台了一系列重大改革举措，核心要义是制度安排上"长久不变"。习近平总书记指出，"农村土地制度改革是个大事，涉及的主体、包含的利益关系十分复杂，必须审慎稳妥推进。不管怎么改，不能把农村土地集体所有制改垮了，不能把耕地改少了，不能把粮食产量改下去了，不能把农民利益损害了"。[①] 这就是土地改革的底线，不能突破。

中国通过建立农村合作社，将土地变成了集体所有，虽然是超越了生产力发展阶段的公有化，但小农经济毕竟也代表了落后生产力。土地集体所有能否改革呢？主流观点一般是两个方面：私有化与国有化。

首先，中国农村土地已经不再适合私有化。不能私有化的理由有三方面。一是私有制是社会动荡的根源，并且改回私有制存在意识形态的风险。"经济所有制"理论把历史上的土地问题归结为"私有制"惹的祸，私有制下的土地革命导致了"小农私有（小私有）—自由买卖—两极分化—主佃对立（大私有）—社会冲突—朝代更迭"的王朝周期律，土地私有化违背社会主义制度的基本规定，包含极大的意识形态风险，而且可能导致灾难性的后果（林光祺等，2014）。如果耕地私有化，农村社会会发生巨大动荡，比如耕地的质量不同、距离家庭住所远近不同，农户之间本来就有争执，但由于大家都没有土地所有权，只有使用权，所以尽管争执不停，土地照旧承包使用，一旦把承包土地改为私有土地，争执可能扩大，造成社会不安（厉以宁，2009）。二是退回私有制在历史形成的现状下实际难以操作。中国解放后土地改革这么多年，土地经过分配给私人所有、家庭经营到合作社的"一大二公"，统一经营；再到家庭联产承包责任制的家庭经营以及后来的统分结合、双层经营；再通过"两权分离"到"三权分离"推动土地流转、规模经营，土地频繁调整。要实施私有化，在村庄内部农户之间如何再分配土地权利是一个很困难的事情。一方面，无法按照每个成员原来在集体体制下的土地权利量还原分配；另一方面，延续几十年下来的在土地上投入的活化劳动也形成权利，而且集体经济组织也必须考虑人地关系的可能变化。三是私有制与社会化大生产和现代农业机械化的发展是背道而驰的。高度分散的小土地私有制（俗称"小农经济"）与社会化生产的要求是矛盾的，或者说在高度分散的小土地私有制的基础上是难以实行农业机械化和社会化生产的（王天义，2004）。从经济上分析，耕地私有化以后更不容易实现农业规模经营，耕地使用效率不容易提高，因为相当多的农民会特别珍视私有的耕地，宁肯守着这一小块

[①] 《习近平在中央农村工作会议上的讲话》，www.gov.cn，2013 年 12 月 24 日。

私有耕地而不愿意离开它（厉以宁，2009）。

其次，中国农村土地也不能简单国有化。在法理上，国有是全民所有，而农村集体的土地，是一部分农民联合起来的共同所有，不能把少数人共同占有的权利剥夺而成为全体人所有。除因公共利益需要经法律程序（征用、征收）并合理补偿后才能变成国有。土地的国有化若通过无偿剥夺实现，必然引起农民的强烈不满，甚至会激化农民同政府的矛盾。假定集体土地改成国有，那谁是国有土地的持有者？农民和谁签约？可能还是让村委会作为国家的代表与农民签约，与集体所有并无区别。而且土地所有者主体虚置问题并没有解决，或许农民被侵权会变得更加容易，也就是情况不是变好而是更糟。土地国有化后农民的积极性是否会提高呢？这种改革似乎与扩大经营规模、推动市场流转、土地资本化等都没有关系。也有人用土地国有化后的永佃制、无限期承包权等方式解决土地流转问题，其实本质是将土地使用权物权化。土地使用权是产权的一个组成部分，土地使用权如果永佃或者无限期，实际就成为完全产权，因此也是变相的土地私有化。而从国营农垦区的经验教训来看，国有农场的效率未必高于家庭承包制（厉以宁，2009）。

2. 土地产权主体清晰完整

产权，从法律意义上来讲是对财产归属的静态确认和对财产实体的静态占有，也就是我们通常所说的所有权；从经济学的角度来看，是指对财产实体的动态经营和财产价值的动态实现，它不是单一的所有权，而是以所有权为核心的一系列权利，包括占有权、使用权、收益权、支配权和其他与财产有关的权利（杜满昌等，2006）。前面我们分析农村集体土地所有权存在主体虚置，"人人都有，无人拥有"，因此需要明晰所有权主体，理顺土地产权关系，使所有权能在经济上实现并得到真正的法律保障。

首先，要明确谁是集体土地所有权的拥有者。《宪法》规定，"农村土地归农民集体所有"，那么谁是农村集体土地所有权的拥有者呢？上述立法规定了三种主体，即：村民委员会、村民小组以及内涵极其宽泛的乡镇农村"集体经济组织"。现在事实上形成的"三级所有"，一定要清晰界定各自的所有权边界。所有权在法律上应该具有独占性。集体土地所有权的这个主体应该具有独立法人资格，是法律意义上的"经济人"。

其次，所有权的排他性要能够充分体现。诺思认为，产权的本质是一种排他性权利。农村土地产权排他性是指农村土地产权（权利束中的某项或全部权利）主体的唯一性，作为中国土地主体的农民对产权的某项特定权利具有垄断性，对其他非主体的行为会进行排斥（丁胜红，2010）。一个集体经济组织的土地不能被其他任何级别的经济组织调用或占用。

再次，农民集体经济组织成员权利要得到体现。成员资格权利不仅要体现在使用权福利上，还要体现在所有权共同占有上。现在本集体经济组织成员可以取得土地的承包权，也能够分配到宅基地使用权，非本集体经济组织的成员则没有这个福利。但如果集体经济组织成员在所有权上没有明确的份额，这个土地产权主体也是不完整的。因此，土地集体所有制应该是以成员权为核心的集体共有制。这个权利不能在物理上进行量化分割，但应该在资产价值上进行量化和股份分配。同时这个土地股权可以转让、继承、抵押和担保。

最后，不能用生产资料所有制混淆土地所有制。除土地以外的生产资料可以是集体所有，也可以是个人所有、家庭所有、合作社所有、企业所有等。农村土地产权只能是集体所有，且产权主体必须清晰明确。

3. 赋予农民土地的财产权利

土地所有权属于财产所有权的范畴，具有所有权的一般属性。土地所有权又是财产所有权中最重要的一种。土地所有权的价值也体现在财产权的利用上。

土地资本化是实现农民土地财产权的主要形式。农村土地资本化是指通过建立规范的土地产权制度，把一直以来位于资产评估机构视野之外的农村集体土地纳入市场化的价值表述体系，充分盘活日趋稀缺的农村土地资源并实现其价值效能最大化的过程（杨劲，2011）。土地是农民财产权利的核心，农村土地所有权和使用权作为资本的一种形式，其价值应得到市场确认。农民土地权益抵押的可获得性，是土地资本化最重要的内容。现在土地股权的证券化交易还是空白，土地信托已经破冰，"土地银行"也在积极试点。金融元素的融入可以加速农村土地从资源向资产的转变。目前土地资本化的几个方面都缺乏法律支撑，各项规则还不够规范。而且，解决农村贷款难问题，把希望寄托在允许农民把承包地经营权抵押融资上是不现实的。

农民土地财产权的实现还有一方面就是农地非农化的增值收益如何分享。需要加快推进中国土地制度改革，建立统一的土地市场，按同地同价原则确定价格补偿，实现城镇化过程中利益分配关系的平衡。

农户宅基地使用权是用益物权，也具有财产权的性质。农村土地改革需要按照一般用益物权原则，完善宅基地用益物权，赋予宅基地拥有者使用权、收益权、转让权，使宅基地具有完备的财产权属性。同时农户宅基地与住房不可分割，农民住房财产权抵押、担保、转让等应按房随地走原则，同步市场交易，是合二为一的财产权。今后应在土地确权、登记、颁证的基础上，推进农民宅基地的退出和流转，让宅基地可以实现完全物权资本化。

登记确权是土地财产权实现的法律凭证。市场经济的基础是产权制度，通过登记能够在法律上明确土地权能。农村土地确权可以实现产权明晰、证书记载明确，权利在法律上得到保障。从而村干部以集体的名义调整土地就没有可能，"增人不增地，减人不减地"，人地关系得到固化。

要赋予农民更多财产权利，推进城乡要素平等交换，就涉及农村土地的流转问题。如果财产不能流动，就无法带来财产性收入。因此，推动土地使用权合理流转，实现土地资源市场原则下的优化配置，也是产权制度改革的重点。农村土地使用权流转既要保障农民的土地权益，也要有利于稳定农村大局，土地使用权流转的形式可以多样化。土地租赁是历史上比较传统的做法，也是世界通行的做法。另外，土地互换、土地代种、土地转让、土地入股、土地合作、土地抵押等都是一些行之有效的土地资源流转形式。可以在尊重农民意愿和创造的基础上，探索土地流转和合理配置的有效途径。

三、"公有""共有"及股份制的讨论

1. 农村集体所有是"公有"还是"共有"

公有是公共所有，由一个整体所拥有而个人可以使用，是整体的，不可分割的。共有是指由两个或两个以上的权利主体共同享有某项财产的所有权，共有产权的主体是多数人，而不是单一主体，共有财产可以分割，也可按份所有。共有权往往是"联合起来"的私人土地及财产，人们联合起来成为一个家庭或者集体，财产则为这个家庭或者集体所有。

集体所有制应该是"共有制"。通过合作化，劳动者独立的土地私有权联合起来成为"共有"，农户"个体"加入到合作社"集体"中。过去"大家庭"可以"分家"成为"小家庭"，就意味着"小家庭"也可以联合成为"大家庭"，农村集体就是由一个个"小家庭"联合起来形成的"大家庭"。而土地的"小家庭"共有制可以联合起来成为"大家庭"的土地共有制。这个"共有"仅是联合起来的"大家庭"的成员"人人共有"，而不是成员以外的人甚至全民的"公有"。公有是没有成员权的概

念，而共有就是指集体成员之间的平等享有，因而"共有"与集体内的"成员权"密切关联。

2. 合作经济是我国公有制和农村集体所有的主要经济形式

合作经济是人类社会发展到资本主义阶段才出现的，19 世纪初，以圣西门、傅立叶、欧文为代表的空想社会主义者幻想建立一个没有剥削、没有贫困、协同劳动、平等和谐的理想社会，合作经济思想由此产生。

合作经济本质上是公有制经济的形式。合作经济反映的是劳动者集体"共有、共营"的生产关系，是与个体经济相对立的概念。当年马克思、恩格斯对合作经济有很高的评价。马克思把"工人自己的合作工厂"称作"劳动者联合体"。他认为："工人自己的合作工厂，是在旧形式内对旧形式打开的第一个缺口，……即工人作为联合体是他自己的资本家，也就是说，他们利用生产资料来使他们自己的劳动增值。"[①] 合作经济中所有生产资料均由入股的全体劳动者共同占有、支配和使用，所以它不是私有制，而是集体所有制，《中华人民共和国宪法》第八条表述：农村中的生产、供销、信用、消费等各种形式的合作经济，是社会主义劳动群众集体所有制经济。如果合作制、股份制的私人产权"持股均等"地联合，不存在因财产关系差异而导致一部分人占有另一部分人的劳动，实行按劳分配和按股分配相结合，这种情况下合作制和股份制就是私人产权的社会化，具备公有性质（宗仁，2017）。所以，合作经济同股份经济是人类社会通向完全的共产主义的两条殊途同归的道路。

合作经济也是我国农村集体所有的主要经济形式，合作社是合作经济关系的典型组织，现实中仍然大量存在的农村合作社就是农村集体经济组织。过去在合作化运动中因为土地的"合作"而形成土地集体所有。合作经济在建立社会主义社会的初期也发挥了很大作用，特别是兴修水利、建设公路和发展工业，用"合作建设"的方式获得了大量廉价劳动力和土地。过去农村建乡一级、村一级的道路和河道都是村小队之间平摊土地，实际上就是以土地为要素的股份合作，也是合作社"合作"的应有之义，这也体现了合作经济是惠顾者与所有者相统一的特征。合作经济中劳动者为入股合作，实际土地和其他生产资料是共同占有、支配和使用的，农民只是拥有土地股权，而不是界限清晰的具体地块，无法再分清"你的我的"，而是"大家的"，成为共有制。

---

① 《马克思恩格斯全集》（第 25 卷），人民出版社 1974 年版，第 497~498 页。

3. 股份制是最好的"共有"与"合作"的制度

股份制是一种"共有制"。通过入股方式，私有产权或者明确的独立产权被联合起来成为共同占有、共同经营、共同收益。联合起来的这个共有权对"股份公司"以外的主体具有排他性，同时如果有人退出也可以分割产权。厉以宁（2004）认为，公众持股不仅具有集体所有的性质，而且是真正意义上的集体所有、新的集体所有，因为过去的集体所有徒有虚名，换一种说法，也可以把新的集体所有制称为共有制。集体所有制作为共有制，可以采取"共同共有"，也可以采取"按份共有"，"共同共有"无法调动农民的积极性，几乎类似于"公有"，用股份份额形式实行"按份共有"，产权清晰，权利义务明确，是较好的共有制形式。

股份联合是最好的"合作"形式，"一人一票"，民主决策、平等分配。合作经济常常表现为股份合作的经济形式。现实中合作制更多的是按股投票，以股份合作制形式存在，也就是个体之间的合作是通过土地等生产资料入股到集体中实现的。除了按劳分配外，还应该按成员权的份额分配，体现产权收益的合作共享（厉以宁，2014）。在我国的合作社时期，人们起初或许还能够分清这头牛是从张三家牵来的而那头骡子是从李四家牵来的，在现代股份企业中，人们根本无法分清谁是哪部机器或厂房的主人（李惠斌，2008）。股份制经济是一种与合作经济相适应的企业制度，股份联合是最好的"合作"形式。但我们也不能把所有股份制经济都当成合作经济，两者的区别在于股份制是一种生产经营方式，合作制是所有制形式；股份制经济是按股分配，一股一票；合作经济是按社员的交易额返还，一人一票。所以合作经济一般可认为是持股均等的股份经济。

四、农村集体土地产权的改良

关于集体土地所有权主体虚置问题，前面已经做了充分论述。按照1962年《农村人民公社工作条例》（简称"农业六十条"）规定，农村土地是"三级所有，队为基础"。这导致了现实中权益主体的模糊和土地产权权能的淡化，由此产生若干被合法化的对农村土地产权的侵权行为。因此我们需要明晰所有权主体，理顺土地产权关系，使所有权能在经济上实现并得到真正的法律保障。对此笔者1998年曾提出了一些改良的设想。[①]

----

① 宗仁：《再论农村土地制度改革与土地规划》，载于《南京土地》1998年第2期。

大致如下：

1. 取消土地乡镇集体所有

首先，是乡镇集体所有的非农用地国有化。如果是历史原因形成的乡镇所有或对原所有人已作补偿的，直接国有化；如果是新调用的土地，所有权退还原所有人或通过征用变为国有。其次，如果现实中存在少量的乡镇所有的农地，则有两种处置办法。一是转为国营的农场、科研试验田、蔬菜生产基地。二是已规划为建设用地的，在暂不改变农地用途的前提下转为国有；未规划为建设用地的，也可与村民小组集体所有的被规划为建设用地的农地置换，然后国有化。乡镇土地国有后的建设用地使用权由使用人取得；农地使用权归乡镇政府，可由单位和个人承包经营，不得擅自转用。

在笔者执笔的调研报告中[①]，提出将乡镇土地国有化的理由是：

（1）从合作化的过程和结果来看，农村仍然是"队为基础"，即农村土地应主要归组有，而不是村有或乡有。1978 年我国经济核算由生产队核算的约占 95.9%，由大队核算的约占 3%，由公社核算的约占 1.1%。目前在农村土地征用和推行联产承包责任制中，土地的补偿和承包地发包都是以生产小队为基础的。乡镇所有本源上并不存在，是农村土地管理混乱，行政组织代替经济组织，频繁"一平二调"的结果。

（2）人民公社体制废除后，农村集体经济组织实际也不是过去的"三级"结构了。乡集体经济组织已经消失，并没有一个乡级经济核算组织存在，也就没有代表乡农民集体的土地所有权代表。乡政府作为一级国家行政机关，也不再是人民公社时期的集体经济组织，在法律上不可能成为集体土地的所有者。乡有土地实际主体虚置，无明确的所有权代表，也难以确定，将其国有化也无须征用补偿，只需直接确权。当时有些土地平调时也给过利益受损的村集体一些补偿，如给点农机、安排几个人进厂等，现在宣布国有化不牵涉任何具体权益人。事实上乡政府已经既代行了土地所有权，也是土地行政管理者，成为当仁不让的土地所有人，这部分集体土地事实上变成了国有土地。

（3）乡有土地主要为集镇的非农用地，实行国有化不影响农地的保护，也有利于集镇存量土地的合理利用和流转，少量农地也可进行置换处理。

---

① 陈晓均、宗仁：《做好土地文章　推动小城镇发展——南京市小城镇建设的土地利用问题与政策调研报告》，载于《南京社会科学》2001 年第 z2 期。

（4）统一了建制镇和乡集镇的土地所有权构成，理顺了与农村土地的关系，避免了对土地的平调现象。现在通过乡镇合并，原来的乡集镇要么撤销，要么变成建制镇和小城镇，统一都按城镇土地明确为国有，较为合理。而且在土地登记上真正在空间上划清国有与集体的界限反而有利于保护耕地、保护农民的利益。

（5）将乡镇土地国有化有利于统一土地登记，保护集镇居民的私有房产，也有利于集镇土地资产的盘活与自由流动。

1999 年沈守愚老先生发文《乡镇土地国有化势在必行》[1]，文中观点与笔者多有类似。他认为，乡镇土地在法源上不属于集体所有；依据《城市规划法》对城市的定义，可以以此规定乡镇土地视同城市属于国家，似无异议；1956 年中央对城镇土地国有化曾做出过原则指示，各地方政府也曾做出城镇土地国有登记的规定。

笔者提出的将乡镇所有的土地国有化与周诚教授曾提出的城郊接合部农地国有化不一样。后者是从农地区位角度将部分集体土地国有化，本书则是从集体土地所有权主体的差异来分析适宜国有化的类型。

2. 明晰村集体和村民小组集体土地所有权范围

何·皮特（2014）认为，农村土地的基本所有者是自然村，但土地登记却在这一层面上停滞不前，中国自然村的数量大约为 150 万，究竟是将相应的土地所有权分配给这些自然村，还是剥夺它们的所有权，不给其登记的机会——政府无法就此做出决断。随着城市化进程的加速和房地产业的蓬勃发展，较富裕的东南沿海地区地价暴涨，其结果是乡镇干部中的腐败分子借法律的空隙大做文章，将原本属于集体的土地擅自出售牟取暴利。如此看来，"有意的制度模糊"反倒伤害了农民的根本利益，为了保障农民的合法权益，中央政府应该带头澄清土地管理体制的管辖权限。

我们的改良就是要结合土地用途还原"队为基础"。对于同一行政村来说，如果未设村民小组，则土地全部归村集体所有；如果设两个以上的村民小组，则农地一般由村民小组所有，可能存在少量林地、荒地、水面等属于村集体所有，而农村公益事业和公共设施用地一般都由村集体所有。为此可将村集体所有的土地主要限于农村公益事业和公共设施用地（含道路和大中型水利设施用地）以及宅基地，便于统一规划、集中建设、

---

① 沈守愚：《乡镇土地国有化势在必行》，载于《南京土地》1999 年第 3 期。

统一管理；农民经营的农地以及荒地、养殖水面等明确由村民小组集体所有；村办企业用地因涉及土地所有权收益的分配，可规定已经归村集体所有的仍归其所有，否则确权给村民小组集体所有。另外，村民小组合作组织是独立的经济核算单位，应在法律上明确其法人资格，保证其独立行使所有权。但村民委员会只是农村群众性自治组织，村小组也在"大包干"后基本解散，因此村委会和村民小组都不能作为农村土地所有权的代表。具体谁是土地所有权主体代表后面专题论述。

上述设想虽然是笔者在 20 年前提出的，主要思路是依据土地用途明晰产权主体，但笔者觉得仍有实践意义，需要补充说明以下几点：

1. 农村集体建设用地可以入市与乡镇土地是否要国有化问题

以前农村集体建设用地不能入市，现在尝试经营性建设用地可以入市交易。乡镇所有的土地是否有国有化的必要呢？笔者认为确定为国有仍有必要，但如果非要强调"三级所有"体制不能变，作为乡镇集体所有也没有关系。

乡镇所有的土地主要来源包括原集镇私有土地和公共用地、兴建公共设施和公益设施（道路、学校、水利等）平调的土地、办理过征用手续转为国有或者虽然没有征用但依照有关规定进行补偿和安置的乡镇企业土地或其他办公用地。建议乡镇所有变成国有的补充理由是：

（1）乡镇已经不再是事实上的农民集体经济组织，只是一个行政管理机构，也不是代表全乡镇农民的经济核算单位。

（2）《农村土地承包法》实施以后，乡镇新增的建设用地一般不轻易采取平调方式，都会类似于土地征用给予安置补偿。

（3）随着城市化的进程，很多乡镇政府所在地的集镇变成了小城镇甚至小城市，有必要像宣布"城市市区土地是国有"一样，明确某个时点之前的城镇建成区土地为国有土地，今后新增用地只要占用临近集镇的某村集体或村民小组的土地的，都不应该再通过土地调整的做法平调土地，而应该签订用地协议，给予补偿，与城市用地扩张一样的管理。这个时点可以是《土地管理法》实施以后，也可以是《农村土地承包法》实施以后。

（4）现在的乡镇经过传统意义的乡（也是以前的"高级社"）合并以后，规模大、人口多，加之多次合并，乡镇所有已经不是"高级社"农民联合起来的共同所有，实际也有了社会共同所有的公有性质，作为国有来管理不会像把农民集体农用地宣布国有化那样让乡镇农民不能接受。过去被"公家"调出去搞公益设施和基础设施建设，农民思想就已经认为属于"公家"的了。相反，把乡镇所有的土地作为全乡镇农民共同所有，还真难以确定谁是产权主体代表。另外，农民认为自己具有乡镇集体的成员权的意识不强烈，似乎离自己太远，也没有意义。在他们眼里，乡镇所有的土地与国有没有什么区别，只要不是"村里的"，就与他们无关。

（5）划给乡镇管理的原国营农场和无主荒地自然也应该是国有土地。无主荒地是指从来没有分配或者明确到村组的未利用土地，如果由村集体或者村小组集体开荒形成耕地，可以归村集体或村民小组集体所有，如崇明岛的瀛东村，村集体围垦的滩涂归村集体所有。

总之，笔者不主张全部集体土地国有化，但乡镇所有的非农用地完全可能和有必要国有化。

2. 村集体所有的土地与村民小组所有的土地也要有明确界定和边界

这里讨论的是一个村集体下面有两个以上村民小组的情况，也是最普遍的现象。国家土地管理局 1995 年发布的《确定土地所有权和使用权的若干规定》中，只是划分了乡镇所有和村集体所有的界限，几乎没有提及村民小组土地所有权的概念。究其原因，估计是村民小组不是独立法人，无法作为土地所有者确权，导致"队为基础"的"基础"都不存在了。笔者主张，《农村土地承包法》中被承包的那些农地都应该还原为村民小组所有，其他村内为全村农民服务的道路、人工河流、学校、垃圾站等公益设施和基础设施用地归村集体经济组织。原自然村的宅基地归原村民小组所有，通过土地调整，统一规划建设的全村集中居住区土地可以为村集体经济组织所有。村办企业土地如果是全村集体投资且土地占用经过调整或者补偿的，属于村集体所有，否则属于村民小组所有。

五、农地股份共有制

从图 7-1 我们可以看到农村集体土地所有制的形成过程。中华人民共和国初期土地改革使农民获得了私有土地。农业初级社时，农民将土地私有权折算成股份入社，共同生产经营。到了高级社阶段，这个股份形式的共有制没有了，变成"一大二公"的集体所有制。然后是政社不分导致长期的土地"一平二调"，进而形成了现在的农村集体土地"三级所有"制。而现在需要在这个所有制不变的前提下，找到比较好的实现形式。

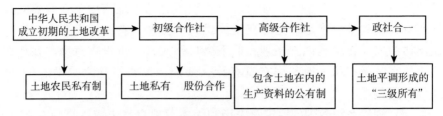

图 7-1　农村集体土地所有制的形成

　　延续前面的思路，笔者建议先将已经无法落实到农民头上的乡镇集体所有的非农用地国有化。这样，"三级所有"就变成村、村民小组"两级所有"。再根据土地现状用途明确村集体与村民小组集体的界限，"队为基础"也就落脚在农民耕种的土地——农地的所有权上。农地的所有制实际是农村土地产权制度改革的核心，也是涉及农业稳定和农村长治久安的根本。

　　农地所有制如何改革？所有权主体是做实还是做虚？如何体现农民的"人人所有"的成员资格？笔者不赞同理论界流行的"做虚所有权，做实使用权"的折衷主义做法，农民成员权资格应该在所有权上体现，而不仅是可以享受到土地承包权和宅基地。体现农民成员权资格是制度设置的关键，目标是实现"人人有份，共同拥有"。改革的思路应该是"四个还原"（见图7-2），即：将"公有制"还原为"共有制"；落实农民成员权资格，将"无主所有"还原为"共同拥有"；明确所有权份额，还原股份合作，避免小农经济；还原土地股份合作社作为农地产权主体。具体设想就是建立农地股份共有制。

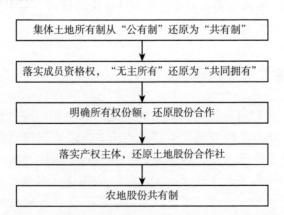

图 7-2　农村集体土地所有制"四个还原"的改革路线

首先，土地农民集体所有是集体成员的共有制。笔者在 1998 年提出了将集体所有权份额化的设想①。集体组织的农民都是土地所有权的代表，应拥有土地所有权的一个份额。不论他是否经营土地，都享有该份额的土地占有权、使用权、收益权和有限的处分权。如果农民不能明确拥有这名义上的份额所有权，"人人都有"就变成"无主所有"。在土地的流动和集中过程中，客观上也要求把占有权、使用权、收益权和转让权界定清楚，才能使所有权主体和使用权主体的行为规范，利益得到保护。陈锡文建议，"推进农村集体资产确权到户和股份合作制改革。要清产核资，查清有多少家当……更重要的是把集体资产确权落实到每一个集体经济组织成员身上，让他们拥有更多获得感。"②

笔者主张村农业合作经济组织的每个农民应拥有该村集体土地所有权的平均份额（以获得对公益事业和基础设施用地的占有、享用），同时拥有所属村民小组集体的土地所有权平均份额（以获得农地的使用权）。这种份额化的土地所有权应发给权利证书，并应像房屋共有权一样受到法律保护。所有权份额化的主要目的是防止在农地发包中对农民的承包经营权的随意剥夺收回和调整，也防止土地征用中对农民的侵权行为和补偿纠纷，鼓励农民对公益事业和公共设施的投入与管理，增强其主人翁责任感。

其次，集体产权可以以股份化实现份额化。将土地所有权份额化绝不同于土地私有化，不是将集体所有权平均分配给农民，回归到小农经济状态。份额所有权只表示在法律上集体成员是共同所有权的一分子。农业初级社时，农民将土地私有权折算成股份入社，共同生产经营，到了高级社阶段，这个以股份形式的共有制没有了，变成"一大二公"的集体所有制。而现在需要在这个所有制不变的前提下，找到所有制比较好的实现形式，重点就是对农地产权以股份形式份额化，通过土地的股份化来保证农民集体成员权的实现，形成集体经济组织成员的股份共有制。

农地股份共有制是什么性质呢？经过合作社演变过来的集体土地所有制首先可以还原为股份合作，其次土地私有变成了土地共有，集体组织内部成员按份共有，对外具有排他性，村民一组的土地由村民一组成员共同占有，村民二组的村民不能享有。股份制本身就是一个共有制，是公有制

---

① 宗仁：《再论农村土地制度改革与土地规划》，载于《南京土地》1998 年第 2 期。

② 陈锡文：《农村土地改革不能一阵风一刀切》，搜狐网，2016 年 5 月 25 日。

的实现形式。同时，这个股份共有制也是合作经济，是共享经济，过去农村兴修水利、合作办乡镇村工业企业等都是以土地为要素的股份合作，是集体合作经济的具体体现。

在农地股份共有制的具体操作上，可以规定：

（1）股权设置问题。在土地详细测绘调查的基础上，将全部土地按用途分类，同一用途的土地再分等定级。不同用途的土地如耕地、果园、鱼塘等股份平均分配，或者同一用途但质量优劣不等的土地也进行土地所有权股份平均。因为土地是按照成员权资格平均分配的，可以把不同等级的土地折算到某个标准等级，按照"标准亩"的面积股份分配，也可以在农户土地股权证中载明各类各等级土地面积。"一人一票"与"一股一票"没有区别。农地分配原则上不设置"集体股"，对于无收益的公共用地如道路、沟渠、晒场等可以股份分配，也可以不分配，设为"集体股"（没有单独投票权），在土地征用、土地整理、土地流转时，可以有土地收益补偿。在初始所有权股份份额化时尽可能公平均等。如果某地实践中农民愿意接受按现状承包权的土地面积作为所有权份额，也是可以考虑的。

（2）是土地共有而不是生产资料共有。不论推行家庭承包责任制是否已经将原集体资产变卖处置，这里不是初级社阶段的土地加其他生产资料的股份化，而仅是土地产权的股份化，这种股份化不是评估折价的股份化，而是按第一条方法进行土地面积在成员间均等的份额化。这种单一在农地上的股份分配可以保证土地产权清晰，也便于全国统一。

（3）确权不确地。虽然是按土地面积份额化，但土地股份与地块没有对应关系，只是权属证书，证书上载明各类用途、各等级土地的共有面积。如果进行具体地块分割，那就不是共有制而是私有化了。同时，农户拥有哪些类型的土地股份与农户实际承包耕种的土地类型无关。确权不确地并不是"虚拟确权"，而是因为集体所有土地的共有权不可分割。

（4）关于股份的转让和继承。农地股份是集体经济组织内的成员资格权利，这个所有权份额不是承包经营权，原则上不宜鼓励转让，这样土地的社会保障功能还在。不鼓励转让的原因是为了防止成员离开集体，一旦成员选择离开就会放弃他对于群体财产的所有权利，这也是农民放弃付出了数十年贡献应该享受的社会保障政策。即使转让，也应规定其户内优先，家庭成员优先，家族成员优先，最后可以由本集体经济组织的法人收购，作为全体成员共同享有。禁止转让给本集体组织以外的个人和企业，同时转让人不再拥有本集体组织成员资格。初次分配过股权后，这个股权持有人可以不受户籍身份限制，也可以从事非农产业。比如农民持股进城，户口迁入城市，进城市务工，农民的股权可以世袭继承，即使进了城的子女也可以继承股权。

（5）确认集体成员资格。所有权股份是按照确定的具有本集体经济组织成员资格的人口分配的，这个人口应该是某个时点的现状人口。成员资格权不应该有成年人与未成年人的区分，一人一股（确定土地承包权时可以根据适龄劳动力分配，也可以按人口分配，南海等有些地方是未成年人承包面积减半）。集体成员资格应该原始确认，与户籍登记不关联。

要坚持"增人不增地、减人不减地"。在所有权份额分配完成后，婚嫁进入的人口不能再分得份额，新生小孩也无法再分得土地，这就是"增人不增地"，但新增人口今后可以优先受让和继承土地股份。即使农民离开所属农业集体经济组织（死亡、婚嫁、迁出和农转非等），只要股份没有放弃或者转让，份额权力仍然存在，不会丧失，这就是"减人不减地"。也就是说股权管理是静态管理模式，"量化到人，确权到户"。在这样的所有权制度下，承包经营土地面积可以不遵循"增人不增地、减人不减地"，人口增加可以多承包一些土地。当然，成员资格认定是一个比较复杂的问题。现在苏南、珠三角、上海、浙江等地农村产权制度改革面临的主要难题就是成员资格界定。例如，广东南海的改革一共有18种成员身份，涉及100多种情况，十分复杂，"外嫁女""回迁人员"等股东资格确认将成为工作中的难点。[①] 另外，股权分配家庭化也是一个重要的方法，"按人分配、按户发证"，按人口数量确权到户，既可以解决家庭内部成员进城的顾虑，也可以回避外嫁女和生死人口变化问题。其实，村社集体所有就是一个"大家庭"所有制，股份化分配到按户为单位的"小家庭"共有制在产权理论上完全合理。

（6）土地所有权份额作为共有权，也是一种完全的物权，有独立处分权。但这个权利也来源于成员资格，如果权利转让则意味着成员资格的丧失。且权力的转移应该是共有权人优先，从集体所有制的形成过程和今后农村稳定来看，股份转移应该限于本集体经济组织内部。这个规定可以像禁止城市居民购买农村宅基地一样在法律上明确，也可以写入集体经济组织的合作章程里。

上面讨论的主要是农地，对于几种非农地建议通过以下方法处理：

---

① 张红宇：《着力推进产权制度改革　赋予农民更充分权能》，载于《农民日报》2016年5月25日。

（1）村集体或者村民小组所有的基础设施和公益事业用地不做股份共有处理，而作为集体公有处理，相当于为公共事业需要对大家共同筹集或者捐赠的土地资产进行建设，不可能再分割，是"公有"而不是"共有"，但村集体与村民小组集体之间的产权界限要清晰。类似于城市道路、公园，只登记不发证。

（2）集体所有的待开发利用土地，产权归集体经济组织成员共有，可以份额化，也可以不份额化。如果不份额化，也可以作为今后集体经济组织的"机动地"。

（3）村集体或村民小组集体兴办的企业用地，因为企业是独立法人，土地资产已经变成了企业资产，不宜再按照企业用地面积份额化分配，可以将集体投入（土地及其他投入）与经营者投入分开，按照股份制企业的资产管理方式明晰资产股份而不是面积股份。

（4）宅基地的问题后面专题讨论。

笔者认为，上述以农户拥有份额产权为基础的土地股份共有制是解决当前农村土地制度问题，推进城镇化进程的重要改革创新。其特点是：

（1）农地股份共有制是农村土地集体所有制新的实现形式。在没有否定土地的集体所有制前提下，以股份形式将农地产权份额化，让农民个人作为集体的一分子成为土地的现实所有者，而土地又没有私有化，也没有国有化，而是均等公平的联合共有。农地股份共有制是集体经济，也具有公有制经济的形式，发展集体经济就可以提高公有制经济在国民经济中的份额，保障公有制经济在国民经济中的比重和地位。

（2）农地的占有、使用、收益、处分权有了真正的主体，而不受村委会等行政组织的干预。农地的所有权首先已经明确了在村民小组一级而不是行政村，而且农民份额化的股份再联合起来组成的集体经济组织是土地股份共有制的董事会，持有份额股权的农民是股东。农民之间对土地既是共有，也是股份合作。土地的占有、使用、发包、租赁等经营行为都不再由原来的村委会、村民小组负责，不再是由村长、村小组长说了算，而是由农民集体讨论投票决定。我们的改革不是简单把使用权做实，而是把产权真正交给代表集体的经济实体，但不是交给村委会等行政组织。

（3）农民成员权观念得到强化。法理上讲，成员权至少包含以下内容：选举、监督、罢免集体经济组织管理者，以及参与集体事务的权利。包括知情权，表决权和监督权，集体盈利分配权利，从集体获得社会保障、补贴的权利，集体土地承包经营权利，分配自留山、自留地和依法申请宅基地、征地补偿款分配权和对侵害集体利益的行为提起诉讼等权利（陈小君等，2013）。集体产权在生产队内部表现为每个属于生产队的一员都享有成员权。农地集体所有权被份额化且集体成员人人有份后，实际股份共有制也是成员权集体所有制，土地的处置权属于所有集体成员，而不再受行政性的控制或被少数人控制，农民成员权资格得到保障且没有期限。在遇到土地征用时，这个制度可以更好地保障农民利益，后面专题讨论。

（4）可以有效推动"三权分置"。"三权分置"是农村集体产权制度改革的重要组成部分。一般"三权分置"的概念是指农村承包地在集体所有权不变的基础上，将原有的承包经营权拆分开，形成所有权、承包权、经营权三权分置。

农地股份共有制可以有效推动"三权分置"。农地股份共有制的好处是产权清晰、主体明确。农地股份共有制下，土地所有权由农户"按份共有"，农民联合起来的土地股份合作社是产权主体，农民的成员权资格已经通过所有权份额得到体现。农民依土地所有权而享有占有、使用、收益的权力。农民也能够更加放心的持股进城，离开土地而又不失去持久而牢靠的社会保障。

过去因为土地不是私有的，农民担心永久移民会丧失集体土地中的份额，这是一种"把农民捆在土地上"的"封建制度"。现在与户籍无关的农地股份共有制是一种财产权制度，农民可以"持股进城"，而且持有的是所有权份额股份，而不是承包权股份。农民成员资格在土地上的保障，也不需要私有化。在这种所有权制度设计下，农户可以直接放弃土地承包经营权，交由土地合作社经营管理，也可以承包土地后，将土地经营权再让渡给其他任何人（不限本地农民）。农地承包经营权流转实际就是承包权与经营权分离后农地经营权的流转，而不是土地承包经营权的流转。农民可以放弃经营权，出租使用权，但仍然拥有土地所有权股份，其股利分红起到了最低生活保障制度的效果，还使农民有组织可依靠，有主人翁感和归属感。

（5）实现公平与效率的结合。在股权分配中，每个农民都能获得一份股权，体现公平的原则；两权分离后，既可以继续搞家庭承包经营，也可以搞规模经营，追求效益的最大化，体现效率。而且在这种制度安排下，农民财产权保障、社会保障都稳定了，并不需要再分口粮田与责任田。土地经营使用仍然可以用家庭承包、出租、大户农场等形式，也可以有效保证社会稳定。

需要特别说明的是，现在理论界和具体改革实践中，"土地股份制"

的概念还是很多，但从检索的文献来看，绝大多数都是以农民自有的土地承包权和使用权入股，土地的所有权仍然归集体。目的是推动土地流转和规模经营。笔者在 1992 年提出的土地股份制也是将承包权股份化以解决土地可以流转问题，因而称之为土地股份承包制（宗仁，1992）。但承包权股份化没有根本解决所有权主体虚化和农民集体成员权问题，土地承包权的不稳定性让农民无法放心进城，在土地"留不留、种不种"问题上十分纠结。本书设计的土地股份制是"新股份制"，是在土地集体所有前提下，就农民耕作的农地部分（也是改革中的最重要的部分）的产权实现上建立股份共有，核心是集体土地产权份额化后以股份合作形式实现集体共有，所有权主体明确，就是土地股份合作社，农民首先当好土地的"主人"和"股东"，然后再选择是否种地。与旧股份制的区别是对所有权的股份化改造而不是使用权或者承包经营权。在所检索到的文献中，笔者发现有两个人的观点与笔者的观点近似。一是党国英（2011）的观点，认为法权上的集体所有制是"共同共有产权"，……可以实行多元化的土地产权制度，将农业生产用地归于农民或农民以"按份共有"原则组织起来的合作社，将少量土地作为"公地"，按"共同共有"原则归集体或社区所有，而将宅基地完全归农民所有。[①] 二是张吉清（2004）的土地股份制设计也是以土地所有权的股份化为核心内容，即农民所有权的股权化、集体经济组织的公司化、土地使用权的租佃化。但操作上他提出的将目前拥有所有权的集体经济组织和掌握经营权的农户实施换位，是土地股份制实施的关键。这一表述并不严谨。笔者认为其表述不严谨在于：第一，农户不是土地所有者，农户的联合体才是土地所有者，这个联合体是公司化的经济组织，农户拥有相应份额的股份化所有权，是土地所有权的共有者之一，行使土地所有权的主体是农民股东联合起来的董事会，是集体经济组织而不是村委会；第二，集体经济组织行使所有权，可以负责土地经营，但主要还是发包、租赁土地而不实际经营。农民获得股份所有权的同时仍然有初始的承包经营权，仍然可以维持家庭承包制。第三，他提出的是土地价值资产的量化折股，笔者设计的农地股份共有制是按用途和等级划分的各类农地面积在成员中平均分配后的股份化，是"面积"股份，如某户拥有 0.7 亩水田、0.8 亩果园、0.2 亩水面等农地股权，而不用复杂的资产价值评估去折算，这样农民也比较容易接受。

---

① 党国英：《关于农地产权关系的几个实际问题》，载于《浙江经济》2011 年第 16 期。

六、集体土地所有权的主体

谁是集体土地所有权的拥有者，或者说谁代表集体行使土地所有权呢？集体土地所有权原先分为三级所有，这三级所有分别是谁来代表呢？人民公社体制废除后农村土地所有权由谁继受？法律意义的集体经济组织是指什么呢？他与村民自治组织又是什么关系？这些是农村土地产权制度改革必须回答的问题。

1. 乡镇所有的土地

对于乡镇所有的土地，基本上也都是建设用地，前面提出了国有化的观点，当然即使不实行国有化也没有关系，保留乡镇所有与实行国有化在实践中并无太大区别。因此，不论是否国有化，乡镇所有实际是"公有"而不是"共有"，所有权的代表都可以明确为乡镇人民政府。

2. 村集体所有的土地

对于村集体所有的土地，除了基础设施和公益事业用地，还可能有一些林地、水面、荒地等，村委会能否代言土地所有权呢？1998年《村民委员会组织法》第二条规定，"村民委员会是村民自我管理、自我教育、自我服务的基层群众性自治组织"，因此，村委会实际并非集体经济组织，现在村委会已经转变成一个行政机构，不能作为土地合作经营的代表，也不是过去意义上的土地产权联合体，更不再是一个经济核算单位。村委会就是一个群众自治组织，是自我管理民主协商的议事会。谁是村民所有的土地的代表呢？由于过去村民小组一级被弱化，除土地以外的其他集体资产被大量留在村委会一级，"集体所有"是一个模糊的"集体"，在全国多数地方，除农地、宅基地、林权之外，其余名义上归集体所有的资产因为都处于尚未量化确权的状态，其实均由"村集体干部"掌控（《南方都市报》社论，2015）。所以村集体所有的土地应该由一个村集体的经济组织作为主体，这个组织必须有一个公司制的组织形式。可以是股份合作社，也可以是"村企合一"的农村企业作为集体经济组织来代表集体农地产权主体，比如管理村集体资产的农工商公司。之所以没有用土地股份合作社这个名称，是因为村集体资产中不仅包括土地，还有物业、厂房、企业资产等。村集体资产产权登记在这个组织名下，全体村民可以享有这个公司的股份。

3. 村民小组所有的土地

对于村民小组所有的土地，主要是农民正在耕种的农地，谁来代言？村民小组既不是行政组织，也算不上有独立法人资格的自治组织。建立起农地股份共有制后，土地以股份形式联合起来共有，土地股份合作社就是联合起来的经济组织。土地产权归这个经济组织所有，农民按份共有合作社的土地产权。

关于村委会、村民小组与土地股份合作社的关系，笔者想到有点类似于居委会与业主委员会之间的关系。居委会是一个片区的居民自治组织，可以管理多个小区、楼宇，小区内的房产是业主私有的，土地是国有的，土地使用权虽然有分摊面积，可以量化一个数据和大致位置，但实际是联合共有。业主们联合起来成立业主委员会，就小区的共有产权和公共事务作为代言主体，业主委员会可以自己经营管理也可以委托物业公司经营管理。村委会是一个行政村（原生产大队）的自治组织，村民小组是下一个层级的自治组织，相当于居委会和居委会的分片自治管理机构，但不是产权人，也不是经济核算单位。土地股份合作社是个经济核算单位，代表本村民小组以村民股份共有形式行使土地集体所有权，相当于业主委员会，然后土地股份合作社委托农业公司、种植大户、家庭农场实际经营使用，相当于业委会聘请物业管理公司。

集体所有的土地主体应该是经济组织而不是行政组织。与国有土地不同，集体土地是农民长期合作无法分离后形成了集体共有，这个共有财产的管理者应该是联合的经济体。过去经济组织称为人民公社、生产大队和生产队，也就是三级所有，都是分级核算的经济核算单位，后来政社合一，成了行政单位。根据1962年的《农村人民公社工作条例修正草案》第一章第一条规定，公社既是基层政权单位，也是集体经济组织。原有的人民公社、生产大队和生产队三级经济组织实际是上下级之间的行政隶属关系。1983年10月，全国部署实行政社分开，截至1984年底，建立了9.1万个乡（镇）政府，并建立了92.6万个村民委员会。全国农村政社分设让三级农村集体经济组织不再有行政隶属关系。实际上公社也就是乡镇一级的经济核算组织已经名存实亡，而以村委会作为土地家庭承包制的发包单位，村民小组的主体地位被弱化，且在村一级也产生了新的政社不分。《农村人民公社工作条例修正草案》第二条规定，人民公社的基本核算单位是生产队。第二十一条规定，生产队范围内的土地，都归生产队所有。由此来看，过去也是一直强调"队为基础"的经济核算。农地产权制度改革的核心、重点就是在"生产队"也是就村民小组一级建立农地股份共有制，并要求政社分开，以土地合作社作为行使土地产权的主体。

为什么可以选择合作社为产权主体呢？我们再看合作社的前生。历史上合作社就是集体土地产权的主体。人民公社时期，以合作社的形式，作为在一个村、组范围内代表全部村民的土地所有权主体，行使所有权人的权力，并代表全体合作社成员的意志与其他主体发生关系，这种产权主体就是农民在自愿结社基础上形成的一种集合选择。1956年时任农业部长的廖鲁言解释说，初级合作社是在私有的基础上实行土地入股、统一经营的，高级合作社实行主要生产资料的完全集体所有制，农业生产的主要生产资料就是土地、耕畜和大型农具。土地转为合作社集体所有的办法，在初级合作社采用的示范章程中是没有规定的，而高级农业合作社示范章程草案规定，社员的土地必须转为合作社集体所有，取消土地报酬。为什么对于社员的土地，不采取作价收买的办法呢？因为经过土地改革以后，农民所分的土地大体是平均的，这同耕畜农具有差别较大的情况是不同的，所以在土地转为集体所有的时候，就不应该也不必要采取作价收买的办法，不实行国有是避免引起农民误解。从这个说明来看，初级社阶段农民是自愿结社的，到高级社阶段，农民土地被强制集体化，且没有作价补偿，也没有享有股份，取消了土地报酬。后来合作社演化为乡、村（生产大队）、村民小组（生产队）。过去合作社就是农民联合起来的经济组织，合作社的土地就是农民联合起来形成的共有产权，合作社就是农地股份共有权的产权主体。因此，推动产权制度改革还要将目前"四不像"的农村集体经济组织改造成符合市场经济要求和现代企业制度要求的股份合作经济组织——股份合作社。

这里所组建的土地产权主体性质的土地股份合作社不是一个专业合作社，仅是土地所有权的股份联合合作，没有资金和其他生产资料的股份合作，土地股份合作社可以再与个人或其他经济主体在土地经营上开展承包、租赁、入股、抵押等合作。这个股份合作社应该是独立的民商主体，是一个公司制的经济组织。应该按照《公司法》进行工商登记，具备法人资格。在股份合作社这个公司制组织中，农民平等获得股权，全体股东成立股东大会，一人一票，股东大会决定重大事项。农民专业合作社也是集体经济组织，可以是农民土地股份合作社下的一些专业分社，如养殖合作社、花木合作社；也可以是部分社员的专项合作，如农机合作社、种子合作社等。这些合作社不对应土地产权问题，可以对应农村集体资产。农村集体资产实际包括资源性资产、经营性资产和非经营性资产等类型，可以由不同类型的集体经济组织去管理这些资产。

本书讨论的是土地资产，不主张用生产资料所有制的问题去混淆关键核心的土地所有制问题。从前面的分析总结，土地所有权主体明确为：乡镇土地国有化，由乡镇政府行使土地所有权；村集体土地由村集体资产管理公司行使所有权；村民小组土地（主要是农地）由村民小组的土地股份合作社（公司）行使所有权。

第三节　农地使用权及其流转制度改革

中央在深化农村土地制度改革上有两个底线：一是产权制度上落实农村土地集体所有权，坚持土地集体所有制不能变；二是使用制度上稳定农户承包经营权，坚持农地家庭承包责任制不能变。另外，农村土地承包经营权是国家赋予农民最重要的财产权利。

前面设计的农地股份共有制是坚持土地集体所有前提下，建立农户对产权共有，且明晰主体。在这样的产权制度设计下，农地使用权制度如何改呢？现在的家庭承包责任制如何维持不变呢？土地如何更好地通过流转实现规模经营呢？笔者提出"三权分离、统分结合、市场流转"的使用制度模式。

一、新"三权分离"

农地产权制度体系中可以设定集体土地所有权、土地承包使用权和土地经营权三种主要产权形态。过去所有权与承包经营权"两权分离"，让农业生产"不联产—联产—包产到户"，重在解决农业生产积极性和温饱问题，但又变成了小农经济。而承包权与经营权的再次分离，重在解决农业效益问题，是从家庭分散经营到发展适度规模经营的需要。

农地股份共有制下，土地所有权由农户"按份共有"，农民联合起来的土地股份合作社是产权主体，农民的成员权资格已经通过所有权份额得到体现。农民依土地所有权而享有占有、使用、收益的权利。农户自己承包经营土地可以获得土地收益。农户也可以将承包土地的经营权转让，由别人耕种，自己获得一些土地级差收益。按照这样"三权分离"的原则，农地使用权及其流转制度可以这样设计：

（1）首先完成土地所有权制度的改革，建立农地股份共有制，成立土地股份合作社，并成为公司制的独立法人。这项改革可以在这一轮土地承包即将到期时实施，也可以不受承包制影响，先行实施。

（2）土地股份合作社（一般每个生产队或村民小组一个）是新一轮土地发包的主体，按照农户自愿和"大稳定、小调整"的原则，登记调查每户家庭土地承包经营的意愿，最大限度延续原先的家庭承包制框架，由农户与土地股份合作社签订承包合同，但承包的土地面积与地块和自己的土地股份大小无关。在当地绝大多数农户愿意接受的前提下，土地的新一轮发包也可以市场挂牌交易的方式进行，让本集体经济组织内的农民优先举牌选择。

在农地股份共有制已经建立的基础上，也可以参考目前上海市松江区已经开展的做法来继续后续的承包权落实、经营权盘活。松江区是将平均承包经营制改进为平均承包、竞争经营制，即集体耕地仍然由农户按人口平均承包（以二轮承包人口固化到户），但通过村集体统一流转后引入竞争机制，只出租给有能力的少数农户（赵鲲等，2015）。

（3）可以有"两个调整"，一是允许合作社在保证本村组原承包户同等质量土地面积不减少的情况下，调整地块位置，以保证无人承包的土地相对集中；二是人口变化较多或者自愿增加承包地的本村组农户可以优先获得承包土地（但农地股份不调整，前面已经阐述）。

（4）农户可以直接放弃土地承包经营权，交由土地合作社经营管理，也可以承包土地后，将土地经营权再让渡给其他任何人（不限本地农民）。农地承包经营权流转实际就是承包权与经营权分离后农地经营权的流转，而不是土地承包经营权的流转。

（5）因农户放弃承包经营权而留在土地股份合作社手中的土地，以对外租赁、股份合作等形式由非本集体经济组织成员使用的，应由股份合作社召开股东大会，2/3以上成员同意方可执行。

（6）在"三权分离"框架下，不论农户是否承包经营土地，农户的股份所有权都应该有收益，也就是股权分红或者土地租金。这也许就是农地股份制的养老保障功能。不论是有股份的农户还是其他无股份的农业投资人，签订土地承包合同就应该按照所承包土地的质量等级和面积缴纳承包费或者称为土地使用费（租金），也可以是实物地租。农户可以将自己承包来的土地转包（租）给第三人耕种，如何收取费用由流转双方通过市场方式约定。土地承包制已经不再是"均分制+定额租"，因为承包权不是成员资格权，不需要均分，承包费也应该按市场规则调整或者浮动。例如，假定土地所有权收益为每年每亩500元，土地承包费为每年每亩600元，经营权流转费用为每年每亩800元，"三权分离"的商业模式如图7-3所示。

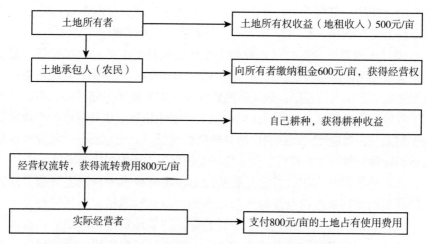

图 7-3 新"三权分离"下的权益实现商业模式

　　这个土地"三权分离"的商业模式与共有产权的房屋使用出租非常类似。假定某一富豪拥有一幢多功能的建筑，有商业、居住、酒店等，富豪去世后其私有房产被 10 位继承人继承而成为共有产权，继承人商量将不同用途和价值的房产都均等分配面积作为股份，不实际分割。股东会进行房产出租（相当于土地发包），租赁收入由股东按股分配；股东可以优先承租某部分房产自用（与自己的股份房产不实际对应），支付房产租金（相当于取得土地承包权，支付土地承包费）；股东也可以将承租的房产自己全部或部分不用，转租第三方使用（相当于土地经营权的让渡）；股东放弃优先承租权的，由股东会统一对外招租（相当于对本集体以外的投资人发包土地）。

　　也就是说农民现在有这样几个选择：一是自己承包经营土地（自耕农），可以享受土地所有权的股份分红，也要按照自己承包的面积交承包费，但获得了农业收入；二是自己承包但不经营土地，股份分红不变，承包费一样缴纳但取得转包收益，放弃了农业收入；三是既不承包也不经营土地，只取得股份分红，不交承包费也没有农业收入；四是多承包、少经营或者少承包、多经营，按合同、按面积算账；五是因土地征用或者股份转让而失去所有权，不再有股份分红，但一次性获得了土地所有权份额的补偿。需要特别说明的是，农民的股份所有权只能保证他具有优先承包权（而没有优先经营权），承包经营费用应该按市场规则并与"外来的和尚"同样标准。所有权的股份分红是首次分红，应该定一个最低费用，让农民获得基本保障，比如相当于实物地租每亩 300 公斤粮食。农户放弃承包经

168

营权能否二次分红，要根据流转面积、流入户的经营情况和效益来定，需要兼顾双方利益。

　　这"三权"是否可以衍生出继承权、担保权和抵押权？笔者认为，农民共有的所有权已经股份份额化，其股份可以继承，从物权角度来说担保权和抵押权也是具有的，但正如不鼓励永久放弃和转让所有权一样，也不鼓励担保和抵押，如果担保和抵押失败，应由土地股份合作社优先行权。自耕农的承包经营权可以继承，从自耕农手中取得的经营权和非自耕农取得的承包经营权没有继承权，按合同约定执行。承包权、经营权的性质为债权，而非物权，都不再有用益物权性质，也就不可能抵押和担保。能否按照经营性资产进行担保抵押是另一个复杂问题，但不能与实际经营地块挂钩。在土地所有权虚化情况下，现行许多不得已的解决思路是做实和扩张土地承包经营权权能，重要表现是土地经营权抵押，实际上是土地经营权在经营过程中产生的收益权的担保。党的十八届三中全会提出，"赋予农民对承包地占有、使用、收益、流转及承包经营权抵押、担保权能"，2014 年的中央一号文件中"允许承包土地的经营权向金融机构抵押融资"，但各方对此仍存在较大争议，从金融机构的视角来说，真正愿意开展此类业务的并不多。如果按照笔者的思路，做实所有权、做活承包经营权，承包经营权就肯定不能以土地占有权来作为抵押物了。

　　新所有权制度下的"三权分离"与现在的"三权分离"有什么不同呢？目前的"三权分离"是一个虚化所有权、做实承包权、盘活经营权的方案，改革的方向似乎就是在农地承包经营权的确权上，而且强调的是"确实权、颁铁证"。在"虚化"或者"做虚"的集体土地所有权下，承包经营权成为农民最看重的权力，希望把它物权化、私有化。承包经营权是一种有期限的用益物权，承包者享有法定期限内的占有、使用、收益权，同时承包经营权的平等分配是成员权资格的体现，因为承包经营权相当于一个阶段性产权，拥有者可以自用、出租、股份合作等（刘守英，2014）。但对农民的问题是有期限风险，自己没有产权，实际就是承租人，有随时被调整、占用的风险，不能轻易放弃或转让，否则会永远失去土地。在承包权与经营权问题上，一方面，为了保护承包权就可能导致经营权的弱化，这样便不利于农村土地的流转以及土地经营规模的适度扩大；另一方面，一旦强调经营权，政策导向为加大农村土地流转，又容易导致原农村集体组织成员承包权的丧失（刘守英，2014）。

　　笔者一直主张明晰所有权，按照成员权资格确定股份份额（而不是具体地块），在此基础上确定承包经营权就毫无意义。首先，确定股份份额也不用花费巨大人力物力丈量登记，只需要根据"二调"成果将村组集体界限明确，村组内不同类型的土地面积数量准确，然后按股份分配就行，发个土地股权证。其次，如果确权的目的是为了保护物权，就是保护农民自由支配土地的权利，甚至可以抵押、转让、买卖，则这样的确权无疑是换了说法的土地私有化，这样的确权就是要彻底架空村社集体所有权，就是变相土地私有化，一旦农村土地承包经营权变成物权，就不得不按《物权法》的要求进行物权登记，以致确权颁证，农地私有化就逐渐完成（贺雪峰，2015）。再其次，土地承包经营权确权花费甚巨，目标和意义却值得推敲。此次发证依据是《物权法》，最为重要的就是要改过去作为"债权"的土地承包经营权为物权，从而通过确权颁证予以保护。因此只要换个本子即可，面积不准、四至不清的问题似乎并不大范围存在，如果重新测绘丈量，花钱不说，还有借机行土地调整之嫌。最后，承包权确权到地块为土地规模化、连片经营设置了更大的障碍。越是确权，越是给一家一户农户更大土地权利，细碎土地产权整合就越困难，越是对耕者不利（贺雪峰，2015）。

笔者设计的"三权分离"是什么样的呢？首先土地所有权是"做实"的，是农户"按份共有"的股份共有制，这是农民集体成员权资格的体现。这个权力是没有期限的，只要自己不转让、国家不征用，就不会灭失。且不论农民是否自己耕种土地，农民依土地所有权获得收益（股份分红或地租）。有了所有权保障后，农民可以根据自己的能力、意愿而不是人口申请承包经营权，可以做专业农民，扩大规模搞家庭农场，也可以不种土地，转业到非农产业，但承包经营的土地应该向集体交纳承包费。在推动土地流转和实际经营上，农民两次选择，土地两次流转。所有权强化、承包权弱化、经营权搞活。

二、统分结合、两次流转

一直以来改革围绕完善家庭联产承包制，建立以家庭承包经营为基础、统分结合的双层经营体制这样的思路展开。但现状是集体经济名存实亡，集体经济组织异化为纯行政组织，不可能也没有能力组织统一经营。家庭联产承包责任制也基本就是"大包干"。"大包干"这个让农民分户经营的制度实际上既不"联产"，农民也不对国家承担除了税费之外的"责任"，到1998年党的十五届三中全会后，家庭联产承包责任制也被简化成"家庭承包制"（迟福林，2000）。集体经济组织解散，经营地块碎片化、零散化，农业专业服务组织缺失，无法通过统一经营将"小农经济"变成"大农经济"。农村土地改革的一个重要目标是提高农业生产的社会化程度，扩大经营规模，实现农业现代化、机械化。农地股份共有制下的"三权分离"可以更好地实现统分结合的双层经营体制，建立真正的土地市场流转机制。

首先，集体经济组织的真正恢复和明确，使统分结合有了可能。土地所有权由土地股份合作社行使，并组织土地发包，农民可以在自己有股份的合作社中承包土地自己耕种，家庭经营，也可以委托土地股份合作社统一经营。受股东会委托，土地股份合作社可以对全社的土地统筹规划，科学制订种植计划，划定分区，统一土地整理。也可以企业的方式融资进行农业开发，这才是真正意义的统一经营。"统分结合的双层经营体制"就是把集体统一经营和家庭分散经营结合起来，宜统则统，宜分则分，统分结合。有了集体组织的"统一经营"，也有农户自主选择的"分散经营"，"统分结合"才有了可能。

其次，家庭承包经营格局可以延续和维持。建立农地股份共有制后的土地使用制度可以完全不变，以家庭承包责任制来延续和维持。而且退地进城的农户，退掉的是经营权或者是承包经营权，而不是成员权所对应的股份份额所有权，因此，相关的法律法规都可以不做大的修改。只需在立法上明确集体土地所有权可以以农地股份共有制来实现，并由农民按股份联合成立的土地股份合作社作为所有权主体。

《中华人民共和国农村土地承包法》（以下简称《承包法》）第二十六条规定，承包方全家迁入市区，转为非农业户口的，应当将承包的耕地和草地交回发包方。但现在已经取消农业与非农业人口划分，所有全家户口进城要收回承包地的规定需要修改。《国务院关于进一步推进户籍制度改革的意见》提出，"现阶段不得以退出土地承包经营权、宅基地使用权、集体收益分配权作为农民进城落户的条件。"但《承包法》的其他大多数条款都可以延续。

"两次流转"是指在土地发包和分配中，农户可以有两次选择，土地可以两次流转。第一次选择是已经持有股份所有权的情况下是否放弃承包经营权，不放弃就维持家庭经营，做自耕农；放弃就把土地委托股份合作社流转。这也是做到了在集体组织内部成员之间的"起点公平"。第二次选择是自耕农户在承包期内是否放弃经营权的选择，如果放弃，可以退还土地股份合作社，也可以委托合作社流转或者自己流转，也就是第二次流转。这样的制度设计可以把选择权交给农民，由农民自主选择，前后制度无缝衔接，保持社会稳定。

需要指出，三权分离，土地流转后，涉农的各项补贴补给谁呢？补给流出方还是流入方呢？现在很多地方为鼓励土地流转、扩大经营规模，对达到某个等级规模的经营者给予补贴，而对农户没有补贴，也就是补贴了经营权而没有补贴所有权和承包权。建议首先设立耕地保护补贴，这个相当于发展权补偿，是给所有权拥有者的，每年都要给；其次，对让渡经营权的农户给予土地流转补偿，每年也要给，但要限定过高的土地流转价格，防止流入方因过高的土地流转费用而将土地非农化、非粮化；最后，笔者理解对实际经营者的经营权不存在补偿，但可以给予产业扶持，如给农业机械、给技术以及农药、种子等支持，或给予融资贷款政策优惠等。可以阶段性的或者一次性的给予补助补贴，也可以是非货币化的补助。但不是只要土地流转规模扩大的就给予补贴或者奖励。

这里还要强调的一点是，土地所有权的股份份额化是因为土地是共有的，不可分割，不能按面积分配具体地块位置，那样就成了土地的私有化分配，所以不是虚拟确权，而是确股不确地的"确实权"。这样的改革可以有力回应所谓政府"农地产权有意的制度模糊说"，产权不再模糊，而是归属清晰。而对于土地承包经营权确权，可以根据农民意愿，在初始发包到户时即确权确地到户。在到户后农民自愿选择土地入股或统一流转的，可以依据入股或流转的土地承包经营权来"确股确利不确地"。一开始就"虚拟"承包往往很容易损害农民的土地权益。

其实土地改革的根本目的还是解放生产力，提高农业经营效益。因此，我们可以从一次次土地改革解决了哪些农业经营方面的问题，又产生哪些新的问题这样的角度，寻找一个土地改革的逻辑思维演变路线，见图7-4。

三、期限与适度规模问题

新的土地制度改革后，土地所有权是永久无限期的，土地承包经营权建议仍然要有期限，这个期限也仍然可以是30年。有两个情况与之类似：一是国有土地使用权出让（批租），根据用途规定使用人有一定的使用年限；二是房产出租，承租人根据租赁合同与出租人约定租赁年限。土地所有权明晰并具有物权性质后，土地承包经营权不再是用益物权，只能是有一定期限的租赁使用行为，且应该支付承包（租赁）费用，租赁期限也是缴费期限。我们可以规定本集体组织的自耕农到期可以自动延期承包，其他承包者到期后按合同约定有优先续包的权力。

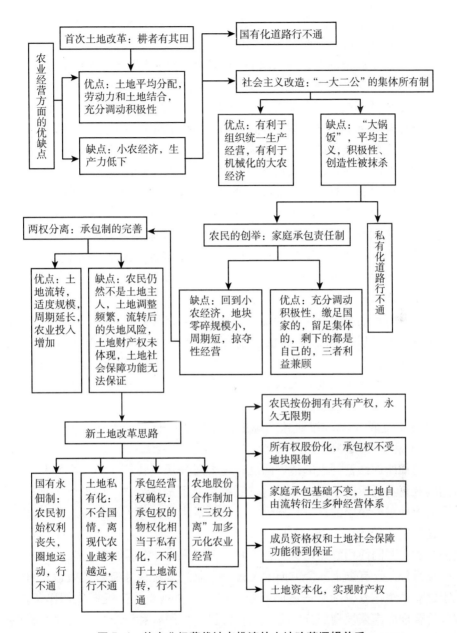

图7-4　从农业经营优缺点推演的土地改革逻辑关系

土地流转租期如何规定？一般是按合同约定来执行，但是由于在推进农村城镇化、农业现代化进程中，我国农村变化的速度将会加快，农业发展方式转变也会加快，在这种情况下，土地流转的租期时间越长，不可知、不可控的因素也将越多。比较合理的是按照农业附加投入情况和农业回报周期来确定租期，如一般菜地可以 3~5 年，有喷灌设施的可以 5~8 年；果园应该时间长一些，如 8~10 年。

关于适度规模问题，中央文件明确提出土地经营要"规模适度"，这个"适度"如何理解和把握呢？有这样一些观点：

一是地区不同，不能标准"一刀切"。平原地区与丘陵山区不一样，北方地区和南方地区不一样，地区机械化程度高低不同适度规模也不一样。通常在中心城市周边的农场应以小规模为主，人多地广的农业区应以中型农场为主，而在地广人稀的粮食主产区可以大型农场为主。

二是按户确定经营面积标准。使经营规模与农村劳动力转移、农业科技进步、农业社会化服务水平相适应。2014 年中共中央办公厅、国务院办公厅《关于引导农村土地经营权有序流转发展农业适度规模经营的意见》已明确提出，按照我国平均一户家庭拥有 7.5 亩耕地计算，规模适度大概是 10~15 倍户均耕地面积，即 100 亩左右。实际对农民的访谈也显示，在不雇工且能精细耕作的规模，一般为 30~100 亩。

三是种植品种也决定适度规模的差异。经济作物适度规模小一些，如蔬菜规模不宜超过 30 亩，而粮食作物可以大一些（联合国粮农组织建议不低于 300 亩）。

四是兼顾考虑农地收入水平与城市收入比较确定规模。要保证从农业生产得到的收入不低于进城务工的收入，这意味着一个劳动力应该至少耕种 10 亩以上的土地，按照这个标准，一户如果有 3 个劳动力，户均应为 30 亩（蔡继明，2009）。

前面所述经营规模的适度问题，主要还是从流转规模的安全性和效益角度规定了规模的下限，这里的"适度"并不是"最优"的概念，规模太大有土地过度集中的危险，规模太小又效益太低。但土地流转规模的适度问题并不等同于经营规模的适度问题。如果土地不流转，通过社会化服务、农户共同使用农业机械、开展联合营销等也可实现规模经营。

另外，还有以下三个方面的考虑。一是适度规模才有最佳效益，可以根据规模边际效应确定适度的规模。田块规模只要符合机械化耕作条件、经济合理的沟渠规划划分即可。笔者曾提出按照有利于农作物生长和机械化操作原则的耕作田块规划，确定耕作地块的面积以 200~300 亩为宜（宗仁，1992）。二是农民进城的速度和数量。如果农业生产规模化速度快于工业化速度，会导致大量农民失业、农村社区经济的萎缩。如果非农产业不能接纳太多农业劳动力，应该避免土地过度集中。土地还要承担就业保障功能，这方面也存在地区的差异。三是土地流转给了谁？是否安全？新的土地制度改革后的承包地不可以抵押，也许可以用收益担保，相对安全一些。如果是流转给自己的股份合作社，由股份合作社直接经营的，可以没有流转规模的限制；如果是流转给本村组的种田能手，规模可以由股东会商定；流转给农业龙头企业的，既要控制农地总规模（建议一般承包地在500~1000亩，无人承包的荒山荒地除外），也要控制单项种植品种的面积，且可以分100~200亩标准为一个合作项目区，签订多个流转合同，便于分片终止合同收回土地。另外，下调超过适度规模的农业补贴，直至不补。同时，土地股份合作社要集体研究、民主决策，对工商企业的土地使用也要加强监督，防范风险。

四、农业经营体系与土地流转机制

1. 谁是中间组织

从建立规范有序的土地承包经营权流转机制，帮助农民防范风险的角度，在土地流出方与土地流入方之间需要有一个中间组织，这个中间组织不仅要起到桥梁的作用，为土地流转的供求双方提供交易信息，而且也是农民利益的保障者和代言人。这个中间组织就是农民的土地股份合作社。

（1）土地股份合作社就是土地流转一级市场的组织者。无人承包的土地、农民放弃承包经营权的土地都可以由合作社流转到实际经营者手中。农民已经承包的土地放弃经营的，也可以流回到土地股份合作社，再流出到租地者手中。土地股份合作社也可以组织土地整理，在整理后重新评定地级再发包或者流转。

（2）合作社本身就是农民的土地所有权股份联合体，就是一个代表农民利益的组织，在土地流转二级市场中，合作社作为流转的中间组织可以帮助单个农民降低流转风险。有了合作社这个中间组织，土地流转就可以从农户对农户的分散性自发流转模式转变成"农户—合作社—农业企业"或"农户—合作社—种植大户"的有序化、有组织的流转模式。

（3）合作社作为中间组织，可以更好地选择流入方，做好土地置换调整。不种地农民的土地优先流转给种田能手、职业农民，尽可能优先满足本集体经济组织的农户扩大规模的需要。在土地流转相对稳定后，合作社可以及时组织土地调整。

（4）农民将承包经营权直接流转给大公司风险较大。如果农民把承包地直接入股到大公司，可能带来三个问题：农民作为股东失去了发言权；农民要求退股（退还所承包的土地）的愿望很难实现；大公司把农民入股的承包地抵押出去的风险。所以农民把承包地入股于农民专业合作社是较好的选择（厉以宁，2009）。

（5）合作社同时还要成为限制非规范流转的管理者。要控制土地流转集中的规模，防止工商资本下乡圈地带来的风险，要保证农民的优先流转选择权，要签订好流转合同防止农地非农化和非粮化。要注重合同执行情况的监督，建立相应的考核退出机制。

除了合作社承担好土地流转的中间组织和管理者的职责以外，还需要发展完善一批中介组织，如土地资产评估机构、法律咨询机构、信息传导与预测机构、委托代理机构、土地银行和土地保险公司等中介服务机构。

2. 农业经营主体——谁来种地

农业经营方式创新上中央明确要求推进家庭经营、集体经营、合作经营、企业经营等多种形式并存。制度改革的进一步深化就是构建"统分结合、双层经营"的现代农业经营体系。在"统"的层次上形成集体经济、合作社、社会化服务组织、龙头企业等多元化、多层次、多形式的经营服务体系；在"分"的层次形成普通农户、家庭农场、专业大户等多元经营主体共存局面，最终共同构成多元化的现代农业经营主体体系。

未来农村种田的主要是哪些人呢？厉以宁（2012）认为未来农村种田的主要是三种人：一是种植能手、种植大户；二是农民专业合作社；三是农业企业下农村。也就是家庭经营、统一经营和工商资本下乡。

（1）普通农户为基础，逐步引导向专业化、规模化方向发展，培育成为家庭农场、专业大户。从稳定农村社会关系、延续长期形成的土地使用制度角度，家庭承包经营是主体，也是起点。由此为起点通过土地流转机制向多元化发展。农业现代化的实现离不开农民的现代化，农民现代化的基础是农民专业化、职业化。农户有能力、有基础的，要多渠道、多层次、多形式地开展农民职业培训，培养成新型职业农民、种养能手，并逐步调整其他放弃农地经营农户的土地给他，增加适度规模，变成家庭农场。

2014年《农业部关于促进家庭农场发展的指导意见》中明确，家庭农场为一种新型农业经营主体，有三点主要特征：一是家庭农场经营者和劳动者主要是家庭成员；二是家庭农场专门从事农业；三是家庭农场经营规模适度，收入水平能与当地城镇居民相当。该政策解读指出，家庭农场作为新型农业经营主体，以农民家庭成员为主要劳动力，以农业经营收入为主要收入来源，利用家庭承包土地或流转土地，从事规模化、集约化、商品化农业生产，保留了农户家庭经营的内核，坚持了家庭经营的基础性地位，适合我国基本国情，符合农业生产特点，契合经济社会发展阶段，是农户家庭承包经营的升级版，已成为引领适度规模经营、发展现代农业的有生力量。未来一段时期，家庭农场和小农都将是我国农业经营的主体，但适度规模的、由职业农民经营的家庭农场才是我国农业走出"小农困境"的载体，是小农农业脱胎换骨的方向（张云华，2016）。

（2）合作社等农民自己的经济组织（公司）。合作社的初衷就是联合生产、共同经营。这个合作社可以是土地股份联合的土地股份合作社，也可以是土地股份合作社下的各专业合作社，如养殖合作社、花卉合作社、农产品加工合作社等。农民自己的合作社除了代表农户掌管土地等集体资产外，就是要承担合作经营的责任。对外发包、出租土地是一种经营，带领社员共同经营应该成为主要经营方向和任务。在粮食主产区和不宜工商资本参与的农地经营，政府可以鼓励扶持农民专业合作社经营，鼓励扶持以提供农业机械、提供农业技术服务、培养合作社理事长带头人等方式，慎用简单的资金补贴方法。

（3）外来的农业投资人（企业或个人）。本集体经济组织以外的投资人，都统称为"外来的"，这个投资人可能是国有科研院所与农村的产业化合作，可能是私营或者股份制的农业龙头企业，也可能是农业专家或有农业情结的个人。工商资本企业流转土地进入农业需要进一步规范发展。目前，工商资本进入农业领域从事现代种养业较多，相当部分的工商资本对现代农业的促进作用明显，但也有一些企业是以搞农业为名，行圈地之实，必须坚决制止。《土地管理法》第十五条规定："农民集体所有的土地由本集体经济组织以外的单位或者个人承包经营的，必须经村民会议三分之二以上成员或者三分之二以上村民代表同意，并报乡（镇）人民政府批准。"为此，对工商资本进入农业要设置严格的监管措施，控制租地规模，做好租地数量的分级备案，从事农业生产经营的资格审查和项目审核。政府分领域进行许可管制，防止土地"非农非粮化"。南京市尝试做了一个具体规定，一是在领域上，引导工商资本重点进入资本密集型、技术密集型产业，从事良种培育、高效设施农业、规模化养殖等现代种养业，包括提供农产品深加工、农业社会化服务等；二是明确工商资本租赁农地的规模、时间控制标准，规定时间和面积的"双上限"；三是建立以镇街、区为主体的分级土地经营权流转审核备案制度。①

---

① 《市政府办公厅关于积极引导土地经营权有序流转　推进农业适度规模经营的实施意见》，载于《南京市人民政府公报》2016 年 7 月 28 日。

（4）农业社会化服务组织。这些社会化服务组织虽然没有直接种地，但也是农业生产全链条中的关键环节，实际上也间接地成为种地人。某地农机专业队牵头，与部分农户联合成立了合作社，通过这个合作农机专业队也成了种地人。有些专业合作社、龙头企业也可以自己兴办服务组织，为自己服务的同时，还可以为其他农户服务。这样可以探索形成"专业化服务组织+合作社+农户""专业化服务组织+龙头企业+农户"等服务模式。而互联网的参与让社会化服务更加丰富多彩，实时的、无地域限制的服务成为可能。未来，在网上点击一下，就可以"唤"来一架直升机播种、喷洒农药。

笔者认为土地所有权必须清晰，且所有权主体是单一而不是多元的；农地的实际经营可以多样化、多元化、多主体。按照市场合作共赢的规则，形成不同主体参与的多种经营模式（见图7-5）。这些经营体系都可以从家庭承包经营衍生出来，而且农户还可以参与到其他经营主体中，如"合作社+农户""农业企业+农户""合作社+企业+农户"；或者专业服务组织再参与进来，如"合作社+企业+农户+专业服务组织"。

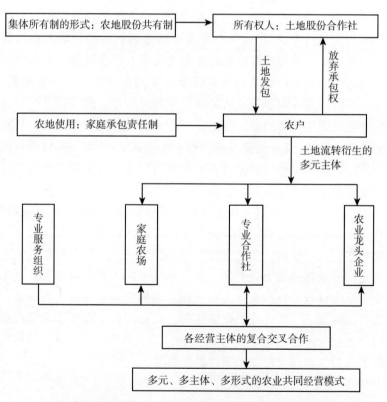

图7-5　农地所有制、承包制及农业经营体制的演变示例

3. 土地流转市场方式

在农地股份公有制和新"三权分离"的土地使用制度下，如何推动土地流转，实现规模经营呢？首次土地流转是指从土地股份合作社手中取得土地，可以有哪些流转方式呢？见表7-2。

表 7-2　　　　　　　　　　　　首次土地流转方式

流转方式	形式和内容
发包	主要针对本集体经济组织的农户分配土地承包权
出租	主要针对本集体组织以外的企业和个人，这个方式比较安全可靠，地租计算可以是定额的，也可以是浮动的；可以是实物地租，也可以折算现价
股份合作	指把实际土地经营权与投资人通过股份合作，组建公司，收益按股分成，风险共担。这样的合作一般是利润较高的农业项目，风险也较高，应该要由农民股东大会共同决策

第二次土地流转是指从土地承包者手中流转到实际经营者手中，可以有哪些流转方式呢？见表7-3。

表 7-3　　　　　　　　　　　　第二次土地流转方式

流转方式	形式和内容
转包	指承包方将部分或全部土地承包经营权，以一定期限转给同一集体经济组织的其他农户从事农业生产经营，转包后原承包关系不变，原承包方继续履行原土地承包合同规定的权利和义务
出租	指承包方将部分或全部土地承包经营权，以一定期限租赁给他人（包括个人、集体、企业或其他组织）从事农业生产经营，并收取租金的行为。出租后原承包关系不变，原承包方继续履行原土地承包合同规定的权利和义务。承租人按出租时约定的条件对出租人（承包方）负责
反租倒包	反租是指合作社向农户租地；倒包是指合作社把反租土地集中整治后再发包
入股	指承包方将土地承包经营权量化为股份，以股份入股形式与他人自愿共同生产，按股分红
托管	指部分不愿耕种或无能力耕种的承包方将承包地委托农业服务组织或种植大户代为耕种、代为经营管理，双方签订协议，委托方向受托方支付一定费用
土地银行	指农民把承包土地存入农村信用社或者土地银行并收取利息

托管模式起源于联耕联种、代耕代种，逐步演变为依托种粮大户、农机大户和合作社、社会化服务组织开展全程托管或将耕种、管理、收割等主要生产环节托管，构建的是经营权共享机制。托管模式分为半托和全托，半托主要是合作社为农民提供生产资料与社会化服务，如提供化肥、农药、种子以及农机耕作等，这样可以为农民省时、省工、省力；全托则

是农民将土地交给合作社经营，从种植、管理到收割都由合作社负责，相当于给土地找了一个保姆，农民只需缴纳一定的费用，托管期间原承包关系不变，土地承包权仍然属于农民，而且经营权也是农民自身的（但实现了共享），种什么也是由农民自己做主。[①] 托管方式也是对土地流转模式的非常好的探索。"土地托管"是"土地流转"的过渡形式，它没有改变农民的土地承包关系，但推动了土地流转和合作社统一经营。

土地托管的地方探索也比较多，成功案例不少。山东省平原县前曹镇益民土地托管合作社，2009 年 7 月成立，发起人是原乡镇种子站站长，后来改行从事种子和农业生产资料经营。该合作社托管农民已达 1200 多户，托管面积 15000 余亩。合作社建立了"1135"的工作机制，即一社、一站、三种服务模式、五种服务队伍。一社即成立一个土地托管合作社；一站即每个村成立一个村级服务站，为广大社员户提供方便、快捷的服务；三种土地托管模式即全程托管、菜单式托管、农田承租；组建五种专业服务队伍即农机服务队、农技服务队、农资服务队、劳务服务队、植保服务队（陈建华，2012）。陕西长丰现代农业托管有限公司采取土地代耕、托管的方式，通过组建专家指导组、土地托管员、专业服务队，有效解决了无人种地、无力种地的难题，保证了当地粮食种植面积和产量。

土地信用合作社或土地银行模式的优点是：第一，风险小，因为农村信用合作社被认为是可靠的，不像土地出租后的租地者（无论是个人租地还是企业租地）都有较大的风险；第二，土地出租收益稳妥并且按时交付，不至于拖延、欠交或打白条；第三，灵活方便，距农民住地较近，并可随时查询，在有的地方，如果农民想收回承包土地，可以提前通知农村信用社，农村信用社届时归还，但不一定归还原来那块地，而是面积相当的另外一块耕地（厉以宁，2009）。土地信用社的优点是用土地资本化的方式解决了土地在实体空间上的置换调整，取出来的"1 万元"不是我原来存进去的"1 万元"，但是等值。比较难以操作的是土地价值的评估认定比较复杂，如果让农民相信"土地银行"的估值，农民获取的"利息"是土地资本化后按银行利率计算，还是一个相当于土地承包权让渡的实物地租？另外，"土地银行"不是实际经营者，它也必须把土地以合理价格"贷"出去，获得级差利润，土地信用社某种程度也是一个交易中间组织。2015 年 1 月，南京首笔农村土地承包经营权质押贷款发放，高淳区东坝镇和睦涧村 443 户村民流转给淳和水稻专业合作社的 2146 亩承包地，被当作

---

① 李瑞成、杨平：《既能托管也能分红》，载于《中国县域经济报》2015 年 5 月 4 日。

质押物，质押给高淳农商银行，获得了 300 万元贷款，这是南京市第一笔农村土地承包经营权抵押贷款。[①]

2014 年 6 月底，全国耕地流转面积 3.8 亿亩，较 2013 年底增加了 4000 万亩，占家庭承包耕地总数的 28.8%，流转比例提高了 2.8%。[②] 在土地流转的形式上，以转包和出租形式流转的占了 75%，以入股形式流转的模式也得到快速发展。

从前面分析的土地流转形式来看，在农地股份共有制这样的土地所有权制度设计下，农地使用制度仍然可以以承包、租赁、股份承包制等形式存在。但所有权制度中的"股份制"与使用权制度中的"股份制"是不一样的。前者是对土地财产权的股份占有，因财产占有而可以获得占有财产的收益；后者则是对土地财产权使用、经营的股份合作，经营权以股份形式联合起来，没有了土地实际经营的界限，实施专业化分工，从而实现联合的统一的经营。农地股份共有制是为了清晰土地产权归属，体现农民"人人有份"的成员权资格，从而稳定农村。土地股份承包制则是改家庭经营为股份合作经营，可以是农户与农户之间"土地+劳动力"的合作，也可以是农户与企业之间"土地+资本+劳动力"的合作；可以是合作社组织全社成员的合作，可以是行业性的合作，也可以是与专业服务组织的股份合作。也就是市场主体根据意愿按照股份形式成立股份制的经营公司。另外，两者的经济主体不完全一样，虽然都可以称为"合作社"，但农地股份共有制的土地股份合作社是集体组织全体成员的联合，也是土地的联合共有，与资本联合无关，一人一票。而承包经营权股份合作成立的专业合作社既是人（劳动力）的联合，也是土地经营权的联合，更是资本的联合，没有土地的人也可以有股份，集体组织成员以外的企业或者个人都可以称为股东，在管理方式上应当像股份制公司一样，实行一股一票。

第四节　宅基地制度改革

一、中国宅基地制度的由来

1950 年以前的中国人类历史上的"宅子"都是私有的，房屋及其院落

[①]　《南京首笔农村土地承包经营权质押贷款发放》，载于《南京日报》2015 年 1 月 12 日。
[②]　《全国农村承包耕地流转面积占承包耕地总面积 28.8%》，新华社，2014 年 12 月 4 日。

属于"私人领地""私有财产神圣不可侵犯"。在土地私有体制下，私房盖在自己的私地上，谁也不用考虑房地的分离。过去的地契或者房契都是合一的，一般会标明土地东西南北各多少丈，正房多少间，厢房、辅房数量等。地契是土地房产代代相传的凭证。中华人民共和国成立后，宅基地制度也经历了 60 多年的历史变迁。

1. 从农民私有到集体所有

郑尚元（2014）指出，在土地私有制长期存在的封建年代里，老宅老院往往是祖辈、父辈买房置地遗留下来的财产，属于私产，土地与其之上的房屋形成完全的整体。1950 年颁布的《土地改革法》明确规定农民的土地是私有的，包括了宅基地的农民个人所有。人民政府对土地改革后农民获得的土地专门颁发了土地所有证。在初级社阶段，这一时期尽管农用土地经历了农民私有向合作社集体所有的转变，但是住宅及其用地最初并没有纳入公有化改造的范围，"房屋地基不入社"，农民的房屋仍然保持了私有属性。

到了人民公社化时期，随着"一大二公"的社会主义改造全面推行，农村土地除了农地外，宅基地也变成集体所有、由农民使用，但房屋私有并可以买卖和租赁。实际土地和房屋是不可分离的，也就是这时出现了土地所有权与使用权可以分离的制度。1982 年这些规定写入《宪法》，形成宅基地和房屋分属于集体所有和农民所有的特殊的农村宅基地制度。

2. 宅基地使用权的权利限制

（1）宅基地买卖交易的禁止。农民的房屋及其他财产在合作化改造前并不存在买卖、租赁等流通环节上的制度限制。但因为宅基地的所有权归集体所有后，宅基地使用权及其地上房屋的交易受到了限制。1978 年 12 月 22 日《农村人民公社工作条例（试行草案）》规定：农村土地包括宅基地一律不准出租和买卖。1981 年 4 月 17 日《国务院关于制止农村建房侵占耕地的紧急通知》规定：分配给社员的宅基地、自留地（自留山）和承包的耕地，社员只有使用权，既不准出租、买卖和擅自转让，也不准在承包地和自留地上建房、葬坟、开矿、烧砖瓦等。

（2）房屋买卖交易的限制。虽然房地不能分离，但实际上农村的房屋买卖十分普遍。为规范宅基地的管理，防止集体土地所有权被侵占，国家对购房人进行了限制。1999 年、2004 年的国务院文件都强调了"农民的住宅不得向城市居民出售""禁止城镇居民在农村购置宅基地"。2007 年国务院办公厅《关于严格执行有关农村集体建设用地法律和政策的通知》中再次明确，"农村住宅用地只能分配给本村村民，城镇居民不得到农村购买宅基地、农民住宅或小产权房。"

（3）审批管理与规划计划控制。严格审批程序，有选址要求，有标准要求。1985年的城乡建设环境保护部《村镇建设管理暂行规定》第十七条规定，村镇居民新建、改建、扩建住宅，必须履行申请审批手续，由本人向所在村（居）民委员会提出申请，报镇（乡）人民政府审批，建设主管部门核发准建证件，领证后方可进行建设。

1990年《国家土地管理局关于加强农村宅基地管理工作请示的通知》中，除了强调审批管理程序外，首次提出了不占用基本农田，严格实行计划指标和用地标准管理，还提出鼓励建多层住宅。1997年5月18日《中共中央、国务院关于进一步加强土地管理切实保护耕地的通知》中，更加强调了用途管制、规划管理、一户一宅和标准，并首次明确鼓励农民"上楼"，建集中式公寓楼房。

（4）宅基地退出。对宅基地退出，国务院2008年明确规定，对村民自愿腾退宅基地或符合宅基地申请条件购买空闲住宅的，当地政府可给予奖励或补助。各地要结合本地实际完善人均住宅面积等相关标准，控制农民超用地标准建房，逐步清理历史遗留的一户多宅问题，坚决防止产生超面积占用宅基地和新的一户多宅现象。

（5）宅基地不得设定抵押。1995年通过的《担保法》第三十七条规定：宅基地使用权不得抵押。2007年《物权法》第一百八十四条规定：宅基地使用权不得抵押。并在规定中确立了宅基地使用权的用益物权性质。

3. 宅基地的福利保障性质

集体制度的本质特征是其成员身份特征。每个集体经济组织成员都有资格获得宅基地。集体经济组织应保障每个成员获得宅基地，从而保障其基本的生存条件和居住条件。集体经济组织成员可以无偿取得一处宅基地，这也是集体经济组织成员因其成员资格而应当享有的权利。

这个福利还体现在取得的无偿性。农村宅基地在分配方式上，以农户为单位。平均分配，无偿取得宅基地使用权，且无期限性。如果村民退出住宅，放弃这个福利，可以得到补偿或者奖励。1990年曾经有一些地区开展了农村宅基地有偿使用试点，但随后1993年中央以减轻农民负担的名义清理取消了农村宅基地有偿使用收费，恢复了宅基地的无偿性，甚至农村宅基地超占费也取消了。

二、宅基地制度改革设计

农地产权和宅基地产权是农民最关心的两个权益。宅基地制度如何设计呢？中国宅基地制度的特点是以成员身份为前提的福利分配制度。这两个特殊性都不能改变，但应该在赋予宅基地收益权和退出宅基地进城可以换取城市福利上面进行改革和探索。

前面已经提到了宅基地制度问题。宅基地及其地上的房产究其历史演变来看，应该是可以支撑"土地集体所有改为私有"学派观点的主要部分。宅基地就像城市人的住房一样，事实上已经成为家庭重要的财产权。但也并不是所有宅基地都是祖传下来的，因人口增加、分户等新增加的宅基地都是福利分配，无偿取得的，是村集体组织调剂划拨给农民建房使用的，既不是农民在自己耕地上建房，也没有减少农民的承包地。因此，宅基地不实行私有化也是有道理的，这样也坚持了土地集体所有制。

那么首先得回答宅基地归谁所有，是归村一级还是村民小组一级？现在平原地区一般村民居住都已经相对集中，土地也是几个村民组平调和调剂而来，集中分配和规划建设后，土地往往没有村民小组界限，不同村民组的村民也是因宅基地自由选择和建房先后而混居在一起，这样的集中居民点，土地所有权可以归村一级。即使没有混居并能够分出村小组界限，考虑到村庄道路、公共配套等的统一建设，也可以像宣布城市土地属于国有一样，宣布集中的村庄宅基地归村集体所有。如果像山区或者其他全村没有集中居住的地点，每一个居民点都是相对独立的一个自然村，甚至是某自然村的几户集中居住，这个居民点的宅基地所有权可以为村民小组所有。今后需要集中建设时，村民小组可以与村集体互换土地。

村集体或者村民小组集体的宅基地所有权由谁行使呢？笔者建议由所归属的村集体或者村民小组的经济组织来行使。因为今后会涉及宅基地整理、置换、调整等一系列与财产权利相关的利益，用代表农民的经济组织比较妥当。但村委会等行政机构可以审批和监督。

从前面所分析的宅基地制度演变过程和目前的政策规定来看，宅基地的性质有以下几点：

（1）宅基地所有权归集体，使用权转让应征得所有权人同意，未经同意不得出租、转让。

（2）宅基地分配使用是本集体内部福利，是全体成员农地共有权的减少换得的福利。宅基地的使用权由农户取得，这个权利的取得类似于国有土地上的划拨，是由集体土地所有者无偿划拨给有成员权资格的农民。祖传的宅基地经改造由私有变成了集体所有，但使用权是自己的，新增宅基地是集体成员的福利，可以依法申请和无偿取得。由于是内部福利，集体成员以外的人就不能享受，因为宅基地的增加，就意味着本集体组织成员共有的农地或者其他土地被调剂而减少。这一原则在国家的政策法规中有充分的体现。

（3）宅基地福利资格只能享受一次，出售后不得再申请。但宅基地转让与农地份额所有权、土地承包经营权的转让都可以分开。只有农地份额所有权和宅基地全部转让了才意味着农民失去了在农村集体成员资格的全部权利。农民对土地有着难以舍弃的情结，土地是农民的命根子，农民在城镇化中的反应常常是"离土不离乡，进厂不进城"。农民难以舍弃的土地有两种：一个是承包经营的农地，它是农民维持生计的生产资料，是生存的基础；另一个是宅基地，它是农民的基本生活场所。如果农民进城后，在城镇没有就业门路，没有足够高的收入来维持生活，没有住房的保障，就不会轻易舍弃宅基地和承包地（宗仁，2001）。

（4）无偿取得不等于免费取得，集体组织可以无偿划拨，不收取使用费，但要承担部分土地取得成本，对新申请宅基地且要占用农地的，应该由其承担一定的占用耕地成本和补充耕地义务。这对控制新增宅基地、保护耕地有积极意义。

（5）继承问题。农民去世后，房屋可以由子女居住使用，可以由符合成员资格和申请宅基地条件的子女继承。继承人都不符合条件的，由集体组织收回或者国家征收，给予房屋价值货币补偿，但不提供政策保障住房。

（6）抵押和担保问题。农户取得的宅基地使用权与其房屋所有权一起构成用益物权，本应该可以抵押和担保，但抵押失败必然涉及转让。农村特别是城郊接合部以抵押担保的形式实际将房产转让给城市居民的情况很普遍。因此，为遵守宅基地管理法规，抵押担保失败的处置仍然由集体组织优先，抵押权人没有资格拥有宅基地的，可以获得房屋价值补偿。

笔者认为，不论是宅基地初始取得还是集体农地统一规划的宅基地，集体经济组织应该给具有成员资格的农户提供宅基地以保障其基本住房。宅基地可以看作成员福利保障，农村宅基地的性质和权益有些类似于城市保障房。首先，都是向符合一定资格条件的特定对象提供的福利，成员以外的群体不能享受，如保障房不提供给本城市以外的居民，也包括农民。其次，这两种福利都只能享受一次，不能重复享受，福利转让了就永远不能再获得。由于其福利性质，继承、抵押和担保的权益也是受限的，要严格遵循相关规定（见表7-4）。

表 7-4　　　　　　农民宅基地与城市保障房性质和权益对比

性质与权益	农民宅基地	城市保障房
性质	福利保障	社会保障
供应对象	本集体组织成员	本城市低收入群体
权益享受限制	一次	一次
转让限制	受让人为有申请该福利资格的人员或由集体收回	一般禁止转让，由政府收回或者经政府同意，受让人为有申请保障房资格者
继承	继承人要符合条件	继承人要符合条件，不符合条件的政府回购，继承人继承回购价款
抵押担保	受限	可为本房屋贷款，不得设定其他抵押
能否为完整产权	不能	补交政府收益
使用	家庭自住为主	家庭自住，不得转让、赠与、出租、出借、调换

按照现有法律规定，土地承包经营权具有占有、使用、收益三项权益，而宅基地使用权只有占有、使用权，没有收益权，也就是相当于残缺产权。改革中如何补救残缺产权？如何赋予宅基地收益权，有管制地释放宅基地交易权，进而实现农民宅基地的财产权呢？笔者有以下建议：

（1）宅基地出租经营的放开。

允许农民利用宅基地上房屋进行必要的经营活动。农民人均居住面积比较大，房屋相对宽裕，允许自己牺牲些生活空间换得收入。经营形式有开办小卖部、开办农产品加工作坊。最直接的方式是房屋出租，这在城郊结合部尤为突出。现在比较多的是开办农家乐饭庄和农家客栈。这些收入都是合法合理的，应该鼓励和支持，但要防止以扩大经营规模的名义盖违建、超标准建房。可以鼓励农户成立农家乐合作社，或者通过农户之间的闲置房产租赁来发展民宿。

（2）宅基地置换——"房票"+"地票"。

通过"房票"+"地票"的制度设计，帮助解决农民自由选择城市保障住房，"一票走天下"。要建立公正合理的宅基地退出机制，不论是本集体组织内的交易转让，还是有偿退出或者用宅基地置换城镇住房，都能体现在农民住房财产权的实现上，都能够体现在福利保障的互换和退出奖励上。这里重点提出的就是宅基地如何置换城市住房，解决农民居住进城。笔者从事城郊接合部农村整体征地拆迁工作时，发现农民住房征收拆迁的政策设计是对农民房屋建筑价值进行评估和作价收购，同时结合原房面积和实际居住的农村集体成员人口，确定被拆迁户可以购买的住房面积。南京的做法是给农民购买安置房补贴，一般是按照安置房价格的80%补贴。例如，建邺区近期农民安置房价格在5200元/平方米，被拆迁户可以获得原房补偿800元/平方米、区位补偿150元/平方米和购房补贴4160元/平方米，基本相当于以"一比一"价格"旧房换新房"。这个拆迁安置房一般在城市近郊，属于保障房性质，按照保障房进行供应管理。这个过程中，农民宅基地能够获得哪些权益？一是换得购买保障房的资格，二是因拆迁获得购买保障房的价格补贴。他们是被动进城的农民，因宅基地被征收而获得城市住房保障。那么主动进城的农民呢？笔者建议参考拆迁的做法。具体来说，农民将宅基地连同住房交给宅基地所有权人，所有权人——村或者村民小组经济组织报经上级相关政府主管机关审核认可后，给交房户一张"房票"，房票上载明该户可购买的保障房面积；同时原房屋回收人给交房农民提供就近城市保障房价格的一定比例的购房补贴。宅基地退出补贴标准与征地拆迁的补助标准一样，这个政策设计的主导思想就是退出方法和标准基本与征地拆迁并轨。

村集体经济组织作为房屋回收人，对回收的宅基地进行整理复垦，换得建设用地增减挂钩指标，也就是"地票"；拟进城农民可以在全国范围内自由选择入户城市，购买哪个城市的保障房就按照哪个城市的保障房价格承担费用，价高自己补、价低自己赚，并应该在购房后立即获得市民资格。向进城农民提供保障房的城市（人口流入地）从农民所属地（人口流出地）村组中获得"地票"，地票面积可以按农户购房建筑面积的一定比例计算，这个比例要考虑给村组集体留一些余地，如按建筑面积的1/2折算成土地面积，同时向地票提供方——农民所属地集体经济组织支付地票费用，这个经济组织应该是土地股份合作社。

这个制度设计的关键点在于：一是农民在农村的福利换得城市住房保障福利；二是农民可根据自己的就业或其他意愿自由选择享受住房的城市；三是流入地与流出地之间的资源交换更加直接，"房票""地票"全国流通，体现了"人、地、房、钱"的直接挂钩。农民进入哪个城市，就给这个城市带来相应土地空间，相应农民减少了在农村的用地空间。南京市规定农民的拆迁安置房五年内不得上市交易，但五年后交易不需要交纳增值收益。那么，笔者进一步想到是否可以让农民以货币化方式自由交易"房票"？实际就是以福利的放弃换取补偿，那么可以把这个"补偿"证券化，自由转让。另外，这个"房票"在放弃购买城市保障房的情况下，可以折算成货币化补贴，进城或者进镇购买商品房，也可以鼓励农民置换或者入股产业用房。这个操作方法与近期南京市高淳区推出的拆迁户可凭"房票"购新房的政策类似。①"房票"就是由征收方出具给被征收方的资金凭证，被征收户可以自由选择参与房票结算的楼盘购房。

如果农民并不是进城，而是需要异地安置在另一个村集体经济组织的宅基地上时，可以由县镇一级政府统筹安排，接收村可以分享"地票"收益，被安置村民可以享有接收村的宅基地使用权，但不享受接收村的其他农民权益。同时应放弃所在集体经济组织的宅基地使用权并签订协议，对原宅基地及其房屋进行处置，并注销原宅基地使用权和房屋所有权。

（3）残缺产权的市场化补救——宅基地入市路径。

宅基地没有收益权、不能自由交易，因而称之为残缺产权。那么对现实已经发生的交易如何处理？是否可以有个补救制度来完善产权？刘守英（2015）认为，赋予宅基地财产权是宅基地制度改革的突破口。不赋予宅基地可交易的权利，并不能起到保护农民利益的作用。不允许交易，不利于农民兑现宅基地使用权的收益，导致产权残缺，只有打破成员性和无偿性，宅基地制度才能朝着财产性和资本化方向改革。如果继续守着这两个特殊性，宅基地制度就谈不上改革。他认为改革宅基地制度，就是改革宅基地的成员分配制度和无偿取得制度。对这个观点笔者并不赞同。宅基地的初始取得必须坚持成员资格要求，有成员资格的宅基地使用人（同时也是集体所有权的份额拥有者）不交地租，无偿使用也是可以的。新增宅基地可以由申请人承担土地取得成本（规费与补偿费），但也不承担使用费（地租）。现在改革的重点是打破交易限制，允许非集体成员有偿进入。对非成员资格者使用宅基地，1982年的《村镇建房用地管理条例》就有规定，"农村社员，回乡落户的离休、退休、退职职工和军人，回乡定居的华侨，建房需要宅基地的，应向所在生产队申请，经社员大会讨论通过，生产大队审核同意，报公社管理委员会批准；……批准后，由批准机关发给宅基地使用证明。"1986年和1988年的《土地管理法》也规定，城镇非农业户口居民使用集体所有土地建住宅的，需要经县级人民政府批准，并参照国家建设征用土地的标准支付补偿费和安置补助费。

是否可以探索非集体成员有偿获得的合法途径？笔者给出几点建议。第一，宅基地的初始取得要求不能变，可以交易的只是村民已经建成的住房。第二，房屋可以优先转让给本集体组织的符合申请条件的村民，

---

① 《高淳拆迁户可凭"房票"购新房》，载于《扬子晚报》2016年5月24日。

对这样的转让可以对买卖双方都给予一定奖励。第三，农民宅基地是直接入市还是增减挂钩要与规划管制相结合，规划不予保留的村庄内房屋禁止买卖，但可以出租出借，并由村集体有计划的回购，鼓励村民按前面设计的制度处理，换取城市或者小城镇住房。第四，不论是城中村、城郊接合部还是规划保留的村庄，在征得土地所有权人同意后，村民房屋可以部分或者全部转让，但是原村民应提供保障其继续生活居住的合法住房证明，不得再申请宅基地，而购房人是非本集体经济组织成员的（包括城市居民和其他村组的村民），应该向土地所有权人一次性缴纳有偿使用费用，相当于批租。同时要接受产权登记、用途管制、缴纳税费等政府管理。也有人提出"双轨运行"（刘广明，2014），对这些人实行有偿有限期使用。第五，缴纳费用后的房屋性质与其他村民的房屋性质一样，只是有宅基地的使用权而不是所有权。但购房人再转让不需要买卖双方重复缴费。第六，村民房屋转让前应该具备几个条件：不超标或者超标已处理；四至清晰、面积准确，已经进行了登记确权，未经确权发证的不允许转让；无产权纠纷和家庭矛盾。陈锡文（2012）认为，中国有"告老还乡"的说法，且农村宅基地具有继承权，一旦"进城"的子女回来继承，尽管能拥有宅基地使用权，但因为自身已非该集体经济成员，也应该按照一定的标准收取一些费用，否则宅基地的使用和产权或将在多年之后出现混乱，不利于管理。

这样的产权补救措施可以放开交易限制，让实际已经普遍的私下交易转入地上合法化，而且村集体组织获得所有权收益。但要控制同一个村组里一边是到处卖房，一边是不断有新增户申请宅基地建房。所以村组要控制和引导，控制新增申请，不供应或少供应宅基地，可以规定村庄人均建设用地严重超标的，即使是规划保留村庄，也不新供应宅基地，面积超标的村庄周围都用基本农田框住。可以尝试对新申请户改实物分配为货币化补助，用奖励政策引导卖房人卖给本村新增户。叶兴庆（2016）建议，应选取一个时点，划断农户成员权，在赋予集体经济组织成员70年宅基地使用权的基础上，实行宅基地使用权生不增、死不减，入不增、出不减。笔者觉得此建议对控制宅基地无限制增加，引导农民进城是必要的，宅基地的继承权明确、转让权放开，此建议也是可行的。

（4）宅基地的抵押问题。

目前宅基地使用权尚不具备像经营性建设用地那样的条件。宅基地及其上面的房屋的抵押问题需要慎重研究。抵押是指抵押人和债权人以书面形式订立约定，不转移抵押财产的占有，将该财产作为债权的担保。能否抵押的关键是抵押失败后抵押物能否被流转和处置。抵押权也是财产权的重要方面，往往是农民既可以财产不被转移占有、保留退路，也可以获得急需的资金支持。

那么如何设计抵押制度？笔者建议村集体经济组织自身应该具备"土地银行"等金融功能，村民宅基地及其房屋抵押应主要抵押给土地股份合作社，村民小组的合作社资金实力不够的，可以由村集体资产合作社承接。抵押失败的，可以由土地所有权人——村民小组或村集体经济组织处置。如果不是村集体组织接受抵押，也可以规范其操作主体与流程。宅基地可以入市转让的路径打通，设定抵押权就没有大的问题，关键是防范风险，如果不是村集体组织接受抵押，就需要按照宅基地入市转让的限制性要求规定可以被抵押的对象和程序。可能需要规定：不得抵押给企业，可以抵押给本村村民，如果抵押给城市居民或者外村农民，今后处置交易要按照前面讨论的入市转让规定执行。另外，农宅最好规定不全部抵押，防止抵押失败农民无房居住。

（5）土地置换机制——钱从哪里来？

农民的宅基地退出都可以选择交给自己的集体经济组织——土地股份合作社，也可以由合作社优先回购，或者抵押给合作社，因为农民放弃宅基地的福利，合作社需要给农民补偿或者奖励。那么合作社的钱从哪里来呢？

从集体组织与农民成员之间的关系来看，是成员对福利的放弃，应该有其他福利进行交换或者补偿。从土地利用来看，实际是让渡土地发展权而获得的补偿。让渡土地发展权获得的补偿应该是国土资源部制定的城乡建设用地增减挂钩政策的理论依据。城乡建设用地增减挂钩，实际就是不同区位的建设用地和农用地在功能和空间上的位置互换。置换是为实现某种要素的节约或经济利用而用另一种要素来替换该要素的行为或措施。土地置换实际也就是为实现土地资源优化配置而进行的土地互换。由于土地具有不可移动性，土地置换就有两种形式：一是为在某区位上获得某种用途的土地，而用另一区位的该种用途的土地来替换该区位的其他用途土地；二是为解决土地零碎分割或不合理边界等进行的土地权属的互换（宗仁，2006）。

笔者对土地置换的定义是根据优化土地利用的需要，不同区位、不同用途、不同权属的土地之间的重新配置与交换。用途相同但区位差异会带来置换需求，如部队让出市中心土地搬到郊外，往往1亩市内土地换郊外3亩土地，居民从市中心被拆迁安置到郊外，房屋面积也得到改善；不同用途之间也有置换，如商业用途与住宅用地的交换，工业用地与农业用地之间的互换；区位和用途相同的不同权属主体之间也可以互换土地，如农户为土地集中，对承包经营的地块进行互换（农地重划），城市相邻土地使用者之间为合理开发的需要进行土地形状、权属界线的调整（市地重划）。而建设用地增减挂钩则是先由农村建设用地在用途上置换为农用地，通过农村建设用地空间的减少可以置换城市建设用地空间的增加，相当于农地"搬到"农村，非农地"搬到"城市，是土地用途和区位相结合的置换。但土地权属不变，农村集体建设用地复垦为农地后，土地所有权仍然为集体所有。从人地关系来说，农民进城，让城市人口增加，农民在农村所享受的人均建设用地（住房、道路、教育、医疗等用地）都需要随之转移到城市，城市才能增加用地规模，给进城人口提供住房、教育、医疗等服务。资源配置与人口迁移相对应也是避免进城农民土地资源的双重占用问题。

这个置换过程既有农村土地发展权的让渡，使得城市周边土地可以规划为非农用地，从而获得农地非农化的增值收益；也有农村发展空间置换到城市的发展空间所带来的区位级差收益。这些收益补贴给农村和农民，可以让农业投入增加，让农民改善居住条件或者获得进城购房的补贴。如重庆"地票"的运作，可以让参与农民平均每户获得10万元的补贴。土地置换实现了资金筹集，有了资金可以推动农民进城，农民进城将土地指标带入城市，这与现在中央提出的"人地钱"挂钩工程是一样的，形成"人往城转、地随人走、钱从地出"的链条关系。置换过程中能否释放出土地级差收益则是置换运作的关键。

在具体操作上，如何把整村搬迁与零散回购结合是关键。建议规划撤并村庄要限制交易和主动回购相结合，坚持循序渐进、分步退出，适当拉长搬迁置换过程，尊重民意，给农民一些选择时间，划小复垦区规模（如10亩左右），交一片、垦一片、验一片，并给相应"地票"指标。外业上采用GPS对地块勘测定界；内业对比高清卫星图像，结合"二调"进行分析，确定土地权属、面积和地类。初始调查后，在卫片监测下动态管理，整村退出与农户单独退出相结合，把运动式的推进变成长期常态的持续推进过程。周期拉长的另一个好处是让农民更理性地选择未来居住地，不要出现在小城镇统一建设住房但人又往大城市跑，没人居住，由空心村又变成空心镇。

另外，各地政策比较纠结的是如何处理好宅基地与承包地同步流转还是分开流转的问题，在笔者设计的农地产权制度和使用权制度下，这一问题已经不存在。不论农民是否退出宅基地，在农地经营上农民有多种选择。在持有所有权股份下，农民可以自己拥有承包权并自己经营，也可以承包后将经营权转让，或者经营其他农民流转的土地，也可以放弃承包经营权，只持有所有权股份，甚至可以放弃土地所有权。这样的灵活选择让土地流转变得更加简单，让农民更愿意离土又离乡且不失去农村集体的成员资格。

在这样的置换过程中，比较受质疑的是宅基地新复垦的农地与城市周边被占用农地的质量差别问题。过去的土地观是耕地是不可再生的资源，耕地质量好坏除了与气候、降水和灌溉条件等有关外，一个非常重要的因素是长期形成的耕作层。耕作层是耕地精华，是农业生产的物质基础。据国土资源部通报，根据 2015 年中央一号文件要求及全国国土资源工作会议部署，2015 年起我国将全面推进建设占用耕地剥离耕作层土壤再利用工程。[①]"征地不征土、移民又移土"，通过"移土培肥"，建设占地耕作层土壤得到剥离再利用，可以大大提升新复垦耕地的质量，使宝贵耕地"起死回生"。如果这一做法能够成为强制性要求，耕地的置换又可以演变成为"耕作层"的置换。

第五节　征地制度改革

关于征收与征用。《土地管理法》第二条第四款规定，国家为了公共利益的需要，可以依法对土地实行征收或者征用并给予补偿。征收是指国家基于公共利益需要，以行政权取得集体、个人财产所有权并给予适当补偿的行政行为。征用与管制一样，应该是政府的一个行政强制权，也就是行政机关为公共利益目的，依法以强制的方式取得公民个人、法人或者集体经济组织的财产所有权、使用权或车船等运输工具，也可包括征用人力，并给予一定经济补偿的行政行为。征收和征用是国家强制取得公民和法人的财产权或者强制使用公民和法人财产的制度，属于一种例外规则。征收和征用是既有联系又有区别的两项法律制度，其共同点在于强制性，依法实施的征收和征用，仅依政府单方面的意思表示（征收命令、征用命令）而发生效力，无须征得被征收、被征用的公民和法人的同意，被征

---

① 王立彬：《我国将推建设占地耕作层"起死回生"工程》，载于《新华每日电讯》2015 年 2 月 26 日。

收、被征用的公民和法人必须服从，不得抗拒；土地征收和征用的不同点是征收的实质是强制收买——主要是土地所有权的改变，不存在返还的问题（梁慧星，2004）。如《物权法》第四十二条规定，为了公共利益的需要，依照法律规定的权限和程序可以征收集体所有的土地与单位、个人的房屋及其他不动产。征用的实质是强制使用——只是使用权的改变，被征用的土地使用完毕，应当及时返还被征用人，即是一种临时使用土地的行为。如《物权法》第四十四条规定："因抢险、救灾等紧急需要，依照法律规定的权限和程序可以征用单位、个人的不动产或者动产。被征用的不动产或者动产使用后，应当返还被征用人。单位、个人的不动产或者动产被征用或者征用后毁损、灭失的，应当给予补偿。"

下面首先讨论一下合理补偿问题。

一、农地股份共有制下的征地补偿关系

先看看几个现行土地法律法规关于征地补偿的规定。《土地管理法》第四十七条规定，征收土地需补偿三种费用：土地补偿费、安置补助费以及地上附着物和青苗的补偿费，且规定了征地补偿是按原用途补偿。《土地管理法条例》第二十六条规定，土地补偿费归农村集体经济组织所有；地上附着物及青苗补偿费归地上附着物及青苗的所有者所有。征收土地的安置补助费必须专款专用，不得挪作他用。需要安置的人员由农村集体经济组织安置的，安置补助费支付给农村集体经济组织，由农村集体经济组织管理和使用；由其他单位安置的，安置补助费支付给安置单位；不需要统一安置的，安置补助费发放给被安置人员个人或者征得被安置人员同意后用于支付被安置人员的保险费用。《土地管理法条例》明确了三种征地补偿费用支付给谁。而《江苏省土地管理条例》第二十七条进一步明确了三种补偿费用如何分配使用的问题。

从这些法律法规的规定可以看出，土地补偿费补给村集体经济组织，是对集体经济组织及其成员的土地所有权的补偿；地上附着物和青苗的补偿费是对农业投资人实际投入和当季经营收益的补偿，也就是经营权的补偿；安置补助费是对失地农民的安置，相当于对土地承包权的补偿。且确定需要安置的农业人口是以不降低其余农业人口人均耕地承包面积为原则。在这样的征地补偿制度设计下，土地补偿费的分配权在集体经济组织手中，而实际上是在村委会手中，也常常是在几个村干部手中，这个费用以集体可以统一支配使用的理由被层层截留、私分或者挪用。虽然江苏省

的条例规定土地补偿费的 70% 以上应分配给被征地农民，但村务不公开，贪污截留现象屡屡出现。根据被征耕地数量确定安置人口，过去安置"农转非"是好事，被安置对象的确定常常是全村组平均摊（多出现在线性征地），或者好事轮流享受（分片分期征地）。现在不愿意被征地的，往往按照谁承包地被征收（用）就安置谁，无法体现共享或者共担。土地流转后的农地被征收（用）也会出现流入方与流出方的争议与纠纷。

笔者所提出的农地产权制度与使用权制度改革，确立新的"三权分离"后，征地补偿如何相应改革呢？建议要按各自权益主体进行补偿，明确受偿人，减少征地纠纷，便于全国制定统一的原则性的标准。确保农业地租补偿留给土地所有者，承包权的补偿重点解决人员安置，生产投入补偿由使用权人和经营权人取得，农地转用产生的建筑地租由国家取得。按权补偿的具体办法可在《土地管理法实施条例》中细化。

首先是土地所有权补偿的根本变化。农地股份共有制下，被征收（用）的土地也是共有土地的一部分，某个村组农地被征收（用）后，因所有权份额与具体地块无关，集体组织的所有农民都按照股份相应减少农地份额，并按股份平均地获得土地补偿。农民都没有丧失集体成员资格，而且按照"生不增、死不减"原则，外嫁女的股权没有丧失，外嫁女同样可拿到土地补偿款。下次该村组再被征地，仍按照这样的方法处理和分配，直至某个村组农地低于一定的绝对值或者人均农地低于某个临界值时，再次征地需一次征收，或者不得再征收而留地安置，村组自行利用。土地补偿费原则上应该量化后全部按股分配，集体组织不得提留。《土地管理法实施条例》第二条规定了农村集体经济组织全部成员转为城镇居民后的村组被征地剩余土地的处理，也就是该村组土地转为国家所有，一般以村民小组为计算单位。笔者认为，土地管理法实施条例中有关撤组剩余土地收归国有的规定亟须修订，"撤组剩余"的标志不能简单视为整个村组的农民转为城镇居民。因为现在征地并不是农民转为城镇居民的唯一途径，户籍改革更加不能把"农转非"与征地挂钩。即使农民转为居民了也不能简单宣布土地国有化，农民可以按股份分批次逐步享受所有权的份额补偿，尽管整体的所有权总量在不断减少，但成员仍然可以继续平均享有。

其次是土地承包权的补偿。过去承包权相当于用益物权，所有权被弱化的情况下，承包权往往成了成员资格权，现在强化土地所有权后，承包权是由其成员身份带来的优先使用权，可优先租赁集体土地并要支付使用费。承包的土地对农民既具有生产资料功能又具有使用生产资料带来的社会保障功能，承包者有种植权，也就是使用生产资料的权利，安置补助费（或类似的费用）实际是对农民土地使用权（承包权）的补偿，是对农民因丧失生产生活资料的使用权的补偿。如农民的承包地被征收后，应调整其他土地继续承包耕种或者保证被征地农民的转业安置，也可以发给自谋职业费。就像在工厂上班的工人在企业关闭或者被并购后，工人有获得分流安置的权利。即使承包者将种植权让渡给别人，因被征地丧失承包权的补偿还是应该给原承包者。这就类似于工厂厂房虽出租给其他人使用，但工厂被征收时获得的补偿应该有直接用于安置职工的费用。如果农民在家庭承包经营下土地发包时就选择放弃，没有签订承包合同的，因没有承包权而不能获得补偿。类似工厂职工已经与企业解除劳动合同，自谋职业或者另寻出路，企业被征收时没有签订劳动合同的职工不能再获得安置补助。但职工如持有企业股份，不影响其可以获得股份分配。

最后是土地经营权的补偿。经营权为实际耕种经营者持有，土地征收（用）时仍然应该对农业投资人实际投入和当季经营收益进行补偿。具体可能包括地上当季农作物、灌溉设施、对土地改良所作出的投入、土地整理新建沟渠道路、必要的农业设施等。受偿对象是调查登记确认的实际投资人。如果是原承包人投入的或者是村集体组织统一建设的，应补偿原承包人或者村集体组织，但经营权流转时经营者已购买或者付费的除外。例如果园、鱼塘等投入补偿可以由土地承包者与实际经营者按各自投入协商分配。类似于房屋出租，房屋转租后被征收时的装修设施补偿，是出租人投资的补偿给出租人，是承租人投资的应该补偿给承租人。土地经营权在被征收（用）时可以获得补偿的权利应该在法律上明确，否则不利于保护投资人权利，不利于土地流转。

关于征地补偿标准。目前补偿标准不论什么费用都与土地年产值挂钩，是很不科学的。笔者建议：

（1）对土地所有权的补偿，建议按照被征土地现用途平均年收益水平补偿30~50年，相当于农地收益资本化的价格。具体补偿多少年比较合理，能够与产权价格相当，笔者暂没有深入研究。据美国农村发展研究所所长罗伊·普罗斯特曼的长期研究，他认为农地30年净现值相当于所有权的70%~95%。这一结论不一定准确，但是其思路值得借鉴。土地补偿费分配建议集体组织不作提留，都量化到农户个人，集体组织如果有集体股份，按集体股份分配。目前《土地管理法实施细则》规定，土地补偿费的受偿主体是农业集体经济组织，村和村民小组集体如何对其进行分配没有规定。如果土地补偿费不量化分配，被征地农民就只有青苗费补偿以及被安置或者领取安置补助费。从各地规定的分配方法或者农村"村规民约"的操作实际，也印证了农地股份共有制的制度合理性。如《江苏省土地管理条例》第二十七条规定，农村集体经济组织应当将不少于70%的土地补偿费支付给被征地农民。北京郊区土地被征用后，土地补偿费使用分配大致包括：对被征地人一次性经济补偿；按月发放经济补助，给老年人发放退休金；安排就业；土地补偿费全村组平均分配，然后统一调整土地；经村民大会同意，统一进行投资和用于公益事业等。从这些做法可以看出，土地补偿费虽然法律上规定归集体所有，但"集体所有"实际是"人人所有、大家共有"，土地补偿费一定会以各种形式在村民中分配，而且这些分配方法都可以用股权分配制度代替。管好土地补偿费的关键是取消行政监管和分配，代之以按照股份制企业制度严格监管土地补偿收益的分配与使用。

另外，集体经济组织及其成员还应该获得和共享土地发展权的补偿，下一节专题讨论。

（2）对土地承包权的补偿，可以按照需要安置的农业人口计算，以其可以享受不低于当地城镇社会保障水平需支付的费用为计算依据，所补偿费用可以支付得起社保费用。如果安排就业，且吸纳就业的企业为其缴纳城镇社保费用，安置补助费用可以支付给企业。如果是自愿前提下调整耕地给农民继续耕种的，安置补助费可以付给村集体组织，建立失地农民社会保障基金，但相应计算已经安置了部分人口，该村组今后再次被征地，待安置农业人口不再增加和重复计算。征收其他农用地的安置补助费，可以按照与耕地的折算比例计算，征收未利用地和农民集体所有的非农业建设用地以及其他不涉及土地承包权的土地，不支付安置补助费。也有人建议土地承包权补偿应该考虑剩余年限问题，笔者认为农地股份共有制下的土地承包年限已经不重要或没有具体意义，补偿可以不与年限挂钩。承包权补偿的重点是解决农业安置人员的社会保障问题。

（3）对土地经营权的补偿，建议可以引入评估机制，对待补偿标的物采取统一定价与市场评估相结合方式确定。

这样的制度设计笔者认为有以下优点：

（1）土地所有权（股权）、土地承包权（生产生活保障权）和土地经营权（收益权）分离，"三权"补偿方法合理，对应的受偿主体明确，确定了公平补偿的原则而不是大一统的"土地年产值"标准，突出了所有权（物权）的补偿，兼顾人员原依附在土地上的社会保障的转换，同时按照"谁投资谁受益"原则给予收益权合理补偿。这样的补偿也充分考虑了土地所承担的包括生活保障、失业保险和养老保障等在内的多重功能。

（2）股份制可以更好地解决征地中的公平与利益共享问题。村组内，一个集体经济组织内的被征土地并不对应是谁所有，而是共有土地中的部分或者全部，全村组农民可以按股分配土地补偿费，也可以由董事会决定分配比例，或者进行其他投资。例如，建邺区某街村的村民委托集体用征地补偿收益购买科技园区的房产，再招商出租给科技型企业，培育产业和税源。股份制企业控制和管理好土地补偿费用也可以有效避免农民"富裕一阵子"，在"一锤子买卖""一次性买断"下一夜暴富，挥霍消费后又很快返贫。在集体经济组织的统一资产运营下，失地农民可以"幸福一辈子"，有稳定的分红收入，也有就业和社会保障。

（3）股份分配可以避免土地补偿标准频繁调整带来的前后标准矛盾。在城郊接合部的村庄可能在几年甚至十几年的跨度内被反复征地，每次补偿标准和实际所得并不一定一致，随着时间推移会有所调整，但对于土地所有权份额的补偿，每次都是按股份分配，保证公平合理，避免了先被征地的吃亏，到处上访；或者先被征地的占便宜，后续征地无法推行。政策调整为了惠及已被征地农民，可以为前面已经失地的农户全部办理城镇社保。南京将1983年以来的51.28万被征地农民全部纳入社保体系，不失为有益的探索。

（4）尽管建议的土地补偿费实际标准会大幅度增加，但土地补偿费是对土地所有权的征购和赎买，是一次性的市场公平交易。过去的思路往往是农民进厂工作或者进入城镇社会保障，把人"安置"好是主要的，集体土地是"公家"的，不是农民的，适当给些土地补偿费就可以了。这就是征地补偿费用长期偏低，集体土地所有权被弱化，农民实际利益受损的主要原因。2011年，土地出让均价约为每平方米944元，农民在征地中所分配的收益比例并不高。笔者不是主张让农民从出让收益中分一杯羹，而是永久收购农民土地给予的土地补偿费标准偏低，应该加大土地征收成本。所以要在与土地所有权对应获得的土地补偿费补偿方法和标准上改革，体现平等购买。反对者的理由是大大增加了基础设施建设成本，但我们本身就不应该以基础设施建设的理由牺牲农民利益。关于补偿是否应该区分公益与非公益后面专题讨论。

（5）可以合理解决"增人不增地、减人不减地"的征地补偿问题。前面明确了农地股份共有制下所有权分配坚持"增人不增地、减人不减地"的原则，那么农地股份所有权分配后，这个股权是永久的、可继承的，户口迁入迁出都不受影响。土地征收是相应获得土地补偿费的股份分配，而在这种所有权制度下，如果集体经济组织有未发包的土地或者收回承包权的土地，可以机动调整给新增劳动力，农业人口安置只考虑有承包权的人口。新增人口除继承外不能获得所有权份额但有可能获得土地承包权，死亡人口所有权份额可以被家庭成员继承但土地承包权被收回（不能继承）；新增人口获得了土地承包权就可以享受农业人口的安置，但没有土地补偿费的分配，死亡人口可以由继承人获得土地补偿份额，但死亡人口不应该安置，也没有安置补偿费的继承之说。对于没有放弃承包权但合同期内流转了经营权的，可以正常获得安置或者领取自谋职业安置费。

对未满16周岁的被征地集体经济组织成员，往往不能作为被安置对象，也不符合目前进入城镇社会保障的条件，大多数地方对此都没有解决政策，《南京市征地补偿安置办法》第二十八条第二款规定："市政府批准征地补偿安置方案时未满16周岁的被征地集体经济组织成员，所在村民小组如因本次征地而撤销村民小组建制，应对其发放一次性生活补助费，由征地主体单位另行支付。"[①]南京市只考虑了一次性生活补助，建议集体经济组织应该在土地增值收益和村集体资产中建立未满16周岁的集体经济组织成员今后进入社会保障的基金。

（6）按照这样的思路确定征地时新"三权"补偿方式与标准，可以将征地与不征地的农地流转补偿政策并轨。不征地但推行农地流转时，流入方可以对农民放弃的土地承包权和经营权分别支付补偿，不支付一次性土地补偿费用，按年支付土地所有权租金，农民按股分配。这也算是放弃承包权换取城镇社会保障的政策由来。实际在前面宅基地制度改革思路上，宅基地的流转也是基本与政府征收拆迁民房的政策并轨。这样，不论是农民主动离开农村、农地，还是因征地拆迁被动离开农村、失去土地，获得的利益补偿是基本一致的。

但政策和标准可以并轨并不意味着可以用土地流转的方式代替征地和土地非农化。上海将农村集体土地参股用于高速公路建设，采用集体土地所有权性质不变、使用权参与建设的做法，既节省建设初始成本，减少投资压力，也可以解决农民长期土地收益问题。这种做法实际对征地制度造成很大冲击，容易伤害农民的利益。笔者未对这些地方有深入调研，猜想是因征地补偿政策不合理加上非农化审批的难度，"探索"以农民土地入

[①] 《市政府关于印发南京市征地补偿安置办法的通知》，载于《南京市人民政府公报》2011年1月28日。

股形式流转用地并私自非农化，一方面农民得到持续利益分红，另一方面是用地者节省成本快速取得土地。也许还可以冠以两大"创新"：一是"农地股份制流转"，二是"农地同等入市、同地同权"。这实际就是几年前的"以租代征"的翻版，或者称为"以股代征"。笔者不否定各地征地补偿方式的探索，比如说鼓励农民将土地补偿所得入股开发区企业的形式，这一点笔者在高淳县（现改为"区"）开发区征地过程中也做过试点，参考征地补偿方式推行土地流转或者以土地流转政策探索征地补偿方式都是可以的，但核心环节是不能逃避用途管制和农地转用审批。当然还有一个根本点是征地补偿方式科学、政策标准合理，让农民直接受益，得到更多实惠，而征地其他环节的成本需要分类合理控制。现在土地流转中的简单做法是"土地换社保"，也就是放弃土地承包经营权的，可以换得城镇社保，但土地流转农民放弃的只是耕作权，也就是从事农业生产的权利，必然应该换得非农就业机会或者"社保"，但农民的土地所有权和土地发展权还应该有年收益或者股份分红。如果没有这个收益保障，则农民的权益就被剥夺了。

笔者的工作实践中还遇到过一个例子，建邺区江心洲作为中方与新加坡方合作开发项目，共同打造生态科技岛，15平方公里土地一半开发产业和住宅，一半不开发保持原生态。这就意味着开发用地需要征收，不开发不予征收，但对于农民来说，希望全岛村民一个政策、一样待遇。不开发部分政府征收需要有个公益用途的支撑，可以定义为城市生态湿地公园，但还需要农用地转用指标，实际土地仍为农业用途，并不转用，但据说主管部门不批不转用的征收。农民希望土地被征收、房屋被拆迁，希望能够获得城镇社保，但非规范征地进保障的大门是关着的。因此，需要改革创新，如果土地流转与征收政策设计并轨，应该可以解决这类问题。

二、土地发展权

近几年关于土地发展权的讨论很多。土地发展权最早起源于英国，美国于1961年订立了土地发展权，英美两国土地发展权的共同点是，土地发展权是从属但又独立于所有权的用益物权，对这种权利的预期收益（指用途变更之后可能产生的收益），要么国家向土地所有权人购买，要么后者向前者购买，土地发展权的归属是存在交易成本的（陈家泽，2008）。农民或者农地的主人，通常认为自己的土地被限制在农业用途上，形成了权利的牺牲，这被看作对"土地发展权"的侵犯（党国英，2015）。美国的土地私有制下（农地主要为私人所有），私有产权人可以自由改变用途而不受限制。美国保护农地的方法总体上有购买土地开发权（Purchase of Development Rights，PDR）、减税（tax break）和务农权法（right-to-farm law）三种手段，购买土地采矿权或者开发权的价格通常是根据土地开发的价值与土地用于农业生产的价值之间的差价（杨浩然等，2013）。

笔者理解，土地发展权是指土地所有者在其所拥有土地上可以进行用途变更、开发利用强度与方式调整而获利的权利。土地发展权应该归于土地所有权人而不是土地使用权的受让人或购买者，土地发展权可以流转或购买，受让人要支付对价（转让人的机会成本），放弃土地发展权则可以获得补偿。国有土地上的土地发展权归国家所有，集体所有的土地，其土地发展权归集体所有。国家将集体土地征收为国有的同时，土地发展权也被一并征收。国家可以利用土地发展权通过土地出让的方式将土地交由使用人进行再开发利用，从而获得土地增值收益。也有观点认为土地发展权就是农地非农化的权利，又称农地发展权。对于中国土地管理的实践来说，确实是因为设立土地用途管制制度，以农地农用为原则，限制农地转为建设用地，这就促成了土地发展权的产生。但完整意义的发展权理解既包括用途的变更，也包括开发利用强度的调整。"发展"可能源于农地非农化，也可以是工业改为商业，或者低密度开发改为高密度开发等，如果农业生产价值高于非农业，也可以建设用地改为农用地。由于中国土地发展权创设的主要目的在于保护农地，因而土地发展权还是可以狭义地理解为农地变更为建设用地的权利，或称之为农地发展权。当然前面在讨论宅基地制度改革时，提到了宅基地的置换也是一种发展权的让渡。

因国有土地的发展权属于国家，让渡土地发展权时，实际已经在土地出让收益中一并收取发展权所得，因此，实践中土地发展权补偿的发生主要还是集体土地被征为国有时对集体土地所有者的补偿。土地征收是国家为了社会公共利益的需要，依法将农民集体所有土地收归国有的行政行为。征收的目的一般是为了兴建厂矿、铁路、公路、港口、水利、国防工程等非农业建设，城市开发建设使用农村集体土地一般也采取征收方式取得。农民的土地之所以被征用，是因为他们在土地上设定了或者可以设定非农发展的权利。土地征收（用）实际也是农民土地发展权的被征收（用）。被征收（用）的发展权能否公平的得到补偿呢？发展权的资产化，也是保障农民财产权的重要方面。

目前中国征地补偿制度一个基本原则是按被征地前的原用途补偿。根据农业产值的一定倍数对农民的征地补偿与土地发展权被政府征收获得的土地增值溢价之间存在巨大差距，对农民的征地补偿标准明显过低。随着城镇化逐步推进，建设用地价值不断攀升，土地未来的增值收益主要归土地征收（用）人。虽然政府不断调整提高补偿标准，增加就业保障、社会保障等救济路径，但土地所有者在法理上的权利没有对应获得补偿。

现行《土地管理法》确定的补偿原则是不降低被征地农民原有生产和生活水平。而我们的征地改革目的不仅是"维持生活水平不降低"，而应该是农地转为非农地的增值收益如何与农民共享，或者是农民集体组织享有共同开发权。也许有人会说，农地非农化应该坚持"涨价归公"原则，但发展权的补偿不属于"涨价"部分，而是土地所有者被强制征收的机会收益，与政府城市基础设施投入、环境改善等带来的"涨价"不是一回事，更不是市场自由竞争带来的"涨价"。土地所有者只需要在发展权上有一定补偿，来体现共享"发展"成果，给农民一些农地非农化的用途转换增值是合理的、必要的，农民自己的非农用地被征收了当然也应该给予发展权补偿。国家征收（用）的农村集体土地，如果是农村经营性建设用地，就是直接剥夺了农民集体继续在土地上获取收益的权益；如果是征收的宅基地，也就是剥夺了农民的居住发展权，即使征收的是农地，则国家除了剥夺农民继续农业种植的权利，也没有了在农地上设定的可能非农化的发展权。因此，国家征收（用）集体土地，除了应该给予土地现状投入和收益的补偿外，还应该给予土地发展权——土地潜在收益的补偿。农村建设用地（含宅基地）是已经非农化的土地，已经取得发展权，被征收（用）应补偿；农地是有非农化的可能和权力，但被禁止，这个禁止应该补偿或者付费购买。

土地发展权补偿的方式可以有实物与货币两种形式。笔者认为，可以把留地安置明确为是对土地发展权的实物补偿形式。一些地方结合实际探索在征地时安排一定的建设用地留给被征地农民集体经济组织开发经营[1]，使其拥有长期的、稳定的收益来源，这就是留地安置。征地留用地（以下简称"留用地"），是指国家征收农村集体土地后，按实际征收土地面积的一定比例安排给被征地农村集体经济组织用于发展生产的建设用地。为

---

[1] 国家土地督察广州局：《维护农民权益确保留下生计——广东省征地留用地政策实施问题分析与工作建议》，载于《中国国土资源报》2014 年 11 月 28 日。

保障被征地农民长远生计问题，国土资源部曾印发《关于加强征地管理工作的通知》，要求各级土地行政主管部门预留土地给被征地农村集体经济组织使用。从全国范围看，已经有广东、江苏、浙江、福建、湖南、上海、河北等多个省（直辖市）实行留用地制度，但由于至今在国家层面没有统一明确的规定，各地的留用地政策有所不同。1993年，广东省政府明确留地比例一般为征地面积的8%~10%。2005年上海市人民政府征地留用地以村为单位，原则上按5%~10%的比例留给村集体经济组织，巢湖市的留地比例为8%。

留地安置的目的是什么？是给村集体经济组织留发展空间、留可以长期收益的集体资产、留造血功能，使村集体与农民的资产纽带仍然存在，农民不因征地而返贫，社会可以保持稳定。"留地"就是留一些土地让农民自己发展，土地发展权没有被全部征收。留给农民的土地应该同时批准其将农地转为建设用地，并可以按照城市规划进行开发建设。一般可以建酒店、商场、商务办公等，或者可以按规划发展工业。不建议开发住宅，如开发住宅则应该由政府收回拍卖。例如上海市规定，留用地的用途和目的是能使农民获得长期稳定收益，因此一般开发建设标准厂房、商铺、仓储等，不得用于商品住宅房开发，留用地的收益主要用于增加农民收入和支持本集体经济组织公益性事业。征地留用地应依法征为国有，并由村集体经济组织取得出让土地使用权，且要求配套建立社区股份制，把资产按股份量化到人。深圳有些村集体组织将留地开发权（也征为国有）再交给开发商换取一定数量的村集体组织统一管理的物业资产，如商场和写字楼，每年的租金按股分红。

这里涉及两个细节：一是留地安置的面积如何确定；二是留地安置的实现形式问题。首先，面积核定应该按照被征用的土地面积而不是农用地面积确定，因为留地安置补偿也应该包括原农村自身建设用地发展权的补偿。其次，实现形式上不能强调以货币化为主，否则就违背了留地的初衷而变成简单增加货币补偿。可以结合是否成片征地而撤组、在城市规划区内还是区外、应该安排的留用地面积大小等确定。征地撤组类型原则上应该留地安置，线性工程和零星征地的可以折算成货币补偿，城市规划区内可以用商业公办、社区配套等用地安排"留地"，也可以明确某块土地上应该给被征地村集体多少建筑面积的商业、办公等载体。城市远郊区征地也要尽量给村集体安排工业、乡村旅游用地或相应载体。

土地发展权也可以直接用货币化形式体现。如何货币化？笔者建议用耕地保护补贴的资本化来体现。划入基本农田保护区的耕地被设定了土地发展权的限制，国家有权作出这样的规划控制和用途管制，但国家是否应该给这样的权力限制埋单呢？理论上国家除了有权为了保护环境、保护资源做出发展限制外，也有责任以奖励或者补助等形式对"不发展权"给予补偿。对于耕地保护，国家层面坚持土地用途管制，严格执行基本农田保护政策。但农民收获的经济效益却相对低下，产生了"种地不如'种房子'"的错误认识。农民是耕地保护的主体，理应获得必要的经济补偿。2015 年南京市出台《南京市耕地保护补贴暂行办法》，明确全市统一按 300 元/亩·年发放耕地保护补贴，补贴对象是与村集体经济组织签订承包合同的本村农户，农户若将土地承包经营权转包或出租给第三方，耕地保护补贴的发放对象仍为原农户，耕地保护责任也仍由原农户承担。[①] 土地发展权归土地的拥有者而不是实际经营者。因此，保护耕地的补贴应该支付给所有权的股份份额所有者，而不是土地承包经营权流转后的实际经营人。既然我们可以把政府给予农民的保护耕地的补贴理解为"不能种房子、只能种庄稼"的土地发展权受限的补偿，那么农民的耕地（可以扩大为农地概念）被征收（用）时，就应该再得到一个土地发展权的补偿。补偿的标准可以按照土地所有者保护耕地获得的补贴，参考土地补偿费的计算方法，补贴 30~50 年。如果划入基本农田保护的耕地补贴标准高一些，则相应土地发展权补偿的资本化费用也要高一些。

上述讨论的是农地转用的发展权补偿，至于农村土地城市化，征用转用以后城市政府或者实际征用人对土地的再开发整理带来的增值，就与原集体土地所有者没有关系了。例如土地征用后，有些土地规划安排做基础设施、公益设施建设，有些发展产业，有些则是房地产开发，至于土地后续开发利用是否有收益、是否有更高的增值收益，都不应该再与农村集体组织和农民有关。也不应该将土地市场的好坏与农民的收益分配挂钩。再如，一个工业企业如果征收农地发展工业，需要向农民支付土地发展权补偿，后来城市开发将该工业土地规划为住宅用地，政府再征收该工业用地，因用途变更、容积率提升等带来土地增值，工业企业可以获得土地发展权的补偿，但不能追溯原农民集体可以再分享发展权增值收益。即使征用后直接挂牌拍卖为房地产开发的，政府只要对农民土地发展权给予考虑即可，不需要讨论土地出让收益是否应该给农民分一杯羹。顺便要讨论的是国有土地上的工业企业被再征收时的补偿问题。按原用途进行常规的土

---

① 韦铭：《南京首次发放耕地保护补贴》，载于《南京日报》2015 年 8 月 9 日。

地与房产原值评估也好，市场价值评估也好，都没有办法让被征收人满意，这就是缺少了一块"土地发展权"的补偿。我们不能将具体哪块土地的发展权补偿对应该土地用途变更带来增值收益，因为也可能建学校、公园等而无收益，但可以规定按照商办产业用地的平均土地收益给予一定比例增值收益补偿，这个比例可以在10%～20%左右。南京过去鼓励"退二进三"，对污染搬迁企业交出来的土地，给予再出让收益的17%，实际就类似于发展权补偿。

特别要强调的是，土地发展权的补偿应该给土地所有人而不是土地承包人，更不是土地经营者，在笔者的制度改革设计下，就是补偿给土地股份合作社，按股分配给农民。与村组行政组织无关，不得截留。土地发展权强调的是土地所有者甚至是更多相邻土地所有者共享，特别是以实物形式补偿的土地发展权，应该能够比较好地实现共有，大家平均分配、股份分配，而不是谁的承包地被征收（用）了，谁被安置进厂不种地了就补偿谁，其与土地承包经营权的被征收（用）无关。这似乎也是农地股份共有制度有利于征地制度改革的佐证。

政府给予农地发展权补偿的另一重要理由是，政府将农地批准转为非农用地，将土地发展权释放出来，增加了土地市场的供地规模，实际就相当于增发了货币。因为将土地资本化，增加土地供应就是增加土地资本投入，土地抵押可以带动银行投资，房地产的增值保值功能实际主要是土地的增值保值。在中国现行土地制度下，政府供地类似货币发行，土地供应政策也是国家重要的宏观调控手段。政府获得土地供应（增发货币）的权力，理所当然应该给牺牲发展权的农民以补偿。

农村建设用地入市的实质是什么呢？就是农民集体已经将农地转为非农用地，已经自己获得了土地发展权，农地入市就是发展权的再转让。所以在征用补偿上除"三权"补偿外应该市场化获得发展权补偿，或者让农民集体以同等权利入市交易。

农地转用许可应该体现对土地发展权的市场购买。因为农地转用需要计划指标，这个指标来源于两个方面：一个是按土地利用规划确定的每年的农用地转用计划指标；另一个是现有建设用地转为农用地置换来的指标。似乎计划分配的指标不需要拆旧村庄和复垦耕地，成本较低，所以更热衷于等待计划分配指标。应该规定计划指标就是土地发展权，不可以无偿分配取得。要么向国家支付计划指标费用，国家征地时向农民购买土地发展权；要么购买土地置换指标，相当于购买了土地发展权。另外两点说明。一是使用计划指标办理农地转用仍需缴纳耕地占用税和新增建设用地有偿使用费，并承担耕地占补平衡义务；使用置换指标理论上建设用地没有增加、耕地没有减少，所以不存在这两个费用和补充耕地义务。二是在土地征收（用）上国家不应该以公益用途与非公益用途划分对农民的补偿标准，或者想当然分为征用和征购，对农民就应该是一个标准、一个政策，但国家可以在农地转用指标分配、占用耕地的国家规费上对市政设施、公益项目给予减免或者支持。

三、公共利益的界定

征地制度改革的另一个着眼点是缩小征地范围，强调公共利益。这里再讨论一下公共利益的界定、理解以及公共利益与非公共利益的处理等问题。

1. 界定的目的

目前法律对公共利益没有明确的规定，不同的人对公共利益有不同的理解。张瑞体（2014）认为，公共利益是一定社会条件下或特定范围内不特定多数主体利益相一致的方面，它不同于国家利益和集团（体）利益，也不同于社会利益和共同利益，具有主体数量的不确定性、实体上的共享性等特征，公共利益在本质上是非人格化的利益，是不特定多数人的利益，对公共利益的确认总体上要符合基本公平与正义的自然法原则。

界定公共利益的目的是防止公权的滥用，保护公民和集体的财产权不被利益集团随意剥夺。《中华人民共和国宪法》既授予了国家征收征用权力，同时也规定，"公民的合法的私有财产不受侵犯。国家依照法律规定保护公民的私有财产权和继承权。"国家只有在公共利益需要的情况下，才可以实施征收权力。

但界定公共利益不能走入另一个误区，就是为公共利益的征收可以低价补偿。对区分公益与非公益用途采取不同补偿方式和标准的观点，笔者曾经专门给予批判。[①] 有人提出非公益性用途征地应该采取征购方式，笔者认为，征地制度不宜实行征收与征购并举。征购是指国家根据法律向生产者或所有者购买。征购的含义是特指购买的主体是国家，但仍需要按市

---

① 宗仁：《征用制度应该是中国的基本征地制度——征地制度改革杂谈之一》，载于《南京土地》2008年2月增刊。

场规律去赎买，国家为取得个人的私藏品（如字画、古董）、集体企业的资产等，可适用征购方式。但将集体土地所有权征为国家所有不是市场行为，而是政府的行政行为。前面已经分析表明，征收土地给予农民土地发展权补偿后，土地再利用的增值收益就与农民无关了，那么农地转用后的用途是公益的还是非公益的，并不影响对农民的补偿，既不会因为公益用途就可以压低补偿费用，也不会是非公益用途获得其他利益。

按是否公益项目确定征地方式是表面上的公平、事实上的不公平。主张部分项目实行征购的理由是，非公益性项目也实行低价征用对被征地者是不公平的，认为房地产开发等经营性用地就应该与农民讨价还价，以市场方式买地。表面上看，这的确是公平合理的，而事实上却是农民耕种的土地安排什么样的项目是由政府规划和用途管制决定的。如果得到什么样的补偿也由项目类型决定，就会出现耕种条件完全相同的土地的农民，因政府确定的建设项目不同而得到不同的补偿，产生了相对的不公平，也是对同等权力有了差别性对待。如1993年南京市某镇的一个行政村同时被两个建设项目征地，一部分农民的土地被一个房地产开发项目征用，另一部分农民的土地被沪宁高速公路建设征用。结果是同一村组的农民因政府确定的项目不同，得到的补偿大相径庭。开发项目与高速公路项目两者比较，劳动力安置补助费分别为1万元/人与0.6万元/人；房屋拆迁补偿前者是300元/平方米以上，后者统一规定楼房为150元/平方米，平房为120元/平方米；其他对集体的补偿费用也有很大差别。让人不解的是，这种明显的不公平、不合理竟然通过政府的文件规定下来。当地国土部门曾经作为工作创新，区别于一般征地专门制定市政、交通等重点项目征地补偿文件，实际就是可以省程序、低标准，通过牺牲集体和农民的利益去实施政府项目。结果虽然征地工作人员拿着"红头文件"反复对农民解释其"合法性"，农民仍然很难接受。后来文件也很快被废止。

这里还有一个很大的误区，很多人的观念中都认为征地就是某个用地单位持政府的用地批文，从集体手中征得土地。用地单位与被征地单位之间的谈判过程就是市场中的讨价还价过程。问题主要出在我们在征地的实际操作中，政府主体地位不强，确定征地费用都是由政府土地部门牵线搭桥，用地者与被征地者协商。给人的错觉就是政府做中介，双方买卖土地。其实征地是政府的行政行为，不论土地未来由谁使用，政府都应该按规定标准补偿。由此看来，征地的主体只有一个，不存在"开发商征地""私营企业主征地"的说法，因而也不存在按征地主体划分是征用还是征购的问题。

2. 公共利益的理解

现实中通过国家征用土地是满足城市化、工业化土地需求的主要途径，通常要先征用变成国有，再由政府以出让或者划拨方式供应土地。但宪法规定，国家只有出于公共利益的需要，才能对农地进行征收或者征用，非公共利益用地不能任意剥夺集体土地所有权和农民的使用权。现在很多人提出的改革思路是缩小公益性征地范围，严格限定公共利益，目的是防止"公权"滥用。那么今后的用地困境如何解决呢？

物权法专家、中国人民大学法学院院长王利明（2005）认为，在《物权法》中要对公共利益下一个准确定义是非常困难的，只能留待通过有关的程序解决或者通过司法个案进行解释。一是公共利益概念本身具有概括性，内容非常宽泛，不仅包括经济利益，还包括非经济化的利益；二是公共利益是一个开放的概念，公共利益因不同社会发展阶段、各国的具体国情、经济发展水平而具有不同内涵；三是对于利益评价具有相当的主观性，公共利益中的受益对象也有不特定性，随着不特定的人越来越多也可能转化为公共利益；四是公共利益的分层次性，包含了各种层次的公共利益。所以他认为《物权法》并没有必要给"公共利益"一个明确的界定。笔者对此观点也非常赞同，但基于当前征地制度的设计，还是要有列举和原则表述。我们需要讨论一下对公共利益如何界定。

世界主要国家土地征用制度一般都规定坚持公共利益原则，凡是有关土地征用的所有法律都把国家土地征用的权力限制在服务于"公共利益"。在世界各国，公共利益的范畴有许多共同之处，例如基础设施用地（交通、能源、水利、电力等）、公益事业用地（学校、群众性文娱场所、公园、行政机关等）、特殊用地（国防、旅游、墓地、陵园等）等可以征收土地、征收房产，但不同国家由于社会制度不同，历史和文化背景不同，对"公共利益"会形成不同的认识。一般说来，关于国家强制征地的法律有三种方式来定义公共利益目的。

第一种方式是广义定义公共利益，明确一般原则，对其范畴没有明确的限定。这类国家土地征用法或相应的法律并没有对公共利益的范畴进行明确限定，只是一般原则。这些国家包括美国、澳大利亚、加拿大、德国、菲律宾、越南等。中国在《宪法》《土地管理法》《土地管理法实施条例》《物权法》等法律法规中都没有对什么是公共利益作出明确表述。所以中国也属于此类。

第二种方式是用列举法明确列出可以定义为公共目的的具体用途，也就是对适合征用的"公共利益"进行详细列举。日本在土地征用法中详细地列出允许进行土地征用的 35 项 49 种公益性用途。还可以进行一些反向列举，也就是把很明确的非公共利益进行列举。主要是禁止为商业目的或盈利性项目征用土地。如政府自身的利益、商业利益和特定利益集团的利益，就不是公共利益。这类国家和地区对征地的目的限制较严，对政府机构征用土地的权力有一定的约束。

第三种方式是一般原则法与列举法相结合。巴西和墨西哥采用的是第三种方式。该方式既明确了征地的范围，又具有一定的灵活性，在实践中具有可操作性。

一般原则法与列举法的结合可以作为我国征地限定公共利益的方式选择。其实有些比较笼统的大类列举实际也相当于一般原则表述。比如国防的需要，可以理解成一个列举，也可以说是某一方面公共用途的一般原则表述。这里讨论一下可以列举的事项。中国虽然在关于土地征用的法律中没有作出列举的规定，但《国有土地上房屋征收与补偿条例》第八条中规定可以由政府作出房屋征收决定的类型有：（1）国防和外交的需要；（2）基础设施建设的需要；（3）公共事业的需要；（4）保障性安居工程建设的需要；（5）旧城区改建的需要；等等。对房屋连同土地的征收进行的公共利益列举应该可以适用于对农村集体土地的征收。这算是有法律依据的列举。当然还可以在大类里面进行小类的细分，如交通类可以再细分公路、铁路、河道、桥梁、码头、车站和机场等；市政公用类可以细分用水设施、污水处理系统、电力设施、煤气管线等；国防需要可以包括军事设施、军事基地、兵工厂等；公共建筑可以列举为公共利益需要，具体包括学校、图书馆、医院、体育馆、教堂、公立机构办公楼和公有住房等，为低收入家庭建保障性房屋可以算公共利益。再看看《土地管理法》第五十四条规定关于可以划拨方式供应土地的类型包括：（1）国家机关用地和军事用地；（2）城市基础设施用地和公益事业用地；（3）国家重点扶持的能源、交通、水利等基础设施用地等。一般只有公共利益的用地才可以划拨，因此这几条规定实际也是对公共利益的列举，国家机关用地就是公共利益需要。另外还有一些专项法律规定了可以征用的类型，如《防洪法》。

当然，非公共利益也可以转化为公共利益，例如，某个棚户区的改造，如果绝大多数居民强烈呼吁政府尽快征收改造，那么政府依规划采取的开发改造行为因为顺应民意，既解决了棚户区居民居住困难问题，也解决了城市居民居住环境和配套完善等问题，这就是公共利益，同样，如果农村开发对所有人都有利，那就是最大的"公共利益"（张千帆，2011）。公共利益具有层次性和可转化性，在某个层次某个区域的一定群体，项目属于公共利益，在另一层次可能就不是了。如近期南京市因变电站、垃圾处理厂项目发生上访事件，虽然项目为公共用途，但附近居民认为触犯了他们的利益。可转化是指借助正当程序和经济手段形成公共利益。公众参与是一个重要和必要的程序，规划的形成也体现了公众参与。政府在决策前，问政于民，与公众充分沟通，以寻求公众理解与支持，从而成为公众认同的公共利益。变电站的例子说明，如果规划透明、对居民进行必要的知识宣传和充分征询沟通，允许展开辩论，召开专家论证会进行专家论证，就可以让少数人服从公共目的，成为公共利益项目。有些项目也可以辅助以必要的经济补偿，如高架桥与周边建筑相邻太近的补偿。另外，司法判决往往是世界各国确定征收是否为公共目的的重要途径。如旧城改造中征收企业用地往往争议较多，能否被认定为公共利益常常靠法院判决。如笔者工作实践中碰到的因建设安置房征收某企业土地案件，经一审、二审诉讼而由江苏省法院裁定为符合公共利益，政府可以下达征收决定。

现在比较难确定的有两类：城镇房地产开发用地和经济发展产业用地。保障房开发已经列举为公共利益了，其余商品房建设呢？《城市房地产管理法》定义房地产开发是在国有土地上的建设行为，"国有土地的使用权方可有偿出让""房地产开发企业是以营利为目的，从事房地产开发和经营的企业"。也就是说，房地产开发必须使用国有土地，同时房地产开发是一个营利行为，非公共利益的需要。那么房地产开发没有国有土地怎么办？在集体土地上开发房地产（也就是小产权房）是明令禁止的。这似乎是个矛盾，但笔者认为是认识误区。政府从集体手中取得土地为城市发展提供公共产品也包括居民住房，这个过程是土地一级市场行为，而政府取得的城市用地是安排用于房地产项目还是其他建设，这是供地方式问题，是土地二级市场行为。政府取得城市发展用地应该是公共利益（一般原则法），可以征用周边集体土地；土地再供应给房地产开发是非公共利益的，不可以划拨。按照目前建设用地供应管理模式，并不存在某某开发企业为进行房地产开发营利而征用集体土地，征地是政府行政行为而不是特定企业行为。

笔者认为，新《土地管理法》颁布实施后，法律规定政府从农民集体手中征地有两种情形：一是在土地利用总体规划确定的城市、集镇建设用地规模范围内，为实施城市、集镇规划而占用土地；二是省以上政府批准的道路、管线工程和大型基础设施项目用地。后者大家一般都可理解是为

"公共利益的需要",那前者呢?实际同样也是为"公共利益的需要"。因为这类征地是符合土地利用总体规划和城市、集镇规划的,规划是为公共利益的需要而制定的,规划是公示和全民参与的,政府可以在公示阶段主动与划入城市化区域的村组沟通,如果可能,也一并规划好他们的发展留用地,相信村民及其组织会支持,得到支持就是没有侵害他们的利益而对绝大多数人有益。规划也是尽可能符合绝大多数人的利益,符合规划与符合公共利益需要应该是一致的。相反,如果某个项目不符合规划(比如外商看中的一块土地是基本农田),即使此项目有很好的经济效益,但在社会效益、环保效益等方面被规划否决了,就应该认为是不符合公共利益需要的。不符合规划的项目当然不是用高价征购的方式解决,而是必须坚持不供地的原则。可以说,政府为取得国家建设用地而征用集体土地时,有成片开发和单独选址两种项目类型,都是符合公共利益的。土地征用后,按城市规划具体安排项目时,可能有公益性的项目,按照划拨方式来供地,也可能有房地产开发等经营性的项目,可实行出让、租赁等方式供地。这些项目的类型决定的是供地的方式,而不是征地的方式。即使城市政府为城市发展征用土地带来出让收入,未来土地增值收益也都是进入了公共财政,并主要用于基础设施、公共产品和"三农"补贴以及教育等公益性支出,其性质本来就是公共利益(严之尧,2013)。

那么对于经济发展产业用地的讨论也是同等道理。产业经营必须营利,不管是工业、商业还是什么暴利行业,发展经济是国家的首要任务,经济发展的用地必须保障,这也是为社会进步提供经济基础的公共利益。国家可以通过规划在城市发展用地中明确产业用地的比例、区域,也可以集中规划产业用地如开发区,发展产业也可以与农村集体组织合作,而不一定要征用成剥夺他们的所有权。而且企业申请用地是向国家(政府)申请,而不是与村组谈判购买,企业无权征用土地。美国有一个支持经济发展征用土地的经典案例。2005年的凯洛诉新伦敦市案是联邦最高法院就宪法征收条款中"公共使用"解释问题所做出的最重要判例之一,对美国社会产生深远的影响。新伦敦市历史上是个依靠军事基地生存的小城市,1996年联邦政府裁军,关闭了这个基地。该市失去经济支柱,迅速走向萧条。地方官员不得不开始考虑如何复苏经济。1998年2月,辉瑞制药宣布计划在原海军基地附近投资3亿美元建立一个国际研究机构,以促进充分就业、吸引投资、拉动旅游,从而激活城市的经济以及增加财政收入。征地计划涉及土地共115块,其中有15块的业主即使给予高额赔偿也不愿意搬离,凯洛女士是他们的代表。2002年底,他们把政府告上了法院。原告凯洛等认为，当地政府把土地卖给私人公司，不属于"公共使用"。尽管政府所称的征用目的是"发展城市经济"，但这个方案实质就是商业开发。在无法得到新伦敦市高等法院和康涅狄格州最高法院的支持后，不服判决的原告继续上诉。联邦最高法院在 2005 年 6 月以 5∶4 的微弱多数做出终审判决，裁定新伦敦市的征用土地计划满足联邦宪法第五修正案"公共使用"的要求（田莉，2010）。

3. 征用与转用

这里还有一个误区是把征用与取得建设用地画等号。因为很多征地的目的是为了取得建设用地，人们习惯了理解只要建设就要征地，只有征地才能获得建设用地。实际征用是集体土地所有权被征为国家所有，具有强制性、补偿性、单向性，是所有权的转移，征用不代表用途变更，征用也不能代替农地转用审批。为公共利益需要，国家也可以征用集体农地为国有农地，例如农业科研单位征用农地作为农业生产研究基地，或者是铁路、公路两侧防护带土地征用而不改变用途，等等。即使办理了征用手续的项目，如果不符合土地利用总体规划、没有农地转用指标、没有获得农地转用审批，仍然是不能改变用途的，这就是土地用途管制，后面专题讨论。

征用的结果是取得所有权而不是建设用地，如果原来的村集体土地就是建设用地，可以征用为国有建设用地，如果是农用地，则需要办理农地转用。也就是说，能否获得建设用地与用途管制和农地转用审批关联。而农地转用没有要求必须征用，可以只转不征，农地转用也没有特别规定限于哪些公共利益，但要求符合土地规划和城乡建设规划，符合规划也可以理解成符合公共利益。那么对于前面列举中未能包括在内的非公共利益用地，不能实施土地征用权，但符合规划的用地行为，就可以办理农地转用获得建设用地，而不办理征用去剥夺所有权。这也可以理解为批准转用下的"农地入市"。村集体组织兴办企业用地和农民宅基地需要新占农用地的，可以只转不征。其他哪些类型非农建设用地可以不征用呢？住宅开发不能放开，旅游开发可以尝试，工商企业也可以尝试，但也要防止无限放大。目前根据《土地管理法》第四十五条对农用地转用审批和征地审批手续有明晰的规定。因此要探索哪些范围可以批转农地转用后，不需要同时办理征地手续。如果法律可以修改，不强调"城市土地属于国家所有"，城市土地可以有国有与集体所有并存，只是规划管理、农地转用、用途管制等都一样，那么就存在农村集体土地与城市国有土地同等入市和同地同价了，集体经济组织可以把土地补偿费变成地价去交易谈判。如果并存会存在混乱，那么就按照城市发展也是一般原则上的公共利益征为国有。

办理农地转用而不征用的，仍然要支付土地承包权和土地经营权的补偿，也包括土地发展权的补偿。土地补偿费则因为所有权没有变化而不用支付，但一般要按年支付土地租金。或者集体经济组织以土地补偿费入股分红。笔者建议，对于规划确定的国家级和省级以外的开发区（如县、镇的工业园区），可以尝试只转用不征用。

现在的问题是，如果企业或者个人按照市场价一次性支付了土地补偿费，土地所有权是否转移？如果土地所有权不再归农村集体所有，归企业或者个人所有吗？看来也只能是农村建设用地一定年限使用权的出让。其实征地制度改革并不应该盯着"公共利益"的界定和缩小征地范围去做文章，真正应该关心的是应该给予农民哪些权利保障和合理化的补偿。

四、土地征用主体与市场化

在中国，土地征用往往特指国家将农村集体所有的土地依法补偿后变成国有的行为，政府是实施土地征用权的唯一主体。土地征用必须由政府来组织实施。

《土地管理法》明确了土地征用的批准权在省以上人民政府，而批准后的组织实施则具体由市、县人民政府进行。也就是组织实施的主体是市、县人民政府，这主要体现在实施环节上。土地征用具体有调查、登记、公告、补偿等环节，调查、补偿的环节都可以由土地管理部门或其授权的专门的征地事务所实施，两次公告一次登记的主体《土地管理法》则作了明确规定：公告征地范围由县（区）人民政府负责实施，办理征地补偿登记和公告征地补偿安置方案由县（区）以上政府土地管理部门负责。应该说政府的主体地位体现得非常明显。但各地具体实施时还存在许多问题。有些地方的征地调查、登记、公告、补偿等环节都由用地单位操作或者让用地单位直接参与，也有些地方则把工作下放或委托给街镇、村组去做。这些都是不合适的。特别是由村组操作，会因村干部在政府和农民之间唱"双簧"，带来负面影响：一种影响是村干部得到好处，不能代表广大农民的利益，给农民施加压力；另一影响是为多要补偿，挑动农民阻挠征地、上访。为解决这些问题，必须强化政府征地的主体地位，规定除征地中的一些具体事务性工作可以由征地事务所操作外，其他应由政府或政府土地管理部门操作的，严格按规定执行。

　　笔者认为，尽管土地征用是政府作为唯一主体与农村集体组织之间不平等的市场交易行为，但政府仍应该是理性的"经济人"，要体现市场的公平性。这个公平性不是体现在今后这个土地是进行基础设施建设还是房地产开发，不是根据未来土地增值收益的大小来进行讨价还价、分配利益。市场化要体现在以交易原则替换补偿原则，公平交易"谈判"可以体现在土地原用途的产值评估、农业地力等级评价上，可以在一定弹性幅度内公平评估和谈判。而不是由政府制定统一标准，可以有更细化的评估方法和价格指导标准，可以建立第三方评估机制。评估的目的是让土地补偿的计算跟得上市场物价水平的调整，法律可以固定补偿计算的倍数或者其他计算方法，但不能固化"亩产值"标准。全国各地的统一政策可以是统一的倍数标准，但各地土地年产值可以有差异并按实评估。这就是市场化方向。农民集体组织超过评估标准的无理要求不予支持，由法院裁定后可以强制实施征地。

　　用评估的方法还可以适度考虑地块大的区位、地块具体灌溉条件等差异，而不是现在所谓的"综合区片价"。南京目前采取的是根据建设用地距离城市中心的远近，分层次确定土地补偿费级差标准的方法。补偿费用由城市中心向外依层次递减。至于圈层的数量和范围的确定，南京市的做法是分三个层次：主城区范围以内、城市边缘区（城市近郊）和城市远郊县。这种圈层划分的做法，笔者认为是欠妥的。因为法律规定的是按原用途补偿，原农业用途的土地价值与城市圈层并没有太大关系，而是与土地种植方式、地力和灌溉条件等有关，不是离城市中心越远，地价越低。

第六节　土地用途管制制度改革

　　前面重点讨论了产权制度及其衍生的其他制度改革，但上述制度的实施都离不开土地用途管制制度，需要进行配套改革。

　　任何国家对土地用途都有明确限制，土地管理都是用途管制原则，基本含义有：农地农民有、农地农业用、农地农民用。我国的《土地管理法》第四条明确了国家实行土地用途管制制度，严格限制农用地转为建设用地，对耕地实行特殊保护。美国把土地利用管制作为一种治安权。工业化和城市拥挤产生了对维持秩序和促进社会和谐的公共管制的需要。维持秩序的一种途径是控制土地的利用。治安权指的是政府管制私人活动来促进社会总体健康、福利和安全的宪法权利。治安权在美国常被用于指导土地利用。治安权的主要应用例子包括分区法令、建筑和健康法规、建筑物退让要求、污染消除以及租金控制。在这些治安权的行使当中，分区规划和地块细分管制相结合是控制土地利用最有效的方法。早期分区规划法的目的在于维持治安，利用分区规划避免周边土地的侵犯性使用来达到保护个人不动产价值的目的。分区规划的用途已经被逐渐扩展，现今它被用来提高社区的整体福利。

对于土地用途管制，笔者有几点认识。（1）管制就是强制性的管理，土地用途管制就是国家依据土地利用规划作出对土地使用上的限制和对土地用途转变的许可、限制许可或不许可的规定，并通过法律或行政手段实施的强制性措施。（2）实行土地用途管制的主体是各级人民政府，管制权衍生于国家对城乡地政的统一管理权和公共事务管理权，而不是土地所有权。政府对土地有征税、为公共用途征用、控制土地利用和无主归公等权利，实行土地用途管制是政府权力的一方面，具体代表政府行使用途管制权利的是各级政府的土地管理部门。无论是城市还是农村的土地，无论是国有还是集体的土地，无论是农地还是非农地，均应服从规划，受到用途管制。（3）土地用途管制不影响土地市场配置（宗仁，1998）。

土地利用规划是实施土地用途管制的依据；用途管制则是落实土地利用总体规划的手段。规划的主要内容就是在落实土地利用控制指标基础上，划分土地利用分区，将土地利用结构调整与用地布局相结合。用地分区是对包括好几种地类的区域，确定某一用途为主导用途，根据主导用途差异性分区。实际是在土地供需预测和土地适宜性基础上确定的用地布局，分区内的地类要按规划调整，土地用途要向主导用途变更。用地分区的主导用途是需管制的重点，是规划确定的土地利用方向；同时鼓励次要用途向主导用途转变，也可暂时维持现状，但不能变为其他用途。我们的关键是要有合理的用地分区方法，各分区有详细的条款式的土地使用规则，以便用途管制的实施，从而反过来落实规划。这部分详细内容请参考笔者1998年的文章《论规划修编后的土地用途管制》。

在新型城镇化背景下，各地探索农村土地产权制度改革，推动土地流转，实行城乡建设用地增减挂钩，鼓励宅基地流转，各项土地制度改革都在齐头并进，笔者觉得最不应该缺少的是土地用途管制制度的配套跟进。当前重点应该以土地用途管制来约束好农地非农化、农地流转非粮化、农村建设用地入市和宅基地的增减。

214

一、管制农地非农化

农用地的管制包括农地非农化的管制和农地农用的管制两个方面。坚持的原则是"农地、农有、农用"，即限制农地非农化，鼓励维持农用，有限制的许可农地区内部用途的变更。

在建设用地区内的现有农地在规划期内是可以转为建设用地的，但仍然应该经过严格的转用批准。首先要有农地转用计划指标，如果是占用耕地的应该有占用耕地的计划指标。其次是有严格的农地转用许可审批程序和权限。《土地管理法》第四十四条对农用地转为建设用地的审批权限和程序作了明确规定，农地转用的许可至少要省级政府批准。最后是付出农地非农化的巨额代价。除了征地补偿支出外，占用耕地的要落实耕地占补平衡，否则缴纳异地开垦费，因农地转用新增的建设用地，要缴纳新增建设用地有偿使用费。

规划在农地区或者非建设区的农地是禁止转为建设用地的。农地区分为耕地区和农用非耕地区，耕地区是根据规划期内耕地保有量来确定的，包括基本农田和一般农田两部分。基本农田就是依《基本农田保护条例》划定的基本农田保护区内的耕地，是确保人口高峰年对粮食需求量的耕地面积。主要是生产条件较好、集中连片、产量较高的耕地、城镇或村镇建设规划区外的耕地、交通沿线的耕地和其他国家规定需要保护的耕地。其主要限制非农化的管制规则有：任何单位和个人不得擅自改变或占用基本农田保护区；国家重点建设项目选址无法避开保护区的，应取得基本农田占用许可，批准占用的，经规划修订后按占用建设规划区的耕地实施；设立开发区不得占用基本农田保护区；禁止在保护区内建窑、建房、建坟或擅自挖沙、采石、采矿、取土、堆放固体废弃物。《土地管理法》第四十五条规定了例外情形，即经过国务院批准可以占用基本农田。一般农田是指包括规划确定为农业使用的耕地后备资源和其他零星非耕地、坡度大于25°但未列入生态退耕范围的耕地，泄洪区内的耕地和其他劣质耕地。其限制非农化的主要管制规则是：一般农田中的耕地禁止被建设占用，确需占用的，批准转用后修改规划，调整分区，再视为占用建设规划区内的耕地实施；确需占用一般农田中非耕地的，修改规划后视为占用非耕地办理许可。保留现状用途的地类不得扩大面积，需撤并的村庄不得翻建。严禁用于发展水产养殖业和建窑、建房、建坟及堆放固体废弃物。

农用非耕地区的土地主要用于园林生产和生态环境保护、畜牧业生产及各自必要的服务设施建设。土地利用管制规则主要有：各类土地不得擅自改变用途，农业内部结构调整应符合规划；划入本区的耕地转用应与本区外的非耕地转为耕地建立对应置换关系，否则不得改变耕地用途；严禁非农建设占用名特优、新种植园地和水土保持林、防风固沙林等防护林用地及优良草场，限制占用一般园林牧用地；鼓励通过水土综合整治、治理水土流失、荒漠化、盐渍化，扩大园林牧业用地面积。

以土地用途管制制度代替分级限额审批制度是土地管理方式改革的核心，也是实施规划的重要手段。为强化转用许可作用，要坚持土地利用总体规划的科学性、稳定性和法定效力，加强规划的刚性，留有一定的弹性。要加强土地利用计划的执行与控制，通过年度计划的控制，有序释放可转用的农地，防止透支转用额度。要加强动态巡查和卫星监测，防止擅自转用行为。

农地非农化实际就是土地发展权的释放，市场上建设用地总量的增加就是土地总资本的增加。某种程度上说，农地非农化就像是在市场上增发货币，甚至比增发货币对经济发展的影响还大。因此，对农地非农化的管制和土地供应总量的控制至关重要。应该与经济发展速度匹配，实现供需平衡。

二、管制农地流转非粮化

当前打破土地承包制的限制，适度扩大土地经营规模，必然要推动土地流转，前面讨论了农地股份共有制下农户可以有两次土地流转的选择。现在面临的问题是，土地流转价格快速上涨，大大加剧了农地非粮化。中国在现阶段大力推动现代农业、扩大经营规模，鼓励或不限制工商资本下乡情况下，管制农地流转中的非粮化很有必要。

首先，基本农田保护区内的农地流转用途管制。《基本农田保护条例》（以下简称《条例》）中规定了应当划入基本农田保护区的耕地类型：（1）经国务院有关主管部门或者县级以上地方人民政府批准确定的粮、棉、油生产基地内的耕地；（2）有良好的水利与水土保持设施的耕地，正在实施改造计划以及可以改造的中、低产田；（3）蔬菜生产基地；（4）农业科研、教学试验田，根据土地利用总体规划，铁路、公路等交通沿线，城市和村庄、集镇建设用地区周边的耕地，应当优先划入基本农田保护区。

对这些耕地，除了规定禁止非农化外，《条例》还规定了禁止任何单位和个人占用基本农田发展林果业和挖塘养鱼，禁止任何单位和个人闲置、荒芜基本农田。从《条例》立法的本意来说，划定基本农田保护区的目的就是保住粮食生产基地，保护"饭碗田"与生命线。所以，一旦划入基本农田保护区的耕地，土地承包经营权流转时，应该符合耕地的主营用途。能否非粮化的关键是是否破坏了耕作层以及破坏后能否恢复。原则上基本农田保护区内的耕作层不得破坏。发展林果业和挖塘养鱼都会破坏耕作层，所以被禁止。在不破坏耕作层前提下，可以种植花卉、瓜果（非林木的），可以发展观赏农业。鼓励保护耕地并可以发放耕地保护补贴，鼓励土地流转中对土地的投入，保护和培肥地力，鼓励施用有机肥料；保护区内耕地承包经营权变更时，对耕地地力等级进行评定；土壤质量好、肥力高的稳产、高产耕地要确保用于粮食生产；鼓励保护农田生态环境，等等。

其次，一般农田的土地流转非粮化限制可以适当放开。需要退耕还林、还牧、还湖的耕地，鼓励退耕，不种粮食，不划入基本农田保护区。允许一般农田在不破坏耕地耕作层或能迅速恢复耕作的前提下，进行农业生产结构调整，如栽种果树、花卉、挖浅鱼塘等，甚至可以建造简易饲舍，发展养殖业。

最后，建设用地规划区内的耕地流转非粮化管制。主要管制规则是：耕地批准占用前不得擅自转用或撂荒；土地流转后不宜建设设施农业和投资较大的农业生产，不宜种植生长期长而收益期短的植物；不宜签订较长的土地流转合同；不得未经批准改为非农业建设。该区域的耕地耕作层的土壤应当充分利用，可以与耕地补充责任和经济补偿挂钩，鼓励用于改良新开垦耕地、劣质地或者其他耕地的土壤。另外，该建设规划区域的土地流转也不建议投资田、路、渠、林等综合整治。

国土资源部《关于强化管控落实最严格耕地保护制度的通知》（以下简称《通知》），就严防集体土地流转"非农化""非粮化"提出相应的要求，以健全耕地流转用途监管机制。《通知》规定，土地承包经营权流转用途经流转合同约定后，须经发包方同意或报发包方备案，充分发挥基层群众和自治组织在耕地流转用途监管方面的主导作用和主体地位，并结合国土资源管理部门的耕地和基本农田变化情况进行监测及调查，确保对耕地流转用途监管到位。

三、管制农地入市

中办和国办联合印发的《关于农村土地征收、集体经营性建设用地入市、宅基地制度改革试点工作的意见》中明确，赋予符合规划和用途管制的农村集体经营性建设用地出让、租赁、入股权能。"农地入市"成为土地改革的最大亮点。农地入市是指农村建设用地可以自由平等地进入土地市场，而不是农用地的自由交易。中央文件还对农地入市的范围进行了理性限定，只限于经营性的建设用地。农村经营性建设用地是指存量农村集体建设用地中，土地利用总体规划和城乡规划确定为工矿仓储、商服等经营性用途的土地。目前的现状是农村经营性建设用地并不多，主要是过去乡镇兴办的工业企业用地、集镇商业用地等。截至2013年底，全国农村集体建设用地面积为3.1亿亩，其中经营性建设用地面积为4200万亩，占农村集体建设用地的13.5%。[①]

如果属于乡镇所有的土地，笔者在对集体土地所有权的改良中就提出乡镇所有土地国有化的观点，因此这些土地入市并没有太大障碍，土地收益由乡镇一级政府代表"国家所有"获得也是可以的。现在可能比较多的农村集体经营性建设用地是很多地方进行留地安置后留给了村组不少可以用于经营的建设用地。而管理这些留用土地也是难题，特别是如果没有转性为国有土地，难以光明正大的合作经营、买卖地上建筑物，因而实行留地安置政策的城市呼吁较多。而上海市干脆在批次征地时将留用土地一并征为国有土地，将留用地的建设用地使用权颁给代表村组集体经济组织的公司。当然，对这部分批准为建设用地的留用土地如果还是农村集体所有，进入市场自由经营，也是应该鼓励的。如果不是乡镇所有土地也不是留用地，而是村组过去合作兴办企业的土地呢？笔者认为也是可以自由入市的，相当于过去村组已经获得的土地发展权。

现在比较担心的问题是在入市暴利诱惑下如何防止非法将农地变成建设用地，如何防止非经营性用地"搭便车"。所以管理好农地入市的重要手段就是土地用途管制。用途管制管哪些呢？

第一，严格管制农村的农地非农化，集体土地的非农化必须符合土地利用规划。对擅自改变用途的违法建设，即使"既成事实"再久，也不予以认可，在今后征用和非农化审批中，仍然要按照农地转用付出代价。

第二，要重点管制农村建设用地的规划用途，如果不在城镇用地区范围的，则应该限制入市，只有符合规划和用途管制的经营性建设用地可以入市，不符合规划和用途管制的坚决不允许入市，并要按规划逐步复垦为农用地，可以"双向流动"。现实情况中，大多乡镇企业分散在农村内部

① 叶兴庆：《农村集体产权权利分割问题研究》，载于《新金融评论》2015年第4期。

而非建制镇，本来工业应该引导向开发园区集中，如果因为是农村经营性建设用地就不再退出，任其自由交易，就违反了规划意图，导致土地滥用。《南京市集体建设用地使用权流转管理办法》把集体建设用地使用权流转定义为包括与建设用地实物对应的集体建设用地使用权流转和建设用地指标交易；建设用地实物，是指经依法登记，核发《集体土地使用证》的农民集体所有土地，包括乡镇企业、乡镇公共设施、公益事业等存量建设用地和经村庄合并、土地综合整治以及其他依法办理农用地转用手续后新增的集体建设用地；建设用地指标，是指农村宅基地及其附属设施用地、乡镇企业用地等农村集体建设用地通过万顷良田工程、城乡建设用地增减挂钩、宅基地置换等形式复垦为耕地后，可用于建设的新增用地指标。这也就说明了用途管制的重要，该流转的流转，该复垦置换指标的就要复垦。当然，除行政管制外，市场经济手段也非常重要，农村建设用地不论是市场流转还是复垦置换指标，在同一个地区获取的收益或者补偿应相差不大。这实际是对农村土地已经转为建设用地的土地发展权的补偿，建设用地入市是发展权的转让，建设用地退出转为农地是土地发展权的补偿，所以应大致相当。

第三，防止非经营性建设用地"搭便车"，如原村办学校、医院、农民宅基地等非经营性用地不应该在可以自由入市之列。还有过去以农民自办企业名义的土地、村集体实际上私下租出去给他人非农使用的土地，如果是国家实行土地用途管制制度以后未经批准非农化的，应该限制自由入市交易。

第四，入市后的用途管制。在城市规划区内的土地要符合城市规划的安排，如果规划为住宅的，则要受到限制不能入市，禁止集体土地用于房地产开发，但村组经营性建设用地在城市统一开发中，可以与政府进行统一的土地整理、互换调整。可以用于商业、办公、酒店、工业、仓储、加油站等经营性用途。

农地入市政府是否应该收费？收什么费呢？农村经营性建设用地在城镇规划区不改变用途、不增加开发容量的，政府可以不收费或者收一些权证登记工本费。如果因为用途不变，增加开发建设容量会给城市带来交通、公共服务等方面的压力，政府可以收取非土地收益性质的费用。如果用途变了，开发量也增加了，政府应该与农村集体分享土地增值收益。财政部、国土资源部 2016 年 5 月 28 日公布的《农村集体经营性建设用地土地增值收益调节金征收使用管理暂行办法》规定，农村集体经济组织通过出让、租赁、作价出资（入股）等方式取得农村集体经营性建设用地入市收益，以及入市后的农村集体经营性建设用地土地使用权人，以出售、交换、赠与、出租、作价出资（入股）或其他视同转让等方式取得再转让收益时，应向国家缴纳调节金，调节金分别按入市或再转让农村集体经营性建设用地土地增值收益的 20%～50% 征收。这个规定将所有农地入市都归入需要缴纳调节金，且幅度范围也很宽泛，还需要进一步细化操作细则。

现在也有同地同权、同地同价的改革呼吁，认为国有土地与集体土地应享有同等权利、同等价格，这实际是个伪命题。土地的发展权和土地价格与国有还是集体所有无关，集体所有的土地入市必须受到严格的用途管制，农用土地未经批准是不可以成为建设用地的，而国有土地基本都是建设用地。即使用途相同，土地使用者需支付的成本也是不一样的。例如，使用国有农场土地与征用村集体农用地支付的成本不可能一样；使用国有建设用地不需要支付征地成本，但要建设项目主体承担有偿使用费和政府基础设施投入，也包括级差地租；使用村组建设用地如果不征地也应该支付土地承包权、经营权的补偿，并按年支付土地所有权租金，可能还要以规费形式向政府缴纳城市建设配套基金。所以，不同所有权的土地不可能是一样的土地权益。同样是建设用地，对集体土地的一个很大限制就是不可以进行房地产开发。国土资源部咨询研究中心副主任刘文甲（2008）也批判了同地同权、同地同价问题。他认为，地权属于物权，土地资源作为财产、资产、资本，其固有的特点是不同用途不同价格，不同区位不同价格，世上没有两块完全相同的土地，因此也没有两个平等的地权，不管城乡土地市场多么统一，农民集体建设用地中不符合土地利用规划，也不符合城乡建设规划的土地（如 91% 的乡镇企业分散在村或村以下，多数不符合规划）是不能就地进入建设用地市场买卖的。

不论是国有还是集体所有，不同用途的土地价格肯定是不一样的。华生（2014）认为，用途和规划管治是高于所有制的，农村与城市土地的根本区别不在所有制，而在用途与规划，在一定意义上说，所谓城市和乡村之分，就是土地用途和规划不同，如果规划相同，那就没有城市农村的差别了。区位和用途决定了土地价格，集体所有区位条件好的商业用途土地，可能比国有土地价格要高，且价格高低可以由市场评估决定，简单说集体土地要与国有土地"同地同价"毫无意义。

四、管制宅基地的增减流转

当前围绕宅基地的改革热火朝天，过去是宅基地面积超标严重，可以压缩出一些用地潜力；后来是让农民上楼，腾出更多空间；现在需要让许多农民实实在在进城，那么宅基地上的文章如何做？如何管控好农村宅基地，实现只减不增，让人随地走，把人均用地空间带入城市？

前面对宅基地制度改革做了讨论，宅基地是成员资格的福利分配，一次享受，流转受到限制，产权残缺可以采取补救措施，但农民面临继续使用、有偿转让还是有偿退出的难题。除了自身意愿的选择外，更重要应该取决于土地用途管制，而用途管制的依据就是根据城乡一体化的居民点规划编制的土地利用总体规划。在规划中明确要扩大、保留、合并、拆除的居民点，应分别确定划入相应的土地规划分区，制定相应管制规则。

对于农民能否在城市安家落户，农民自己是否耕种承包地，是否要给自己留个退路等问题，笔者认为，农村居民点撤并是一个长期的过程，这个居民点规划的实现周期应该很长，但可以有明确的分阶段目标，分阶段控制。笔者建议可以按规划是否保留大致进行以下分类：

A类（不保留）：集聚人口在300人以下，或者村庄空心化已经达到50%以上，或者该居民点配套设施不全且农户的承包地流转在70%以上；

B类（不保留）：集聚人口在300~1000人左右，有一定的公共服务配套，但人口逐年减少而不再增加的村庄；

C类（动态确定是否保留）：1000人以上村庄或者较大集镇，有与小城市同等的基础设施和公共服务设施，有一定规模的工商产业和商业活动，社区管理有稳定的税收保障；

D类（保留）：不论人口规模大小，属于历史文化名村、旅游特色村或者其他应该保留的村庄；

E类（按城市规划改造）：城市（城镇）规划区内村庄，或者与城市规划区、集镇规划区连片的村庄。

然后对这几类村庄落实规划，分类管制。

第一，对A类村庄，严禁新增宅基地，禁止新建房屋，限制房屋流转交易，只能由村组集体经济组织回购，不得长期出租，不得抵押，鼓励主动退出并获得可交换保障房的"房票"，不再增加任何基础设施和公共设施的土地供应。这类村庄政府可以制定5~10年的计划，分年度按项目主动实施增减挂钩工程。

第二，对B类村庄，控制新增宅基地，符合申请资格的，可以尝试货币化，或者购买本村愿意流转的宅基地。农民可以将宅基地连同房屋卖给本集体组织符合资格的成员（要符合"一户一宅"），不得卖给本集体经济组织以外的居民，但可以出租；可以设定一定年限的抵押；可以将宅基地退给村集体组织并获得可交换保障房的"房票";如果具备连片条件,村组集体也可以将连片宅基地整理为耕地换得"地票";可以适度配置完善一些占地规模小的基础设施和公共设施配套。这类村庄政府可以制定10~20年的计划,每年分片实施,逐步撤并,如果村庄退化到符合 A 类条件,也可以整体推进。

第三,对 C 类村庄,首先动态分析人口集聚或者分散的态势,如果像东部沿海发达地区,人口不断流入城市,农地流转比例较高,村庄空置率高且不断增加,应该不予保留,向 B 类和 A 类逐步引导。管制要求同 B 类。

如果与上述情况相反,城市化程度低,村庄配套齐全,实际居住人口没有大规模和快速减少,可以确定为保留村庄,至少是在 30~50 年的规划期内保留。这时的管制措施是,控制新增宅基地,鼓励旧村整理,鼓励建多层联排住宅,节约出来的土地按照城市居民点规划增加和完善城市功能,或者发展工商业。农民宅基地在"产权补救"后可以自由入市,买卖、出租、抵押不受限制,但整个区域宅基地不可以退出换得可交换保障房的"房票"。如果拆迁重建,可以获得就地安置或者货币补偿。

第四,对 D 类保留村庄,首先要保留村庄的特色与风貌,不得随意拆建,可以通过必要的环境整治,改善村庄居住配套设施,保证水电气、网络、环卫、污水处理与城市一样;农民可以利用住宅发展民宿,可以出租,也可以在"产权补救"后自由入市,买卖、抵押不受限制,但宅基地不可以退出换得可交换保障房的"房票"。

第五,对 E 类村庄,首先要按照规划的要求控制开发建设,在村庄内新建建筑、翻建住宅等既要符合土地管理法的要求,也要符合城市规划法的要求,但在城市实施规划开发建设前,农民的权利不应受到过多限制。农民宅基地在"产权补救"后可以自由入市,买卖、出租、抵押不受限制,但宅基地不可以退出换得可交换保障房的"房票"。如果拆迁重建,可以获得就地安置或者货币补偿。

以上是对土地制度改革的新设计,以产权制度改革作为起点,建立农地股份共有制是关键;进而土地承包制可以得到延续,新"三权分离"下土地流转制度得以建立;在土地征用方面产权人、使用人和经营者的关系和补偿制度也可合理重构;房票加地票的宅基地制度改革也可以推动人、地、钱的挂钩流动。土地用途管制制度改革则是相关土地制度改革的配套与保障。制度改革中的重要环节和落脚点是建立真正意义的农村集体经济组织,让农民通过这个组织成为土地产权人,土地财产权得到保障。制度改革关系见图 7-6。

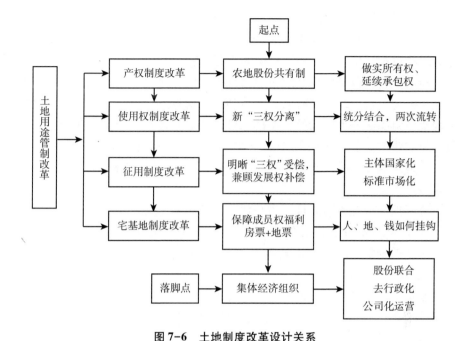

图7-6 土地制度改革设计关系

第七节 新土地制度改革后的户籍重要吗

因为传统城乡的二元划分，中国的很多政策关联着户籍制度这种分割，如征地拆迁、保障房申购、教育资源配置等。本书原本没有讨论户籍制度改革的计划，因为笔者一直试图要找到取消中国户籍制度的理由和路径。在农村土地制度改革能够推行的前提下，这个设想也许就可以实现了。现在在笔者设计的一系列土地制度改革框架下，笔者认为户籍制度对于推进城镇化和农民进城已经真的不重要了。

一、"五件衣服" 与户籍无关

1. 农村土地分配可以与户籍无关

农村土地的产权股份分配本身就是农民的集体成员资格权利，成员资格不能按照农业户籍来确认，可以在集体组织内部进行历史溯源，以第一轮土地承包和现实承包权分配为基础，参考"乡规民约"确定成员资格。成员资格确定后，按照"增人不增地、减人不减地"的原则，股权分配固化了，农民进城转为居民，不论户籍在哪个城市，所有权股份不会受到影响，且土地产权股份可以继承。"外嫁女""上门婿"既不会丧失原来村集体组织的权利，也不会享有新村组的所有权。

新的土地承包经营权分配与户籍制度也没有关系。初始土地承包权可以以家庭为单位，结合家庭人口、劳动力自愿选择，也可以放弃。多余的土地集体组织——土地股份合作社也可以让非集体组织成员承包经营，承包者是农业户口还是非农业户口，是哪里的户口都不重要。

土地承包之后的土地流转，谁来实际经营，与户籍制度更加没有关系。

宅基地的分配也是同理，宅基地也是成员资格的福利分配，也应过渡到"生不增、死不减"，居住人口增加可以相应增加一些房产建筑面积，但宅基地的分配、退出、流转等都可以不与户籍挂钩。农民户籍迁入城市，成为非农业城市户籍人口，但如果仍然具有村民资格，并不影响其拥有宅基地上的相应权利。如果农村宅基地能够及时得到初始登记，明确土地房产面积，遇到征地拆迁时，拆迁补偿也与户籍人口无关了。

2. 土地征用补偿分配与户籍无关

土地征用时，对土地所有权的补偿是关联农民的所有权股份，按股份分配，与户籍无关，没有股份的就不能够获得分配；土地承包权的补偿对应的是确定需要安置的人口，这个人口实际是拥有土地初始承包权并签订承包合同的人员，也与其户籍无关，更不能因为其已经是城镇户口或者已经有非农就业渠道就不给予安置补偿，或不给予货币化补偿。土地经营权补偿与户籍无关。

土地发展权的补偿是对土地所有者发展权利让渡的补偿，与拥有土地所有权人的户籍无关。

3. "新市民"就业可以与户籍无关

现在在实行企业自主用工和严格执行《劳动法》的背景下，过去对城镇适龄劳动力优先安排工作的历史一去不复返了。城镇户口的大学生就业与外来户口的大学生比，没有任何优先的优势，过去企业考虑城镇大学生就业优先录用，可以暂时为企业减轻住房压力，现在企业没有义务为任何性质的职工提供住房。农民工同样如此，相反如果政府不分配城镇适龄劳动力强制安置任务，对于民营企业、私人企业而言更愿意聘用肯吃苦耐劳又不过分计较报酬的农民工人。所以在就业方面，城镇户籍比农村户口没有任何优势，甚至个别私营企业不愿选择。

4. "新市民"养老保障与户籍无关

城市社会保障过去一直依托于单位，后来有了国有企业职工下岗，有了民营企业、有了无业人员和低收入群体，养老保险问题成为全社会的问题，是全社会一体化的保障。但现在还存在城乡二元，分为城镇养老保险和农村养老保险。过去区分两大体系是按照户口，城里人是"城保"，农村人是"农保"。现在农民工被企业长期聘用，缴纳"五险一金"（指养老保险、失业保险、医疗保险、工伤保险、生育保险和住房公积金），按户口划分保障类型的依据不存在了。按照就业来落实社会保障应该是本源。那么，自由职业者呢？笔者觉得也应该可以自己承担费用，落实保障。如果是这样的，农村人也可以按照城镇标准交纳社保费用，即使自由职业者不行，农民也可以是"某某土地股份合作社"企业的股东和职工，可以以企业的名义为农民职工交纳社保费用。如果不是户籍问题，而是标准差别较大问题，笔者建议可以差别化，城镇职工本身社保费用就有很多档次等级，把原"农保"归并列举到某个低一级的等级即可，关键是要全国一个体系、一个平台，联网通用。

5. "新市民"住房保障资格要去户籍关联

现在住房保障申请资格非常强调城镇户口。例如南京市，规定只有江南六区的户口才可以申请经济适用房，因为需要保障的群体众多，其他五个区过去都是郊区或者县，住房保障没有并轨，所以要相对割裂开来。但按照笔者的设计，农民被动拆迁可以在城市安置进入保障房；农民退出宅基地可以换得"房票"进城购买保障房；农民在城市就业相当长的年限，成为一直居住在城市的产业工人，也可以经过资格审查购买保障房，如环卫工人。应逐渐落实住房保障资格不再主要与户籍关联。这一点上，笔者建议政府应该在"人地钱"挂钩上尽快形成一套成熟完整的机制。

6. "新市民"医疗和子女教育与户籍无关

城市医疗和教育资源的规划建设主要与人口规模有关，而城市规划或者城市分区域控制性详细规划的各项用地指标计算安排，也主要基于城市人口的调查与预测。教育和医疗，尤其是划分学区的教育资源分布都与一定区域的居住人口有关，居住人口可以折算相应规划区内的住房面积或者居住占地，那么城市规划只需要按照每个区域规划居住人口数量来确定教育资源配置数量就行。对于进城"新市民",如果在规划确定的学区内拥有住宅产权或者取得较长期限的租赁权,则政府不论其户籍,应该给予保障教育和医疗权利。与是否拥有城镇户籍无关,教育和医疗应与居住人口配套,教育与医疗资源应该为服务区域内的居住人口提供,房产租赁给别人居住的,租赁者至少保证不再重复享受此住房的教育、医疗权利。南京市建邺区某个区域规划建设了 50 年使用权的酒店式公寓,因为土地是商业用途,规划没有考虑教育需求,但实际情况是增加了几百户居住家庭,导致学区教育资源严重紧张。这也充分说明了教育资源需求与居住人口或者住房面积的关系。

医疗资源的配置虽然是按照可以居住的人口计算的,但医疗问题一般还是与就业关联度较大,一般用人单位都要按照劳动法规定提供"五险一金"保障。农民工就业单位应该把医疗强制纳入城镇社会保障体系。这与他是否为城镇户口毫无关联。

综合以上分析,现在农民进城后的土地分配与户籍无关,农民进城的就业、教育、医疗、住房、养老这"五件衣服"也与户籍无关,我们还围绕户籍改革做文章,强调用居住证制度过渡,强调"积分制",真的有意义吗?

二、公共服务何时并轨

现阶段的关键是,不管户籍制度是否改革、如何改革,都不得以牺牲农民土地上的权利作为户籍进城的交换条件,把那些不合理地捆绑在户籍上的社会福利与户籍剥离,让新市民真正享受城镇化成果。

与户籍剥离关系后,新市民可以同等享受城市公共服务到底是什么样呢?根据各地公共资源配置状况,可以制订分步实施的时间表,全国不要求统一,这应该是不同城市之间、同一城市内原居民和新增居民之间按市场方式自由博弈与选择的结果。(1)社保应该与就业挂钩,进城就统一,全国联网。(2)医疗有条件的话可以早一些,甚至全国联网。(3)高等教育由国家统一考虑,但要避免照顾地区差带来的指标分配不公,避免高考移民。中西部地区的高教资源如何分布,招生指标如何合理倾斜?需要教育部官员好好研究。(4)九年制义务教育要根据各城市教育资源配置情况,不与户口或居住证挂钩,但还是要与居住住房挂钩。城市教育资源的配置是按一个规划区域内的居住建筑的总量及套数,换算成施教区范围内的教育需求,然后布置中小学数量和班级数。义务教育各城市可以根据实际状况拿出一定的名额专门招录新市民的子女，如何招录各地可以根据新市民城市房产状况、就业、纳税、进城时间等细化规定。原则上在施教区有自有产权住房的，应该就可以享受为该区域房屋配套的教育资源。对租住他人的房屋，出租人在近几年内没有小孩上学，施教区名额可以安排的话，应该给予解决，名额不够再采取摇号之类的方式。但是国家要统筹考虑迁入地人均教育用地的增加，迁出地相应教育萎缩而人均用地减少，资源应再分配。（5）保障性住房问题比较麻烦和复杂。据有关部门调查，目前农民工自住购房的比重不超过1%，绝大多数是租住在"城中村"中。这显示绝大多数农民工融入城市还有很长的路要走。笔者建议还是要与宅基地退出挂钩，城市周边农村居民被拆迁后可以享受城市提供的就近安置的保障性住房。外地市民进城，如果退出当地宅基地，可以作为享受保障性住房申购的资格，在不同等级的城市可以换算成相应的面积，价格应与城市居民同等。不作为强制性规定，进城农民自由选择，这实际也是农民自己选择的财产置换问题。（6）养老问题城市配置自身就有问题，老龄化社会建议大力推进居家养老和智慧养老，养老福利院也不一定"进城"，农民不在城市就业也会大部分选择回老家养老。

据匡贤明等（2014）所做的农民工市民化调查问卷分析报告，基本公共服务投入是农民工市民化的主要成本。分别有90.64%、88.67%、87.68%和84.73%的专家将农民工养老保险、子女义务教育、医疗保险及住房保障的成本投入作为农民工市民化最基本的成本。[①] 那么，农民工市民化的成本有多大呢？先谈养老保险，如果农民工有固定的工作和稳定的收入，所在单位和个人可以缴纳职工基本养老保险，政府并不需要增加成本。如果农民工平均收入低于社会平均工资水平，在计算养老金时，政府很可能需要进行补贴。医疗成本也是由单位和个人按工资比例提取的，政府也没有补助和成本支出。城市医院即使是农村病人也会接收，所以也不存在政府为农民工市民化增加多少医疗投入的问题。义务教育方面，城市可以严格按照施教区内住宅规模折算学生规模配建中小学，进城新市民如果在施教区拥有产权住宅或者一定年限（如10年）的住宅租赁权，子女可以与市民同等获得受教育权利，也没有增加城市成本，如果有相应的补贴，可以转移拨付给接受城市。住房保障由进城农民置换或者购买，政府不用贴钱。城市政府也不用考虑新市民的养老设施问题。那么城市政府增

---

① 匡贤明、黄丽丽：《新生代农民工市民化成本的测算框架分析——来自Z市的案例》，载于《中国井冈山干部学院学报》2014年第2期。

加什么成本呢？会增加基础设施建设费用。住房和城乡建设部 2006 年所做的调研显示，每新增一个城市人口需要增加的市政公用设施配套费，小城市为 2 万元，中等城市为 3 万元，大城市为 6 万元，特大城市为 10 万元。因此，中国发展研究基金会发布的《中国发展报告 2010》则认为，中国当前农民工市民化的平均成本在 10 万元左右。①

但农民进城会带给城市什么呢？带给城市土地（指标），带给城市大量产业工人和服务人员，带给城市多层次的投资和消费，农民进城成本并非高不可攀，不能将他们拒之门外。而且应该建立成本分担机制，中央和省级财政应该给予人口输入地城市一定的农民市民化补助。

① 王炜、刘志强：《农民工"市民化"成本有多高》，载于《党建文汇月刊》2011 年第 5 期。

第八章

南京市高淳区的实证研究

2007~2012 年笔者曾在高淳县政府任职,分管过商贸、旅游、供销、国土、工商、开发区等工作,五年的高淳工作经历从理论研究角度,也留下了很深的印象。2013 年 2 月,经国务院、江苏省政府批复同意,撤销高淳县,设立南京市高淳区。高淳与溧水毗邻而居,东靠常州溧阳,北部、西部和南部分别与安徽省博望区、宣州区、郎溪县接壤。全区总面积 802 平方公里,总人口 43.83 万人,辖 2 个街道、6 个镇、144 个城乡社区,东部是丘陵山区,西部是水网圩区。

第一节 就地城镇化的实践——国际慢城

本书在第六章重点研究了新型城镇化的新模式,对美国的城市化、城市化一般规律和中国农村城市化等进行了研究。笔者在高淳工作期间,一直分管旅游工作,因为无意中接待了"国际慢城"联盟的几位主席,而开始了申请加入、积极推进和全面发展中国"国际慢城"之路。从工作实践中,笔者总结认为"国际慢城"是大城市周边就地城市化的一种发展模式,在中国有一定现实意义。结合工作经历,笔者在 2011 年发表了《"国际慢城"在中国及其现实意义研究》,详细内容可以参阅这篇文章,这里做简单介绍。

一、国际慢城的起源、内涵与标准

国际慢城(cittaslow)起源于慢餐运动。1989 年来自 20 个国家的 500

多名慢餐会员代表在巴黎喜剧院签署了"慢餐协会宣言",达成了美食(meal)、菜单(menu)、音乐(music)、礼仪(manner)、气氛(mood)、聚会(meeting)等"6M"理念,突出强调放慢脚步、慢慢品味食物美味的优质生活方式(宗仁,2011)。

1999年10月,位于意大利托斯卡纳基安蒂地区的格里韦、奥尔维耶托、布拉和波西塔诺4个小城的市长在奥尔维耶托市召开第一届"慢城"大会,联合发起"慢城"运动,发布了著名的《慢城运动宪章》,并决定建立一个全球慢城联盟,这一运动很快得到广泛支持。到2013年已经发展到26个国家中的147个城市。

国际慢城的内涵与标准。慢城是一种放慢生活节奏的城市形态,是指人口在5万人以下的城镇、村庄或社区,反污染、反噪音,支持都市绿化、支持绿色能源、支持传统手工方法作业,没有快餐区和大型超市,"慢城"的核心是倡导生活慢节奏;"慢城"具体标准主要有:必须控制人口数量;张贴"蜗牛"标识,以直观形式倡导"慢生活"理念;限制汽车的使用;必须定期接受"慢城国际协会"的检查等等。

世界慢城联盟给我们描述的理想小镇是:随着人口增长,我们生活在自己的生态脚印内;镇周围是可持续发展区域;大量绿色空间;优越的社会结构;低贫困率,低犯罪率;能源、食品生产和消费本地化;有活力、有弹性的;城市高水平的生物多样性(环境和社会意义上);可维持的流动性(交通);高品质生活。

二、中国首个国际慢城——高淳桠溪

国际慢城在西方发展已经十多年,这个概念中国国内并不熟悉,只是有一些关于慢生活主题的研究。而高淳能成功申报慢城也是缘于一次机缘巧合。高淳县与意大利波利卡市是友好城市,2010年7月,世界慢城联盟副主席、国际部主席、意大利波利卡市市长安杰罗·瓦萨罗到韩国参加完国际慢城会议后,第三次来到高淳,交换名片时看到他国际慢城副主席的头衔,让我们产生了浓厚兴趣,也得以详细了解国际慢城的概念。而安杰罗·瓦萨罗游览过桠溪"生态之旅"后,十分惊讶:"这里的一切完全符合国际慢城的标准"。高淳县迅速组织申报工作,随后高淳桠溪在2010年12月召开的苏格兰国际慢城会议上,被正式授予"国际慢城"称号。

高淳是南京市的远郊县,离大都市较远,交通区位相对也不占优,因而受过度城市化和工业化的影响较小,但高淳有着良好的自然生态本底,依托自身资源禀赋，坚持走特色发展之路，2005 年就提出了"生态立县"的发展战略。高淳生态环境质量指数一直位居江苏省前列，空气质量指数在全省位列第三。被世界慢城组织正式授予"国际慢城"称号的，是位于桠溪镇西北部一块面积约 49 平方公里的地区，即桠溪"生态之旅"。桠溪地处江苏省溧阳市、高淳县、溧水县、郎溪县四县市交界处，是茅山、天目山山脉的汇合处，是太湖、长江水系的分水岭。该地区人口约 2 万人，6 个行政村分布在一条长约 48 公里的风光带两旁，这里植被覆盖度高，物种丰富多样，生态环境优越。这里没有一个工厂，没有一个烟囱。沿途有茶叶、早园竹、竹果、吊瓜子、药材等绿色食品有机生态基地，重点发展高效农业、旅游业、文化产业和其他现代服务业。

从高淳获授慢城的过程看似乎只是一个巧合与偶然，高淳人也并没有刻意按照慢城来打造，开始也完全不知道慢城是怎么回事，但实际慢城的一些标准和要求，也正是高淳一直在做的事，是一个发展理念、评价标准的巧合。高淳桠溪被授慢城看似偶然，实际也有必然性。因为高淳桠溪是按照"SLOW"法则在发展的。笔者所归纳的"SLOW"即：持续（sustainable）、低碳（low-carbon）、选择（option）、富有（wealthy）。一是发展的可持续性，"国际慢城"的"慢"并不是慢发展、不发展，实际上是一种更稳固、更持久的发展，其本质是科学发展、转型发展、理性发展；二是低碳发展，桠溪"国际慢城"坚持以低碳经济为发展底线，不以牺牲环境为代价换取一时的发展。三是发展选择权，慢城的一个很重要理念是如何发展要尊重当地居民的意见。四是让居民幸福富有，贫穷不是慢城，"国际慢城"既是一种文化特色，又是一种生活品质。"慢城"模式并不是简单地以牺牲效益换取舒适生活，实际上反而能创造经济价值。

三、慢城模式对中国的现实意义

1. 慢城理念体现的是以人为本

过去常常说"时间就是金钱"，而现在"时间"是金钱换不来的奢侈品，"过得轻松一些"成为现代人的追求，国际慢城组织有一个口号是："International network of cities where living is easy"，慢城成为现代人追求的一种新的生活模式，也就是让人生活的优雅、闲适、从容、淡定。我国古代就有"慢步当车、慢食当肉"的格言来提倡"慢生活"。这种"由快到慢"的生活模式强调人与自然的和谐发展，强调在悠闲的生活节奏中回归生活的本质与体会生命的意义，这应该就是人本思想的体现。

2011 年 6 月 22 日在波兰召开的国际慢城联盟会议上，慢城联盟的科学委员会正在着手就建立更适合衡量社会进步和国家福祉的各种新指标进行研究，提出了采用国民幸福总值的概念来作为综合广义定性指标。也有其他一些指标，如荷兰的生活状况指数（LCI）、德国的环境晴雨表和加拿大幸福指数（CIW）等，这些指标中提到更多的是让居民健康（health）、幸福（happy）。很多地方政府提到的目标都是如何打造一个幸福城市，幸福如何评价与衡量呢？慢城组织的标准和他们研究的指标也许可以给我们借鉴。

2. 慢城运动的逆城市化值得中国借鉴

慢城运动由意大利的 4 个小城市发起，迄今也都是一些小城市或市镇、村乃至社区。慢城的标准中也明确规定了人口不得超过 5 万人，这就是说慢城运动是反对过度城市化的，反对人口过度集中在大城市带来的喧嚣、拥挤、污染、噪声，反对大城市给人带来的快节奏和高压力。这些欧洲发达国家在反思过度城市化和工业化带来的环境问题和生活问题后，提出要发展慢城，也就是小城市。与美国近 10 年来"逃离城市"的逆城市化运动也不谋而合。中国的城市化水平还远远比不上欧美发达国家，城市化进程还需要不断提速。那么城市化向哪里走呢？走特大城市、大城市道路还是重点发展小市镇呢？"慢城"模式给我们的启示是城市化不是一味要将人口集聚到大城市，把农民赶到城市，而是将城市文明、城市生活方式引入农村，让农民与城市居民享受均等的公共服务。现在高淳桠溪的"慢城"既是按照当地农民就地城镇化建设起来的农村新社区，也是南京及附近其他大城市市民与当地农民和谐共处的共同幸福家园。

现在国际慢城联盟也在不断丰富"慢城"的内涵，绿色、低碳、公共交通等概念也已经融入。低碳、宜居城市是城市居民所向往的最佳城市。慢城作为低碳城市的深化型宜居城市，具有可持续性和可发展性。慢城之路也是对城镇化进程中追求快、大的反向思考，可以克服小城镇发展的盲目性，克服大中城市盲目扩张的冲动。

3. 倡导慢生活会更好地推动中国旅游产业转型

旅游是人们放松自我、调节紧张工作生活的重要途径和方式，越是繁忙，旅游越是凸显魅力。"慢城"的核心是放慢生活节奏，充分享受生活。就是多点时间，细细品味，才能融入当地文化挖掘其特色，这是"慢游"的意义。所以，慢城理念可以推动旅游发展，特别是推动旅游从观光型向休闲度假深度游转变。

慢是生活品质的保证，快节奏生活，造成许多人无法休假，不能观光。现在时间贫乏族（time poverty）需要旅游的目的往往是为了释放压力，因而游客不希望自己是匆匆过客，而是希望有"当地人"的经历。快餐式旅游往往忘记了享受旅游过程中最本真的快乐，往往让人来不及体会情感的含蓄与细腻，而"慢游"正是倡导细细品味、慢慢感受。"给我2小时发呆，给我1天在城区闲逛"，要求旅游者在旅游过程中探寻旅游的本真，进而实现旅游本质的精神回归。于是，旅游从过去的被动接受旅行社菜单式走马观花的安排转变为自助式深度体验游。而这样的旅游转型对拉动内需，带动经济发展才更有效率。

4. 慢城运动有助于解决中国老龄化的社会问题

2014 年中国总人口为 13.68 亿人，60 岁及以上人口为 2.12 亿人，占15.5%，其中 65 岁及以上人口为 1.376 亿人，占 10.1%，且这部分老年化人口在逐年增加。这些老年人就需要社会给予更多的人文关怀。老年人追求的是回归田园，颐养天年。现在很多大都市的老年人将城里房子出租，到山清水秀的农村过怡然自得的农居生活，还有些老年人成了候鸟族，哪里气候宜人就到哪里休闲度假，更多的老年人则是希望有较好的康体养老服务。这些既是老年人的需要，也是巨大的产业，在大城市周边的小市镇建设"慢城"或者在大城市按"慢城"的理念打造一些慢城友好社区，会大大提高他们的生活品质。

"慢城"是一种经济社会发展的方式；"慢城"是一种城市发展的模式；"慢城"更是人们对幸福生活的一种追求。"慢城"不是"乌托邦"，"慢城"就在我们身边。当今中国真的需要唱响"慢"的主旋律，推动慢城运动。

第二节　增减挂钩实践——万顷良田

一、项目背景情况

笔者在高淳分管国土工作时，也进行过一次建设用地增减挂钩的实践。当时江苏的说法叫"万顷良田"。高淳的背景情况是相对偏远的县，工业经济薄弱，城镇化水平低、速度慢，土地资源的指标分配很少，南京市甚至希望郊县能大力搞增减挂钩，给全市支持一些指标。但高淳的农民还是比较富有的，农民的住宅普遍是 20 世纪 90 年代以后的新一代民居，一般都在二三层，个别少数家里建了四五层，靠拆民居腾出土地的压力很大。

"万顷良田建设工程"的特点是强调集中连片，农用地整理规模要求总面积达 1000 公顷以上，分片面积 300 公顷以上；且居民原住宅必须一户不留全部拆除，项目区内不再建住宅，可以在城镇规划区内统一兴建住宅，但农民由于耕作半径的因素，基本不可能再种地，土地承包经营权势必流转，这又必然要解决农民就业和保障问题，所以这是一个系统工程。而且这个工程不可能是农民自发工程，需要政府主动强势推动，并要有科学实施计划，限期（两年内）实施完成。

开展这个项目之前，笔者也带队先后去嘉善、昆山、金坛、六合等地学习调研，把可能遇到的问题向已经实施过的地方请教。并设计调查问卷，充分征求民意，根据民意设计好政策。

试点区域当时考虑重点启动东坝、固城、桠溪 3 个镇的部分行政村和自然村，后来因为桠溪拆迁成本高加上发展特色旅游的需要，放弃了桠溪，重点在东坝、固城 2 个镇的边远村进行试点。确保一期建设高标准农田 1.5 万亩以上，新增加耕地面积 1000 亩以上。试点坚持了政府主导、尊重民意、利益兼顾、城乡统筹等原则。项目 2010 年申报，经历了项目立项、论证与审批、项目实施和项目验收等环节。2011 年 1 月 31 日，江苏省厅批复，共分 2 个片区，即东坝片区和固城片区。涉及东坝镇青枫村、傅家坛村、傅家坛林场和固城镇前进村，概算投资 4.33 亿元。"万顷良田"省投土地整理项目于 2012 年 8 月批复实施，总面积 21264.7 亩（固城片区 9619.1 亩，东坝片区 11645.6 亩）。土地整理后可新增耕地 342.3 亩（固城片区 146.8 亩，东坝片区 195.5 亩）。项目于 2012 年 11 月启动，公开招投标后，由江苏省山水生态环境建设工程有限公司中标。村庄拆迁工程 2011 年底启动实施，东坝片区村庄拆迁面积 752.05 亩，涉及傅家坛和青枫 2 个行政村，共计 558 户；固城片区村庄拆迁面积 995.93 亩，涉及前进村 731 户。2013 年底，2 个片区基本拆迁复垦到位，已经完成市级验收和省厅验收。固城片区 2 个安置点 13.05 万平方米的安置房也已全部完成并分给了拆迁户。

二、农民意愿分析

2009 年，高淳县的城市化水平只有 45.4%。开展"万顷良田"工程是推进城镇化的重要举措，但农民意愿如何，是否认同和支持？需要展开深入的调查，并在调查基础上进行分析和政策修正。这次问卷调查的名称是：农村生活状况与城市化意愿调研。既了解农民生活状况与状况改变的意愿，也分析两者之间的关系。本次调查结合 2 个乡镇的"万顷良田"工程项目的开展，每个乡镇的项目区发放 100 份问卷，共计 200 份，回收198 份，有效 198 份，问卷有效率为 99%。具体的问卷设计内容如下：

农村生活状况调查与城市化意愿调研问卷分析

一、家庭基本情况

A1.1　您的家庭人口数量：_____。

1. 1 口人　　　2. 2 口人　　　3. 3 口人　　　4. 4 口人

5. 5 口人　　　6. 6 口人　　　7. 7 口人及以上

A1.2　您的家庭农业人口数量：_____。

1. 无　　　　2. 1 口人　　　3. 2 口人　　　4. 3 口人

5. 4 口人及以上

A1.3　您的家庭非农业人口数量：_____。

1. 无　　　　2. 1 口人　　　3. 2 口人　　　4. 3 口人

5. 4 口人及以上

A1.4　您的家庭适龄劳动力数量：_____。

1. 无　　　　2. 1 口人　　　3. 2 口人　　　4. 3 口人

5. 4 口人及以上

A2.1　您的家庭成员中最高文化程度为：_____。

1. 大专或大专以上　　　　2. 中专、中技、职高

3. 高中　　　4. 初中　　　5. 小学　　　6. 文盲或半文盲

A2.2　您的家庭成员中最低文化程度为：_____。

1. 大专或大专以上　　　　2. 中专、中技、职高

3. 高中　　　4. 初中　　　5. 小学　　　6. 文盲或半文盲

A3　您的家庭承包土地面积：_____。

1. 小于 3 亩（包含 3 亩）　　　2. 3~6 亩（包含 6 亩）

3. 6~10 亩（包含 10 亩）　　　4. 10 亩以上

A4.1　您的家庭住房面积：_____。

1. 50 平方米及及以下　　　2. 51~80 平方米

3. 81~100 平方米 4. 101~150 平方米

5. 151 平方米以上

A4.2 您的家庭人均住房面积_____。

1. 20 平方米及以下 2. 21~40 平方米

3. 41~60 平方米 4. 61 平方米以上

二、家庭收入与支出（2011 年度）

B1 家庭农林牧渔业经营（粮食、经济作物、林业、其他农业经营）的收入总额为_____。

1. 5000 元及以下 2. 5001~10000 元

3. 10001~15000 元 4. 15001~20000 元

5. 20001 元及以上

B2 家庭非农经营（工业（包括粮食、畜牧业加工）、建筑业、交通运输业、社会服务业、批零贸易、餐饮业）的收入总额为_____。

1. 10000 元及以下 2. 10001~20000 元

3. 20001~30000 元 4. 30001~40000 元

5. 40001~50000 元 6. 50001 元及以上

B3 家庭其他收入情况。

收入项目	数额（元）
1. 从集体公益金得到的收入	
2. 救济款	
3. 老年人补助金	
4. 由外出非常住人口打工汇回或带回的收入	
5. 出租或转包土地的收入	
6. 其他各种收入	

1. 2000 元及以下 2. 2001~4000 元

3. 4001~6000 元 4. 6001~8000 元

5. 8001~10000 元 6. 10001 元及以上

B4 2011 年度家庭收入总额为_____。

1. 20000 元及以下 2. 20001~40000 元

3. 40001~60000 元 4. 60001~80000 元

5. 80001~100000 元 6. 100001 元及以上

B5　家庭生活支出（主食、副食、其他食品、衣着）总额为_____。

1. 5000 元及以下　　　　　　　2. 5001~10000 元

3. 10001~15000 元　　　　　　4. 15001~20000 元

5. 20001 元及以上

B6　全家医疗费用支出总额为_____。

1. 1000 元及以下　　　　　　　2. 1001~1500 元

3. 1501~2000 元　　　　　　　4. 2001~3000 元

5. 3001 元及以上

B7　全年子女教育费用支出总额为_____。

1. 2000 元及以下　　　　　　　2. 2001~4000 元

3. 4001~6000 元　　　　　　　4. 6001~8000 元

5. 8001~10000 元　　　　　　　6. 10001 元以上

B8　居住支出（购房、建房或维修）总额为_____。

1. 无　　　　　　　　　　　　2. 2000 元及以下

3. 2001~5000 元　　　　　　　4. 5001 元及以上

B9　缴纳各种税费、杂费（包括罚款）支出总额为_____。

1. 无　　　　　　　　　　　　2. 1000 元及以下

3. 1001~2000 元　　　　　　　4. 2001 元及以上

B10　其他支出总额为_____。

1. 2000 元及以下　　　　　　　2. 2001~4000 元

3. 4001~6000 元　　　　　　　4. 6001~8000 元

5. 8001 元以上

B11　2011 年度家庭支出总额为_____。

1. 20000 元及以下　　　　　　2. 20001~40000 元

3. 40001~60000 元　　　　　　4. 60001~80000 元

5. 80001~100000 元　　　　　　6. 100001 元及以上

B12.1　您的家庭 2009 年人均纯收入为_____。

1. 4000 元及以下　　　　　　　2. 4001~6000 元

3. 6001~8000 元　　　　　　　4. 8001~10000 元

5. 10001 元以上

B12.2　您的家庭 2010 年人均纯收入为_____。

1. 4000 元及以下　　　　　　　2. 4001~6000 元

3. 6001~8000 元　　　　　　　4. 8001~10000 元

5. 10001 元以上

B12.3 您的家庭 2011 年人均纯收入为_____。

1. 4000 元及以下　　　　　　　2. 4001~6000 元

3. 6001~8000 元　　　　　　　4. 8001~10000 元

5. 10001 元以上

三、村庄环境与农村基础设施配套

C1 现有的配套设施情况（每行选择一个格打勾）。

项目	很满意	比较满意	一般	不太满意	很不满意
1. 自来水质量					
2. 电力					
3. 燃料					
4. 网络通信					
5. 有线电视					
6. 公交车					
7. 公共活动场所					

C2 您认为最重要的前三项为（排序）：

①_____②_____③_____

C3 农村生活环境情况（每行选择一个格打勾）。

项目	很满意	比较满意	一般	不太满意	很不满意
1. 卫生保洁状况					
2. 垃圾分类处理状况					
3. 对外交通状况					
4. 绿化状况					
5. 空气质量状况					
6. 水环境（河道、当家塘）状况					

C4 您认为最迫切需要改善的前三项为（排序）：

①_____②_____③_____

C5 现有公共服务情况（每行选择一个格打勾）。

项目	很满意	比较满意	一般	不太满意	很不满意
1. 商业服务					
2. 中学教育情况					
3. 小学教育情况					
4. 幼儿园教育情况					
5. 医疗情况					
6. 公共就业服务					

C6　您认为最迫切需要提升的前三项为（排序）：

①_____②_____③_____

C7　您认为城乡的主要差别情况是什么（每行选择一个格打勾）。

项目	非常明显	很明显	一般	不明显	非常不明显
1. 收入差距					
2. 教育质量差距					
3. 医疗水平差距					
4. 购物消费差距					
5. 就业机会差距					
6. 网络与信息化					
7. 养老水平差距					
8. 文化氛围差距					
9. 交通便捷差距					
10. 空气质量差距					
11. 垃圾处理差距					
12. 治安差距					

C8　您认为最迫切需要提升的前五项为（排序）：

①_____②_____③_____④_____⑤_____

C9　您认为城乡之间还有哪些差距：

四、农村城市化的意愿情况

D1　近30年内，您家庭内转为城镇人口的数量为_____。

1. 没有　　　　　2. 1人　　　　　3. 2人　　　　　4. 3人及3人以上

D2　近30年内，您家庭内人口转为城镇人口的方式：_____。

1. 考学　　　　　2. 招工　　　　　3. 征地安置　　　4. 到城市购房迁入

5. 其他

D3　您家庭内已转为城镇户口，仍住在农村的人口数量为：_____。

1. 没有　　　　　2. 1人　　　　　3. 2人　　　　　4. 3人及3人以上

D4　您家庭内成员未来的居住意愿为（请注明具体数字）。

人数 年龄层次	居住在大城市	居住在县城	居住在集镇	继续居住在农村
61岁以上				
41~60岁				
21~40岁				
20岁以下				

D4.1　您家庭内 61 岁以上成员的居住意愿为：_____。

1. 居住在大城市　　　　　　2. 居住在县城

3. 居住在集镇　　　　　　　4. 继续居住在农村

D4.2　您家庭内 41~60 岁成员的居住意愿为：_____。

1. 居住在大城市　　　　　　2. 居住在县城

3. 居住在集镇　　　　　　　4. 继续居住在农村

D4.3　您家庭内 21~40 岁成员的居住意愿为：_____。

1. 居住在大城市　　　　　　2. 居住在县城

3. 居住在集镇　　　　　　　4. 继续居住在农村

D4.4　您家庭内 20 岁以下成员的居住意愿为：_____。

1. 居住在大城市　　　　　　2. 居住在县城

3. 居住在集镇　　　　　　　4. 继续居住在农村

D5　如果您的家庭可以进城或进镇，将如何处置房屋与宅基地：_____。

1. 转让　　　　2. 租赁　　　　3. 自留空置

4. 给老人居住　　　　　　　5. 希望政府收购拆迁

D6　您的家庭是否希望通过政府推动农村城市化的项目（例如"万顷良田建设工程"）过上城镇生活：_____。

1. 全部希望　　　　　　　　2. 大部分成员希望

3. 小部分成员希望　　　　　4. 全部不希望

D7　如果因政府工程或村庄改造，需对您的住所进行拆迁，将如何考虑安置：_____。

1. 安置到集镇　　　　　　　2. 安置到乡村周边

3. 安置到县城　　　　　　　4. 到大城市购房

5. 货币安置

D8　如果您整个家庭搬迁到城市或集镇，将如何处置承包地：_____。

1. 以股份形式加入村土地合作社　　2. 自己租赁给别人

3. 统一委托村集体租赁　　　　　　4. 放弃承包权，领取一次性补偿

5. 留地自营

D9　您的家庭成员是否已落实社会保障：

项目	已落实	未落实
人数		

D9.1　您的家庭已落实社会保障的人数为：_____。

1. 0 人　　　　2. 1 人　　　　3. 2 人　　　　4. 3 人及以上

D9.2　您的家庭未落实社会保障的人数为：_____。

1. 0 人　　　　2. 1 人　　　　3. 2 人　　　　4. 3 人及以上

D10　您的家庭成员落实的社会保障类型为：_____。

项目	城镇社会保障	新型农村社会养老保险
人数		

D10.1　您的家庭成员已落实城镇社会保障的人数为：_____。

1. 0 人　　　　2. 1 人　　　　3. 2 人　　　　4. 3 人及以上

D10.2　您的家庭成员已落实新型农村社会养老保险社会保障的人数为：_____。

1. 0 人　　　　2. 1 人　　　　3. 2 人　　　　4. 3 人及以上

D11　您的家庭成员进城或进镇，将选择何种就业方式。

项目	到县（或镇）企业上班	为种植大户或农业企业打工	外出打工	自主创业	其他
人数					

D11.1　您的家庭成员进城或者进镇，选择到县（或镇）企业上班的人数为：_____。

1. 0 人　　　　2. 1 人　　　　3. 2 人　　　　4. 3 人及以上

D11.2　您的家庭成员进城或者进镇，选择为种植大户或农业企业打工人数为：_____。

1. 0 人　　　　2. 1 人　　　　3. 2 人　　　　4. 3 人及以上

D11.3　您的家庭成员进城或者进镇，选择外出打工人数为：_____。

1. 0 人　　　　2. 1 人　　　　3. 2 人　　　　4. 3 人及以上

D11.4　您的家庭成员进城或者进镇，选择自主创业人数为：_____。

1. 0 人　　　　2. 1 人　　　　3. 2 人　　　　4. 3 人及以上

D11.5　您的家庭成员进城或者进镇，选择其他就业方式的人数为：_____。

1. 0 人　　　　2. 1 人　　　　3. 2 人　　　　4. 3 人及以上

根据问卷调查情况，笔者对项目区农户人地状况和城镇化意愿作出了如下分析：

1. 项目区人口状况和人地关系

从表8-1来看，项目区内家庭人口以3口之家为主（37.8%），而基本是3~5口人的家庭（88.8%），而且以农业人口为主，没有非农业人口的家庭占了91.8%；适龄劳动力比例高，只有3.1%的农户家里没有劳动力。但普遍文化程度较低，最高学历的以高中、初中为主，分别占45.9%、31.6%；最低学历的则以小学和文盲或半文盲为主，分别占45.4%、23.7%；总体文化程度以初中、小学文化为主（见表8-2），是标准的农区。在人地关系上（见表8-3），家庭户均承包土地规模小，3~10亩的占近90%，而更多是户均3~6亩，超过了50%。但住房面积还是比较宽裕，户均100平方米以上的超过90%，户均150平方米以上的也达到68.4%。人均面积也较大，人均40平方米以上占72.4%。总的来看，项目区小农经济的特征明显，城镇化、非农化水平都很低。

表8-1　　　　　　　　项目区样本的人口与劳动力状况　　　　　　单位：%

人口数量	家庭总人口	农业人口	非农业人口	劳动力人口
无	/	/	91.8	3.1
2人及以下	8.2	13.3	8.2	47
3人	37.8	42.9	0	37.8
4人	25.5		0	
5人	25.5	43.9	0	12.2
6人及以上	3.1		0	
合计	100.0	100.0	100	100

表8-2　　　　　　　　家庭成员文化程度调查　　　　　　　　单位：%

文化程度表述	最高文化程度	最低文化程度
大专或大专以上	19.4	1.0
中专、中技、职高	45.9	2.1
初中	31.6	27.8
小学	3.1	45.4
文盲或半文盲	/	23.7
合计	100.0	100.0

表 8-3　　　　　　　　　　项目区内农户承包地与住房状况　　　　　　　　单位：%

选项	户承包土地面积	家庭住房面积	人均住房面积
1	3 亩以下 3.1	50 平方米及以下 1.0	20~40 平方米 27.6
2	3~6 亩 57.1	50~80 平方米 4.1	40~60 平方米 40.8
3	6~10 亩 31.6	80~100 平方米 22.4	60 平方米及以上 31.6
4	10 亩及以上 8.2	100~150 平方米 68.4	/
5	/	150 平方米及以上	/
合计	100	100	100

2. 农村家庭收支情况

从表 8-4 来看，家庭农业收入在 1 万元以下的占 62.3%，但也有 18.4% 的家庭农业收入在 2 万元以上；家庭其他收入 2000 元以下的占了 39.8%，但其他收入在 10000 元以上的也有 29%；家庭年收入总额 2 万至 8 万元的比较多，也比较平均。收入结构上，农户主体收入还是靠农业，但已经有超过 90% 的农户有 2000~6000 元不等的非农业收入。

表 8-4　　　　　　　　　　2011 年调查区农民收入状况及构成　　　　　　　　单位：%

选项	农业收入	其他收入	总收入	人均收入
1	5000 元及以下 33.7	2000 元及以下 39.8	20000 元及以下 8.2	4000 元及以下 3.1
2	5000~10000 元 28.6	2000~4000 元 11.8	20000~40000 元 28.6	4000~6000 元 7.3
3	10000~15000 元 8.2	4000~6000 元 10.8	40000~60000 元 24.5	6000~8000 元 6.3
4	15000~20000 元 11.2	6000~8000 元 4.3	60000~80000 元 20.4	8000~10000 元 28.1
5	20000 元及以上 18.4	8000~10000 元 4.3	80000~100000 元 8.2	10000 元以上 55.2
6	/	10000 元及以上 29.0	100000 元以上 10.2	/
合计	100	100	100	100

农村家庭支出中（见表 8-5），收入多支出相对也多，但生活支出在 10000 元以下的占多数，有 62.3%。而用于医疗、教育、住房、税费方面的支出都比较少，医疗支出比例高在"两头"：1000 元以下的占 42.9%，而 10000 元以上的也占了 29%。教育支出一般都在 2000 元以下，占 61.9%，说明这个项目区的孩子考上大学的很少，相对教育投入少，今后进城和非农化的机会也少。家庭支出总额基本在 4 万元以下，占 75.5%。

表 8-5 　　　　　　　　　　2011 年调查区农民支出状况及构成　　　　　　　　单位：%

选项	生活支出	医疗支出	教育支出	家庭总支出
1	5000 元及以下 15.3	1000 元及以下 42.9	2000 元及以下 61.9	20000 元及以下 18.4
2	5000~10000 元 20.4	1000~1500 元 14.3	2000~4000 元 2.1	20000~40000 元 57.1
3	10000~15000 元 25.5	1500~2000 元 9.2	4000~6000 元 16.5	40000~60000 元 13.3
4	15000~20000 元 14.3	2000~3000 元 11.2	6000~8000 元 6.2	60000~80000 元 7.1
5	20000 元及以上 24.5	3000 元以上 22.4	8000~10000 元 2.1	80000~100000 元 1.0
6	/	/	10000 元及以上 11.3	100000 元以上 3.1
合计	100	100	100	100

注：因为 84.7%的家庭无"居住支出"，75.5%的家庭无"税费杂费支出"，这两项指标就没有列表统计的意义。

3. 村庄环境与基础设施、公共服务以及城乡差距

在农村基础设施方面（见表 8-6），项目区农户对自来水质量满意的占 79.8%；对电力状况不满意的仅占 2%，网络状况、有线电视等不满意率分别是 5.1%和 6.1%；但农村的公交状况和公共场所一般，不满意率达到 16.3%和 23.5%；农村的空气质量较好，周围没有化工污染，满意度很高。在表 8-7 中可以看出，农民对基础设施改善的迫切程度。对农村基础设施改善需求排第一位的是自来水质量，虽然村村通自来水，但水质不好；其次需要改善的是电力和公交车。

表 8-6 　　　　　　　　水电通信公交等基础设施居民满意度调查　　　　　　　　单位：%

是否满意	供水	供电	网络通信	有线电视	公交	活动场所
很满意	44.9	51.0	19.4	30.6	18.4	30.6
比较满意	34.7	27.6	24.5	24.5	8.2	4.1
一般	20.4	19.4	51.0	38.8	57.1	41.8
不太满意	/	2.0	5.1	6.1	16.3	23.5
合计	100.0	100.0	100.0	100.0	100.0	100.0

注：因为调查区没有使用燃气，不做分析。

表 8-7 　　　　　　　　居民希望改善基础设施配套的迫切性排序　　　　　　　　单位：%

设施改善顺序	优先	其次	第三
自来水质量	52.0	10.2	5.2
电力	17.4	44.9	21.7
网络通信	7.1	20.4	8.2
有线电视	1.0	4.1	11.3
公交车	20.4	16.3	37.1
公共活动场所	2.0	4.1	16.5
合计	100.0	100.0	100.0

农村生活环境方面（见表 8-8），项目区农户对卫生状况和垃圾处理满意与不满意率几乎都各占 50%；对外交通满意率只有 33.7%；而村庄绿化和空气质量较好，满意率分别为 67%、82.6%；但对农村水环境的满意率只有 36.7%。表 8-9 中，在提升农村环境方面，农民希望的排序是对外交通、水环境状况和垃圾分类。

表 8-8　　　　　　　　农村环境卫生状况居民满意度调查　　　　　　单位：%

是否满意	卫生保洁	垃圾处理	对外交通	绿化	空气质量	水环境
很满意	32.7	15.3	19.4	24.7	52.0	17.3
比较满意	18.4	28.6	14.3	42.3	30.6	19.4
一般	43.9	38.8	46.9	26.8	16.3	38.8
不太满意	5.1	17.3	19.4	6.2	1.0	25.5
合计	100.0	100.0	100.0	100.0	100.0	100.0

表 8-9　　　　　　　居民希望改善卫生环境状况的迫切性排序　　　　　单位：%

环境改善顺序	优先	其次	第三
卫生保洁状况	22.4	20.4	10.2
垃圾分类状况	20.4	15.3	31.6
对外交通状况	26.5	32.7	9.2
绿化状况	4.1	11.2	12.2
空气质量状况	4.1	2.0	5.1
水环境状况	22.4	18.4	31.6
合计	100.0	100.0	100.0

公共服务配套方面见表 8-10，项目区的商业服务条件一般，满意率 50%；中学教育满意率 61.2%；小学教育的满意率 58.2%；幼儿教育满意率更低至 35.7%；医疗状况满意率 32.7%；就业服务满意率为 39.8%。在表 8-11 中，农村公共服务需要提升的方面排序第一和第二位的都是医疗，第三位的是公共就业服务。

表 8-10　　　　　　　农村公共服务情况居民满意度调查　　　　　　单位：%

是否满意	商业	中学	小学	幼儿园	医疗	就业服务
很满意	16.3	30.6	28.6	17.3	17.3	31.6
比较满意	35.7	30.6	29.6	18.4	15.3	8.2
一般	41.8	33.7	40.8	53.1	38.8	29.6
不太满意	6.1	5.1	1.0	11.2	28.6	30.6
合计	100.0	100.0	100.0	100.0	100.0	100.0

表 8-11 　　　　　居民希望公共服务提升的迫切性排序　　　　　单位：%

服务提升顺序	优先	其次	第三
商业服务	16.3	3.1	12.2
中学教育情况	12.2	14.3	14.3
小学教育情况	11.2	18.4	14.3
幼儿园教育情况	18.4	11.2	16.3
医疗情况	36.7	30.6	19.4
公共就业服务	5.1	22.4	23.5
合计	100.0	100.0	100.0

　　在城乡差距上（见表 8-12），85.7% 的项目区农户认为城乡收入差距明显；认为教育和医疗有差距的均占 88.7%；购物消费上的差距略小一些，占 68.3%；认为就业机会有差距的占 60.2%；而认为信息网络有差距的仅 47.9%。说明一方面农村网络建设快，另一方面农民使用不多，感觉不到差距。其他认为养老水平、城乡文化氛围、交通便捷程度等方面有差距的，分别占 83.7%、57.1%、70.4%；而在空气质量、垃圾处理、治安状况等方面的差距并不大，分别占 43.8%、52.1%、31.7%。在表 8-13 中，他们认为最需要缩小差距的前五位排序分别是收入、医疗、教育、养老和交通。

表 8-12 　　　　　调查区农民认为在城乡差距方面的问卷调查　　　　　单位：%

差距项目	非常明显	很明显	一般	不明显	合计
收入	56.1	29.6	14.3	/	100
教育质量	62.2	26.5	11.2	/	100
医疗水平	62.2	26.5	11.2	/	100
购物消费	45.9	22.4	30.6	1.0	100
就业机会	34.7	25.5	26.5	13.3	100
网络信息化	26.5	21.4	32.7	19.4	100
养老水平	50.0	33.7	13.3	3.1	100
文化氛围	36.7	20.4	31.6	11.2	100
交通便捷度	39.8	30.6	22.4	7.1	100
空气质量	32.6	11.2	30.6	25.4	100
垃圾处理	23.5	28.6	44.9	3.0	100
治安差距	18.4	13.3	55.1	13.2	100

表 8-13　　　　　　调查区农民认为在城乡差距方面的问卷调查　　　　单位：%

缩小差距	优先	其次	第三	第四	第五
收入	43.9	4.1	10.3	6.7	1.1
教育质量	29.6	34.7	7.2	6.7	4.4
医疗水平	17.3	35.7	24.7	3.3	6.7
购物消费	/	4.1	8.2	1.1	7.8
就业机会	2.0	4.1	13.4	24.4	2.2
网络信息化	2.0	4.1	1.0	2.2	5.6
养老水平	3.1	6.1	19.6	25.6	16.7
文化氛围	/	1.0	3.1	6.7	5.6
交通便捷度	2.0	2.0	7.2	15.6	24.4
空气质量	/	/	/		3.3
垃圾处理	/	4.1	4.1	3.3	8.9
治安差距	18.4	/	1.0	4.4	13.3
合计	100	100	100.0	100.0	100.0

4. 城镇化和非农化意愿调查分析

在表 8-14 中可看出，近 30 年项目区农户人口城镇化程度很低，没有人转为城镇人口的家庭占了 73.5%，而仅有 1 人城镇化的也占 19.4%；即使转为城镇户口，也是基本仍住在农村。根据问卷调查反馈的情况，30 年来农村人口进入城镇化的方式是以考学和招工为主，分别占 47.8% 和 34.8%，合计占了 82.6%。

表 8-14　　　　　近 30 年项目区农户非农化的状况调查　　　　单位：%

非农化人口	转为城镇人口	转户后仍住农村
没有	73.5	61.0
1 人	19.4	28.8
2 人	4.1	5.1
3 人及 3 人以上	3.1	5.1
合计	100.0	100.0

而从表 8-15 中 61 岁以上、41~60 岁、21~40 岁、20 岁以下等几个年龄组的居住意愿来看，随着年龄的递减，愿意住在集镇、县城和大城市的人口逐步增加，合计分别为 61%、75.9%、76.3%、84.1%；愿意住在农

村的人口则逐步递减，分别为 39%、24.1%、23.7%、15.9%；愿意住大城市的比例不高，分别为 9.8%、3.6%、3.4%、15.9%。居住县城与集镇相比，相差不大，除年轻人更愿意选择县城外，其他年龄组的选择集镇比选择县城略多一些。

表 8-15   调查区农民未来居住意愿调查   单位：%

居住选择	61 岁以上	41~60 岁	21~40 岁	20 岁以下
居住在大城市	9.8	3.6	3.4	15.9
居住在县城	4.9	26.5	23.7	38.6
居住在集镇	46.3	45.8	49.2	29.5
继续居住在农村	39.0	24.1	23.7	15.9
合计	100.0	100.0	100.0	100.0

进城或进镇后，对原有宅基地和住房的处置（见表 8-16），出租的较多，希望被政府拆迁的也很多，还有就是转让，比例分别为 54.6%、29.9% 和 13.4%，农民觉得自己出租或者被政府一次性收购相对是安全的；城镇化后对承包地的处置，入股合作社的占 25.8%，出租的占 8.2%，委托集体流转的占 63.9%，而选择永久放弃的只占 2.1%。

表 8-16   如果可以进城如何处置房产与土地的调查   单位：%

处置宅基地与住房	处置承包地
转让 13.4	以股份形式加入村土地合作社 25.8
租赁 54.6	自己租赁给别人 8.2
自留空置 1.0	统一委托村集体租赁 63.9
给老人居住 1.0	放弃承包权，领取一次性补偿 2.1
希望政府收购拆迁 29.9	
100	100

社会保障和就业方面，基本上每户家庭都已经落实新"农保"，比例在 95% 以上，但落实城镇保障的家庭很少，人口比例也低，仅占 8%（见表 8-17）；在就业选择上（见表 8-18），农民的选择出路少，也比较迷茫，56.1% 的人不会选择到城镇企业打工，70.4% 的人不会为农业企业打工，55.1% 的人不会选择外出务工，而自我创业的选择更少，73.5% 的人不愿意自我创业。

表 8-17　　　　　　　　调查区农户社会保障情况调查　　　　　单位：%

社保人数	户内已落实	户内未落实	落实城保	落实农保
0 人	30.6	45.9	75.5	5.1
1 人	9.1	28.6	16.3	9.2
2 人	25.5	10.2	7.1	44.9
3 人及 3 人以上	34.7	15.3	1.0	40.8
合计	100.0	100.0	100.0	100.0

最后，在家庭是否希望通过政府推动农村城市化的项目（例如"万顷良田"建设工程）过上城镇生活的问卷选项中，家庭成员全部希望的占了51.5%，大部分希望的占了37.1%，说明农民对城镇化还是给予了积极的响应和支持。但对政府进行拆迁的安置考虑，选择到集镇安置就近城镇化的居多，占了79.4%，选择到县城安置的也有10.3%，就业渠道少，离乡不离土的选择是农民的无奈之举。

表 8-18　　　　　　调查区农户家庭就业人口与就业类型调查　　　　单位：%

就业人数	县镇企业工作	为种植大户干	外出打工	进城进镇自主创业	其他方式
0 人	56.1	70.4	55.1	73.5	77.3
1 人	23.5	15.3	19.4	15.3	13.4
2 人	11.2	13.3	22.4	11.2	8.2
3 人及 3 人以上	9.2	1.0	3.1	/	1.0
合计	100.0	100.0	100.0	100.0	100.0

根据问卷调查和上述分析可以看出，农民不可能按政府行政命令和号召而简单进城。农民城镇化的意愿如何，往往需要农民全面比较进城利益（benefit）和进城损失（expense）的基础上自主选择。

1. 农民的进城利益

许许多多农民都会有进城的梦想。农民的进城利益是指农民市民化后可以在就业、生活、养老、教育等方面获得的直接和间接利益。（1）直接的利益是可以按照成本价或政府定价置换购买城市的安置房，因为原先农村住房面积大，按原住房面积置换可以在县城或城镇购买好几套，房产价值大大升值；（2）农民进城就业机会更多，可以谋一份比农村务农收入更高的工作；（3）与农村相比，城市中的商品丰富，购买生活必需品方便且选择多；城市有更为完善的基础设施，交通更便捷，通讯网络等方便，生活质量更高；（4）城市中的医疗设备先进，医疗技术明显高于农村；（5）从教育方面来说，城市教育资源丰富，师资力量雄厚，义务教育阶段的教育质量往往优于农村，政府对教育的投入更多；（6）城市居民可以享受到更多的文化、体育、卫生保健、娱乐等服务。

2. 农民的进城损失

农民的进城损失，这里是指农民市民化后，因农村集体成员资格的放弃或者得不到保障，而带来的土地、住房、集体经济组织的收益分配等的丧失。首先，农民要考虑的是在城市的居住问题。按目前高淳房地产市场行情，以100平方米计算，购置商品房需30万元左右（不含装修）。他们的住房投资如果得不到合理补偿，或者不能转卖他人，就会造成损失。其次，农民进城，放弃了土地。对于离城市较近、区位条件较好的乡村（如淳溪镇、古柏镇的农村居民），他们看得见土地的潜在升值，没有较高的利益补偿，不会轻易放弃农民资格。另外，对于养螃蟹的圩区农民，农村集体经济发达，收益分配较高，也难以放弃可以享受的农村集体福利，放弃土地分红。因为对高淳农民来说，因螃蟹产业发达，土地流转收益高，土地分红是一笔可观的收入。

三、政策的设计

在制度政策设计中，我们充分尊重民意调查，创新设计拆迁安置和土地流转政策，尽可能解决农民反映的一些具体问题。

1. 农民拆迁安置政策的设计

首先是安置地点和方式选择多样化。政策充分呼应了农民意愿，一开始每个镇都给农民安排了两个安置点选择，一个是在小城镇，另一个安排在被撤销乡建制的老集镇。但居民都要求安排到镇里，我们又及时调整，扩大集镇安置规模，取消已经逐步衰退的乡集镇安置点，让农民房产能够增值。

其次是把指标节约带来的土地增值与农民共享。通过对项目区整理前后建设用地面积的对比，把节约指标的预期收益倒过来算账，来确定除给农民正常房屋补偿外，还可以给农民多少置换房屋的补贴。农民大概可以再按原合法住房面积领取 300~500 元/平方米的奖励。安置房的形式有多层标准公寓房，也有复式公寓房，安置在多层标准公寓房中的农民节约的土地多一些，购房的价格就低一些，而安置在复式公寓房中的农民需要多支付一些费用。后来政策规定，农村住宅置换取得的安置房置换价格为多层标准公寓房 500 元/平方米，复式公寓房 600 元/平方米。

也有一部分农民长期在外从事建筑业，希望在县城给小孩买套房解决读书问题，于是就鼓励自愿退宅还耕放弃农村宅基地的居民到县城买房，并给予一定购房奖励。2009 年笔者在高淳工作时，适逢金融危机，高淳本身城市化水平就不高，住房需求不旺，房地产市场处于冰点。在出台救市政策时，笔者也充分考虑到如何引导农民进城，增加了支持农民进城购房置业的条款。高淳县《关于促进全县房地产业健康稳定发展的意见》文件规定，几种情况下农村居民放弃农村宅基地或者拆迁安置房，进城进镇购房置业的，给予一定购房奖励。包括实施"万顷良田"建设工程、城乡建设用地增减挂钩项目范围内需拆迁的居民；开发区范围内统一征地需拆迁的居民和其他被征地拆迁的农村居民。而对于政府不主动拆迁，在城市规划区内符合宅基地申请条件而不再安排宅基地的居民和城市规划区外符合宅基地申请条件主动放弃申请宅基地，选择进城进镇购房的居民，也属于享受购房奖励的对象。文件制定了一些具体奖励标准，通过对农民农村宅基地退出的经济奖励方式，鼓励农民进城进镇购房置业。当时这个政策还被外行的媒体记者炒作"政府有什么权利拿纳税人的钱补贴买房人？"但实际在当时既对农民直接进城有帮助，鼓励到县城购房也对金融危机下县城房地产去库存起到了一定推动作用。

还有一个重要的创新是农民集中安置区选址使用国有土地。一方面使用集体经济组织土地需要破解跨村组的难题；另一方面农民希望拿到的安置房是实实在在的产权房，可以变成财产。镇政府使用周边村集体土地不能平调，也要进行实质性征用补偿。这样，农村住宅置换取得的安置房，具有国有土地使用权（划拨）和房屋所有权证，5 年以后参照拆迁安置房相关规定可上市流通。实际选址中，也利用了一些集镇停产的旧厂房，同时改造了小城镇面貌。

另外，农民反映的一些具体问题也在政策中给予明确解决，如可以把一部分住房放弃变成投资，选择部分或全部到工业园区置换标准厂房。对村内居住的"五保户"、孤寡老人，无能力购房的，经本人申请，原房仅补偿房屋重置评估价后，由镇政府给予妥善养老安置。设定保底，被拆除房屋的批准建筑面积低于 60 平方米/户的，按 60 平方米核定该户安置基准面积。安置房尽可能给居民比较多的选择，套型面积原则上控制在 60~140 平方米，分特大、大、中、小四种套型。后来又试点底层架空，分配给农民，近期放杂物农具，今后可以改为车库。为解决农民集中居住后对生活小菜地的需求，又从附近村庄流转几十亩土地，平均每户可以承包 0.2 亩，小菜地解决了生活中的大问题，也避免了对小区绿化的破坏。

2. 土地流转的政策设计

建立农村土地流转市场，多种形式培育农民土地承包使用权合理流转。在"规范有序、连片集中""以人为本、维护农民利益"的基础上，土地承包经营权可以采取入股、租赁、置换等多种形式流转。

（1）入股。以村或村民小组为单位，成立土地股份合作社，鼓励项目区内的农户自愿加入土地股份合作社，把土地承包经营权量化为长期股权，农户入股保底分红。

（2）租赁。对不愿放弃土地承包权又不愿意自己耕种的农民，可以租赁方式将土地承包经营权委托镇村集体经济组织或村委会统一流转，收益仍归农户所有，也可自行直接租赁给种植大户。

（3）置换流转。即把农民以土地承包经营权换取城镇社会保障，农户放弃的承包权由村集体经济组织收回，实行统一经营，农用地性质不变。置换流转的，村集体经济组织或土地经营权的流入单位应按 500 元/亩的土地年收益，一次性支付流转户 30 年的土地收益补偿金。

（4）留地自营。对项目区涉及的农户，愿意继续承包经营的，在服从规划的前提下，可以在项目区内整理后统一调整分配，留地自己承包经营。

这里的创新有两个：一是置换流转，某种程度上就是农民彻底放弃承包经营权的补偿，参照征地模式，一次性给予 30 年土地租金，可以足够支付城镇社会保障的费用；二是留地自营，应该尊重农民选择，不强制流转，保留家庭承包经营存续的空间，但要土地整理后统一再分配。

3. 就业生活保障的政策

（1）土地承包经营权已流转的适龄劳动力，有劳动能力、就业愿望的，均可到所在镇劳动保障服务所进行就业登记，领取《就业登记证》，3 年内由政府组织开展免费技能培训 3 次；每年提供 3 次就业岗位信息，对就业困难人员及零就业家庭推荐就业，确保零就业家庭有一人稳定就业。

（2）鼓励离开土地的农民到周边企业就业或自主创业。土地流转给农业规模企业，鼓励这些企业优先招聘项目区农民。也可以到开发区或者集镇工业园区上班。

（3）"万顷良田"工程项目区农民全部参加新型农村社会养老保险和新型农村合作医疗保险。其个人缴纳费用由政府给予定额补贴。

（4）双放弃的落实城镇社会保障。农户退出农村住宅的同时，以家庭为单位自愿放弃土地承包经营权的，由镇政府落实城镇社会保障，对已经纳入城镇职工基本养老保险的人员，由县财政再给予每人3000元补贴。

主要特色在于，已经有就业保障的农户可以自愿"双退"，就业单位为其落实城镇社保后，政府给予经济补贴。从这一点来看，通过推行增减挂钩引导农民进城的关键除了居住保障外，提供足够就业，以工业化带动城市化才是正道。

4. 指标管理和配套政策

在上述政策基础上，还需建立指标管理交易的政策以及其他配套政策。首先，建立"万顷良田"工程和城乡建设用地增减挂钩形成的新增建设用地指标有偿调剂市场。除县重点项目以外的其他项目用地指标原则上都由开发区、各镇通过实施"万顷良田"建设工程、城乡建设用地增减挂钩方式解决或有偿调剂取得。可以在本县范围有偿调剂使用，或由县土地储备中心优先收购。这一点在当时的背景下还是能够充分调动各方积极性，兼顾了县乡村三级的利益。

其次，配套政策包括：（1）"万顷良田"建设工程涉及的土地整理，可以申报省、市土地整理项目，筹集一些专项土地整理复垦资金；（2）项目实施期内，农业综合开发、农田水利建设、江苏省农村道路改造、高标准粮田、改水、改厕等扶持资金和节水灌溉、设施农业补助资金等各类资金集中安排到"万顷良田"建设工程项目区内，同时享受农业规模经营扶持政策；（3）新建农民集中区的所有县权范围的规费一律减免；（4）农村置换城镇安置房后，户籍可以迁入市区，与城镇居民在子女教育、医疗、就业等方面同权；（5）农民不能在原村集体申请宅基地，但可以继续享有原集体经济组织的收益分配等。

5. 统筹使用各方面资金

资金筹集本着"市场筹大头，各方补一点"来解决。政府出让用地优先使用挂钩指标，指标自由交易的价格一般在35万~40万元/亩，收储地块出让时可以在收益中解决。项目启动时，可以有以下资金来源：

"县里出一点"，县城收储地块使用挂钩指标，从土地出让金中计提10万元/亩列入增减挂钩成本。

"市里补一点"，南京市政府出台了专门政策，对试点项目区内经验收确认，对由建设用地复垦形成的新增耕地面积给予3万元/亩的补助，由市财政从土地出让金用于农业部分、新增建设用地土地有偿使用费等资金中列支。①

"规费省一点"，因"万顷良田"建设新增耕地折抵用地指标而免缴的各项土地规费：（1）农业重点开发资金返回部分；（2）新增建设用地有偿使用费返还地方部分；（3）耕地开垦费；（4）耕地占用税的70%；（5）农业土地开发资金（土地出让金平均纯收益的15%）。

第三节 集体经济组织的实践——农民合作社

一、武家嘴村社合一模式

武家嘴村位于笔者曾经工作过的南京市高淳区的古柏镇。武家嘴村过去是石臼湖边的一个小渔村，现在号称"金陵首富村"，成为社会主义新农村建设先进典型。全村共有5个村民小组，213户，916人，耕地面积238亩。武家嘴村以造船水运为主业，村级水运总吨位超过50万吨，有集装箱钢质运输船舶140多艘，3000吨以上船舶87艘，最大吨位达1.25万吨，被誉为"中国民间造船水运第一村"。现有南京武家嘴船舶制造有限公司八卦洲造船基地、"金陵武家嘴休闲渔庄"和"千亩联村经济林果"生态高效农业旅游示范基地、四星级会议（文化）中心等9个规模特色主导产业基地，已经形成了以造船水运业为龙头，现代农业、现代服务业为两翼，农业休闲与乡村旅游为补充的产业发展格局。先后荣获全国文明村、全国民主法治示范村、江苏省社会主义新农村建设示范村、首届"江苏最美"乡村、南京市"创先典范"、"南京市十大最美乡村"等荣誉称号。从2015年的情况来看，全年实现生产总值30亿元；集团税收3600万元；集体经济可支配收入6400.71万元；村民人均纯收入9.9万元。继续蝉联"南京市综合实力百强村"首位。

武家嘴是一个村级组织，从村集体经济组织的角度，有两条经验值得

---

① 《南京市人民政府关于推进万顷良田建设工程的意见》，2009年12月25日。

借鉴。

一是村社合一，统一经营。武家嘴村的发展模式是村社合一、股份联合、统一经营、风险共担。武家嘴村以水运为主，船在江里走容易出事故，万一翻了船，这家人基本就再难翻身。为了让村民们能安心搞船运，没有后顾之忧，武家嘴村设立了互助合作基金。每家按照船的吨位出钱加入基金，一家有难，大家支援。村民徐敏强就是这个基金的受益者，自己的船沉了，拿着基金赔的钱，他又买了一条新船。2007 年 8 月，武家嘴村委会投资成立了南京武家嘴集团，集团内还有一系列农民参股、入股的股份制公司。集团下面有 14 家全资子公司、2 家控股子公司、5 家参股子公司，经营范围涉及船舶制造、维修与销售、内河沿海运输、生态农业、休闲旅游业、地产商贸、酒店金融、文化教育、养老医疗、油气经营等多个领域，现有职工 1000 多人。村集体通过股权形式组成合作组织，共同在市场经营，共同决策，共同分配，共同致富。近几年农民的人均年纯收入都能达到 8 万元。

武家嘴村从一开始就没有单打独斗，因为土地少，村委会也没有搞土地承包把大家捆绑在土地上。他们凭借临湖通江的地利条件，组织村里 72 条小木船闯进长江跑运输，初尝了市场经济的甜头，也掘得了经济发展的第一金。① 这个运输队就是合作经营的互助合作社。资金积累后，并没有一分了之，全村人共同决策，扩大专业化生产，造船水运特色主导产业迅速发展壮大。这个村的发展壮大是村委会、村党组织和村集体资产经营公司——武家嘴集团"三位一体"的管理和决策模式下带来的。村集体与村民之间既有社会治理关系，更多的是股份关系，是投资与分配的关系。从水运到造船，再到发展旅游业、酒店业等，都是在全体村民的委托下，由农民自己的股份公司统一经营。村民们通过股份分配，抱团发展，他们完成了实体公司运作的成功转型。

二是全村进城，共享发展。武家嘴探索了农民进城的一个新模式。政府在为鼓励农民进城上费尽脑筋时，武家嘴村率先放弃在新农村建设中建造的石臼湖边上的农民第二代住房，在县城购买土地为农民建造第三代别墅，这样，全村农民一夜之间实现城市化，住的城市别墅，用的是城市水电气和现代化家电，小孩上的是城市里的好学校，就医方便，城市的公共服务村民一下子全享受到了。武家嘴村创造了一个新的农村城市化模式，

---

① 武继军：《勇当社会主义新农村建设排头兵——在"武家嘴科学发展路径高层论坛"上的发言》，载于《新华日报》2008 年 10 月 20 日。

在湖边是渔民，全村搬进城里就全部成为新市民，他们不仅可以居住进城，也可以投资进城、产业进城，甚至建设城市。武家嘴模式的另一个意义是不等城市来改造自己的农村，不是被动等待城市化，而是自己往城市化方面发展；也不是把自己原来的农村改造成城市，而是农村人跳离农村，积极到城市中去参与城市建设。武家嘴村在城市中发展商业，引进超市，进军房地产开发，引进优质教育资源、建设武家嘴实验学校，建设城市医院和各种文化设施，帮助城市建设五星级酒店等，支持城市发展、帮助城市建设公共产品，农民集体组织也可以在城市中大有作为。

当然实现这样的城市化源于武家嘴的几个特点和基础，武家嘴村都是统一经营，没有土地要流转，产业基地在外，村民都是持有股份；武家嘴村民基本都是从事非农产业，公司也为每个村民支付了社保费用；有足够的经济实力，且老村房子建得再好，完善公共配套花费甚巨，没有必要。值得借鉴的是，村庄搬迁改造、农民进城，村集体经济组织也可以有更多的作为，甚至成为主体，而不需要政府强势推动。

二、邢青松的专业合作联社

高淳区有固城湖、石臼湖两大淡水湖，水面资源丰富，圩区历史上就以养殖产业为主，螃蟹养殖面积达到20多万亩，螃蟹收入在全区农民年人均纯收入中占到1/8，全区1/5的农户家庭经营性收入主要来源于螃蟹经济，螃蟹产业已成为高淳特色富民产业。笔者在高淳工作时也分管市场和供销工作，感受到品牌的创建十分重要。随着高淳县"固城湖"螃蟹市场占有份额越来越大，成为与阳澄湖大闸蟹齐名的知名螃蟹品牌，经过多年的不懈努力，2009年获得了"中国驰名商标"和地理标志产品称号。

螃蟹养殖、经营中涌现出一批带头人。经营大户邢青松就是其中的领军人物。邢青松是高淳区螃蟹产业发展壮大的推动者，个人经历也有点传奇的色彩，上过老山前线，转业后分配在银行工作，后在经济浪潮中勇敢辞职下海，开始养螃蟹的生涯。养出名气、养出效益后，周边农民向他取经，他热心帮助其他村民，送蟹苗、办培训，送自己编写的教材，甚至帮农民贷款。为帮助养殖户拓展销售渠道，他专门干起了营销，起初在县水产批发市场经营，其经营面积不足200平方米。2008年5月，邢青松成立了青松水产专业合作社，把分散的螃蟹养殖经营户集中到合作社中抱团发展，不少养殖亏损的养殖户通过抱团顺利实现了致富梦。因业绩和贡献突出，邢青松被评为全国首届优秀农产品经纪人。

　　笔者在高淳工作的五年，见证了青松水产合作社的成立、壮大与升级，并积极推动合作社转型，进一步发展电子商务。现在他们在开设总店、分店、便利店三级科技网络超市的同时，也越来越重视电商的发展，青松合作社已经入驻天猫，大大拓展了销售渠道和辐射面积，确保社员养殖的螃蟹卖上好价钱。同时，他们利用介绍螃蟹知识、参观养殖基地、抓螃蟹钓螃蟹等参与活动，进一步发展了休闲观光旅游。

　　总结青松水产专业合作联社的特点，有以下几点：

　　一是产业链全过程合作。合作社本着为入社的水产养殖户提供系统服务为宗旨，以带动农民增收为目标，创新工作思路，在合作社、龙头企业、社员三者之间建立"五个统一"的利益连接机制。即：统一技术培训、统一苗种引进、统一质量标准、统一产品收购、统一品牌销售。引导养殖户规模化养殖，组织化发展，规模化管理，市场化营销，确保农户增收。从而真正发挥专业合作社联系农户和市场的纽带作用，形成一条"龙头企业+合作社+（基地）蟹农"的特色产业链。在围绕水产养殖这个主业的产前、产中、产后方面，也是全周期的合作，有营销合作社，有运输合作社，也有专门供应螃蟹饵料、培育蟹苗的组织。既有主业下的专业化分工，也有产业链条上的合作。

　　二是打破村组甚至地域界限的专业化合作。南京市高淳区青松水产专业合作社是由省供销合作总社发起，以"南京青松固城湖螃蟹有限公司"和"高淳区水产批发市场有限公司"为主体，区内部分水产养殖户和经纪人参与建立的农村合作经济组织。过去合作社组织主要是当地砖墙镇的部分农户，后来扩大到固城湖圩区，现在不单是养殖户，也包括营销专业户，再后来在省供销社的指导参与下，这个合作社没有了地域的限制，金坛、丹阳等地的养殖户也加入成为社员。2010 年 5 月，青松水产合作社与高淳另外 15 家水产合作社，以及苏州、无锡、常州、泰州等地的 5 家水产专业合作社，共同成立了江苏固城湖青松水产专业合作联社，成为江苏省首家跨市域的水产类农民专业合作联社，真正实现跨地域市场合作。现有社员 3218 户，线下有 150 多个专卖店，共有核心养殖基地 6.68 万亩，占全县螃蟹养殖面积的 30%，2009 年社内实现销售收入 2.9 亿元，带动全县实现销售收入 6.5 亿元，带动养殖户、经营户 17380 多户。①

　　三是社员以股份为纽带，按股分红。农民将自己的土地入社，若农民

---

① 李云、夏功保：《从专卖店到专业社——青松水产专业合作联社发展轨迹》，载于《江苏农村经济》2011 年第 3 期。

要扩大养殖规模，可以流转别人的土地，加入成为合作社社员的，可以享受保护价收购以及股份分红。联社按照《农民专业合作社法》要求，在《章程》中规定坚持"互利互助、维护公平"的原则。对社员上市螃蟹优先实行保护价收购，使合作蟹农从中尝到甜头。对青松专业社所实现的年利润坚持按比例提取，并以社员出资额或与其所发生的交易额，年终实行红利分配和交易额盈余返回。2015年，青松合作社帮助社员推销螃蟹1.78亿元，帮助社员增收542万元，合作社实现销售收入2019万元，利润20.74万元，社员分红金额5.94万元，青松水产专业合作社已实现连续8年向社员分红。① 社员之间的合作经济发展成为共享经济。

四是青松专业合作联社成为一个水产行业协会，在行业内制定规则，制定养殖标准，也包括核定行业内成本，协商确定行业内定价。除了对入社社员制定收购保护价外，在螃蟹市价一度低迷、蟹农售价明显低于养殖成本的时候，联社通过果断大幅度提价收购，稳定了市价，保护了养殖户利益，有效防止了恶性竞争（李云、夏功保，2011）。另外，联社还有责任在产品质量、规格标准、商标保护以及包装标识等方面发挥统一牵头和规范管理的作用。

邢青松总结自己的青松专业合作联社时，提出要坚持"三联"，壮大青松联社。首先是"联情"，农民专业合作社的成立最初靠的是联情。他1992年下海经商，亏损百万的深刻教训使他萌生了成立农民合作组织的想法，也就是合作互助，风险共担。其次是"联利"，组建县级专业联社要实现合作共赢，让农民看到希望，积极要求加入。最后是"联心"，组建省级专业联社，放大青松联社的品牌效应，实现"农民增收、消费者放心"的双赢局面，让更多农民增收（邢青松，2013）。

三、和睦涧村的土地股份合作社

高淳区东坝镇的和睦涧村与桠溪慢城毗邻，生态环境优美。这个村几乎是南京市最南面的村庄，在前面所说的东坝镇的"万顷良田"工程范围内，按照规划需要撤并一些自然村，同时要流转土地，实现规模经营。

2013年东坝镇按规划实施"万顷良田"工程，和睦涧村在项目区内，村民需搬迁到镇上的安置小区，农民也无法继续耕种土地。村集体牵头成立淳和水稻专业合作社，实施统一的土地流转，村干部耐心做好宣传动

---

① 胡英华：《青松水产合作社连续8年分红》，载于《南京日报》2016年6月12日。

员，454 户村民以承包地入股形式加入了合作社。全村 5185 亩农地中有 4300 亩被流转到合作社手中。合作社将这些土地资源整合，科学做好农业布局规划，以种植水稻、小麦为主，实现规模化、集约化、现代化。

在政府补贴支持下，淳和合作社重新进行农田道路、沟渠规划，兴建大棚等现代农业设施，提高农业机械化耕作水平，农业生产效率大幅提高。据调查，和睦涧村入股合作社的村民，平均每户增收 2000 元，人均年收入超过 2 万元，如今，和睦涧村已经连续 3 年被评为市综合实力百强村。[①]

总结和睦涧村的合作社，可以有以下几点：

（1）土地流转不影响家庭收入。土地承包权入股后，农民每年入股分红保底可以获得 700 元/亩。常年外出打工的村民发现，从外地打工回来过年时，还能分得人均 2 万元收入。不出去打工的留守农民，在帮合作社打一些零工的话，另外可以有每年 3000~5000 元的收入。

（2）规模经营、专业种植才能产生增值收益。过去农民自己种地，如果没遇上水灾、风灾、病虫害，扣除种子、化肥、农药、人工、机械等成本要 1000 多元，一年一亩地最多挣一两百元钱，搞不好还要倒贴。现在把地流转给合作社，一年一亩净赚 700 元。土地流转有了规模后，合作社统一购买良种、肥料、机械，引进先进技术种植绿色有机大米，种植成本降了，每亩只要一两百元，种出来的有机稻米还能多卖钱。村民除入股土地能拿钱外，还有合作社赢利分红和村集体土地的赢利分红。规模实现效益，接下来村集体准备将基地种植面积扩大到 5000 亩。

（3）合作社实现新的"统一经营"。合作社负责土地流转后，就相应承担了统一经营的重任。和睦涧村淳和水稻专业合作社请专家规划设计，投资 1200 万元建设新的有机大米加工厂、农机库、培训中心、储粮库等，基地内铺设 2.8 公里水泥路，还新增钢架防虫网 50 亩、杀虫灯 80 盏。同时合作社积极拓宽销售渠道，在苏、锡、常等地设 6 个销售网点，南京市区设一个销售总代理。合作社还计划搞休闲观光农业，请国家级旅游规划设计院做规划，投资 3000 多万元建生态旅游休闲度假中心。从这些可以看出，农业基础设施投入、经营方式的拓宽、市场营销环节的保障等，都已经不是家庭经营所能完成的，高效农业、现代化农业的发展如果没有合作社组织的统一经营是很难实现的。

---

① 许琴、左年生等：《入股合作社，人均年收入超 2 万元》，载于《南京日报》2015 年 9 月 28 日。

　　（4）逐步从土地股份合作社、专业合作社到综合社。东坝镇和睦涧村以高淳区淳和水稻专业合作社为龙头，有效集聚全村区域范围内多种生产经营要素，将村内土地股份合作社、社区股份合作社、劳务专业合作社等几类合作社的职能整合到一起，开展了综合社建设试点。通过试点，社区股份合作社代表全体村民以团体成员入股，农民以土地承包经营权入股淳和水稻专业合作社，明晰了产权、理顺了村社之间的关系，构建了集生产、加工、销售、信息、科技、保险、农机、植保、社区管理等功能于一体的综合性服务的新型集体经济实体。目前入社成员达 455 个，其中团体成员 1 个。成员出资总额 550 万元。其中，农户占 32.18%，社区股份合作社占 67.82%。土地承包经营权作价出资占 37.29%，货币出资占 62.71%。2014 年集体增加收入 60 多万元，社员分红 1000 多元。在试点基础上，可以积极引导村集体组织牵头兴办的专业合作社向综合性合作社方向发展，村社共建，探索新型集体经济发展的新模式。

第九章

结论与建议

第一节　主要结论与创新

（1）新型城镇化将面临新环境，高铁时代的到来、智慧城市和"互联网+"的发展、复制的城市综合体以及全域旅游的到来，都会对新型城镇化及其模式产生深远影响。

（2）新型城镇化应该贯彻"创新、协调、绿色、开发、共享"五大理念和以人为本、四化同步、质量优先、产城融合、城乡统筹、生态文明六项原则。

（3）确定城市等级的人口含义应该规定为"城市实体地域上的居住人口"。

（4）确定城市合理规模的细化标准可以包括人口规模与人口密度、公共服务配套标准、城市财政与就业、交通出行距离等指标，特别强调了财政供养水平和交通出行距离与城市规模的关系。研究城市规模合理性可以选择一些二级指标用层次分析法来评估。

（5）较大区域内城市发展战略与人口分布可以序列大小分布和倍数原则来研究，确定首位城市，设定符合本地区特征的最小规模城市标准。

（6）城市包围农村是中国城市化空间扩展的形式，包括城市郊区化、郊区城市化和农村城市化这三重"包围"。

（7）城市在集聚与扩散中表现出几个特点：城市是有边界的、绿色的、开敞的、紧凑和多中心的。

（8）大中小城市的协调发展不能"一刀切"，应该分东中西部区别对待，西部地区应该发展大中城市，鼓励人口集聚；东部地区则应该在控制特大城市、适度发展大城市和中等城市基础上，向城市化群方向发展，城市群内可以发展小城市、镇级市、田园城市和美丽乡村。

（9）回顾中国近 70 年来的四次土地改革，土地所有制从农民私有到集体所有，土地使用制度从分散经营到统一经营，然后回到家庭承包的分散经营，再逐步土地流转实现统一经营、规模经营，劳动力与生产资料的结合方式不断变革，为我们稳定土地集体所有制，构建多层次、多元化、多主体的农地经营体系和科学合理的人地关系摸索出一条新路。

（10）农村土地集体所有本质是集体组织成员共有，共有制是公有制的实现形式，股份制是实现共有的最好形式。

（11）可以取消乡镇集体所有，改为国有，农村集体农业用地可以实行农地股份共有制，代表共有权的主体是村组集体经济组织——土地股份合作社，而不是村委会或者村民小组。

（12）在农地股份共有制框架下，实行新"三权分离"，保留家庭经营格局，通过农民两次流转选择，农业经营主体多元化，可以扩大经营规模。

（13）宅基地制度改革一方面让宅基地补救残缺产权，成为财产；另一方面让这个一次性福利可以流动到城市，推出"房票+地票"制度。

（14）征地制度要按照新的产权制度和承包经营制度进行相应调整，明确相应"三权"的受偿主体和标准，特别是土地补偿费应按照股份份额补偿给所有人，补偿标准建议按土地年收益计算所有权的资本化价格。另一个考虑是增加土地发展权的补偿，并讨论了公共利益如何限定的问题。

（15）新土地制度改革后，土地用途管制更为重要，笔者重点讨论了如何管制农地入市、农地流转非粮化、农村建设用地入市和宅基地的增减流转。

（16）新土地制度改革后，户籍制度改革真的不重要了，进城的"五件衣服"都可以与户籍无关。

第二节　建　议

在相关土地制度改革方案明确后，建议国家尽快在与土地有关的法律法规上系统考虑。

一是要制定《土地法》，将土地股份产权制度、"三权分离"、宅基地使用、土地发展权等制度写入《土地法》。修改《农村土地承包法》《物权法》《城市房地产管理法》，并制定《土地登记法》《土地征收法》等法规。

二是制定农村集体经济组织或者合作社组织的法律，在法律上明确农村集体经济组织是农村土地产权的真正主体，并在法律上明确集体经济组织（合作社）在代言土地产权、落实土地承包制、推动土地经营权流转、土地被征用时的权益维护等环节的职责与权利。

三是建立一个关于土地规划、管理和用途管制等的法规体系。制定《土地利用规划法》《土地用途管制法》，在县市域推动多规融合，将城镇体系、土地利用、生态保护三类规划在市县空间形成一张图。要打破部门壁垒，统一坐标体系和用地分类，在农田保护、开发边界、生态红线方面实现真正融合。让土地用途管制有法律、有规划可依，土地发展权的设定和农民利益保障走向科学理性，可以规范农地流转管理。

四是将《规划法》《土地法》《土地利用规划法》和《土地用途管制法》等法规与《刑法》衔接，有对抗这些法律的行为应受到《刑法》的惩处。

参 考 文 献

［1］R. Williams：*The Country and the City*，Oxford University Press，1973.

［2］《"城市病"缘何而生？北上广城市病比发达国家严重》，载于《人民日报》2014年5月12日。

［3］安希伋：《论土地国有永佃制》，载于《中国农村经济》1988年第11期。

［4］白国强：《美国郊区城市化及其衍生的区域问题》，载于《城市问题》2004年第4期。

［5］白志全：《农民永久占有和使用土地的制度设计》，载于《农业经济问题》1993年第4期。

［6］蔡洪滨：《新型城镇化应是改革战略》，载于《人民日报》2013年5月13日。

［7］蔡华杰：《自然资源：公有抑或私有？——国外关于自然资源资产产权的争鸣和启示》，载于《社会科学文摘》2016年第3期。

［8］蔡继明：《统筹城乡发展中的土地制度改革》，载于《西部论坛》2009年第6期。

［9］陈秉钊：《当代城市规划导论》，中国建筑工业出版社2003年版。

［10］陈广桂：《经济学视角下的中国农民城镇迁移》，江苏大学出版社2011年版。

［11］陈家泽：《土地资本化的制度障碍与改革路径》，载于《财经科学》2008年第3期。

［12］陈建华：《农民专业合作社的现状与发展》，载于《中国农业信息月刊》2012年第5期。

［13］陈小君、陆剑：《论我国农村集体经济有效实现中的法律权利实现》，载于《中州学刊》2013年第2期。

［14］陈晓均、宗仁：《做好土地文章 推动小城镇发展——南京市小城镇建设的土地利用问题与政策调研报告》，载于《南京社会科学》2001年第z2期。

[15] 陈钊、陆铭：《首位城市该多大？——国家规模、全球化和城市化的影响》，载于《学术月刊》2014 年第 5 期。

[16] 陈志武：《土地所有制限制农民自由》，观点地产网，http：//gz. house. sina. com. cn，2011 年 7 月 9 日。

[17] 迟福林：《走入 21 世纪的中国农村土地制度改革》，中国经济出版社 2000 年版。

[18] 仇保兴：《我国城镇化中后期的若干挑战与机遇——城市规划变革的新动向》，载于《城市规划》2010 年第 1 期。

[19] 单卓然、黄亚平：《"新型城镇化"概念内涵、目标内容、规划策略及认知误区解析》，载于《城市规划学刊》2013 年第 2 期。

[20] 党国英：《"提高十倍补偿"是计划思维》，载于《文史博览：理论》2013 年第 1 期。

[21] 党国英：《城乡界定及其政策含义》，载于《学术月刊》2015 年第 6 期。

[22] 党国英：《关于农地产权关系的几个实际问题》，载于《浙江经济》2011 年第 16 期。

[23] 党国英：《关于土地制度改革若干难题的讨论》，载于《村委主任》2010 年第 16 期。

[24] 丁建庭：《城市发展不能继续"摊大饼"了》，载于《党政视野》2015 年第 7 期。

[25] 丁胜红：《论中国"新土改"的农村土地产权非私有化改革》，载于《生产力研究》2010 年第 1 期。

[26] 丁一：《从公有走向共有》，载于《重型汽车》1996 年第 4 期。

[27] 董辅礽：《公有制经济与社会主义市场经济》，载于《安徽大学学报：哲学社会科学版》1993 年第 1 期。

[28] 董辅礽：《谈于光远社会所有制和私有制的论述》，载于《产经评论》2003 年第 2 期。

[29] 董辅礽：《消灭私有制还是扬弃私有制？——评于光远同志对社会所有制和私有制的论述》，载于《经济导刊》2002 年第 2 期。

[30] 杜满昌、刘保峰：《农村土地产权改革与土地股份制》，载于《经济研究导刊》2006 年第 4 期。

[31] 段进：《城市空间发展论》（第 2 版），江苏科学技术出版社 1999 年版。

[32] 樊纲：《城市化是个系统工程》，载于《中国发展观察》2009 年

第 2 期。

[33] 方创琳：《区域发展新型城镇化"红利"几何》，载于《21 世纪经济报道》2013 年 12 月 27 日。

[34] 方创琳：《中国城市发展方针的演变调整与城市规模新格局》，载于《地理研究》2014 年第 33 卷第 4 期。

[35] 方纯洁：《公有制本质新探——公有制与公有性质》，载于《现代企业教育》2011 年第 10 期。

[36] 冯立天：《中国城乡划分标准专家研讨会关于中国城乡划分标准及有关问题讨论意见书》，载于《人口与经济》1988 年第 5 期。

[37] 傅红春、金俐、金琳：《幸福框架下的最优城市规模》，载于《城市问题》2016 年第 2 期。

[38] 傅红叶：《尘埃落定 底特律破产终获批》，载于《汽车纵横》2014 年第 1 期。

[39] 高尚全：《互联网推动农村巨变》，载于《人民日报》2015 年 7 月 20 日。

[40] 辜胜阻、武兢：《城镇化的战略意义与实施路径》，载于《传承》2011 年第 7 期。

[41] 顾善松：《林权诸概念之探讨》，载于《林业经济问题》2004 年第 24 卷第 2 期。

[42] 《关于强化管控落实最严格耕地保护制度的通知》，http：//www.mlr.gov.cn，2014 年 2 月 20 日。

[43] 郭广银：《以人为本是新型城镇化的根本价值遵循》，载于《新华日报》2016 年 2 月 5 日。

[44] 《国家新型城镇化规划（2014—2020 年）》，载于《农村工作通讯》2014 年第 6 期。

[45] 韩长赋：《新农村应该是升级版农村而不是缩小版的城市——城镇化不是消灭农村》，载于《齐鲁晚报》2013 年 12 月 23 日。

[46] 韩俊：《农村土地制度改革要守住"三条底线"》，载于《中国乡村发现》2015 年第 3 期。

[47] 何·皮特：《谁是中国土地的拥有者》，社会科学文献出版社2014 年版。

[48] 何凌华、申晨：《"互联网+"时代背景下城市空间的变革与重构》，收录于《新常态：传承与变革——2015 中国城市规划年会论文集》2015 年。

［49］贺雪峰：《农地承包经营权确权的由来、逻辑与出路》，载于《思想战线》2015 年第 41 卷第 5 期。

［50］胡拥军：《"互联网+"对践行五大发展理念大有可为》，光明网，2016 年 5 月 7 日。

［51］华生：《土地制度改革六大认识误区》，载于《经济导刊》2014 年第 2 期。

［52］黄冲、李涛：《调查称 87.7% 新生代农民工认为可成为城市人》，载于《中国青年报》2010 年 4 月 6 日。

［53］黄发红：《德国克服"城市病"，推进"再城镇化"》，载于《人民日报》2014 年 1 月 23 日。

［54］黄建钢：《对"公有"的初步考据及思考——兼论社会主义社会所有制性质问题》，载于《浙江海洋学院学报：人文科学版》2005 年第 22 卷第 1 期。

［55］黄杉、武前波、崔万珍：《国内外城市综合体的发展特征与类型模式》，载于《经济地理》2013 年第 33 卷第 4 期。

［56］纪韶、朱志胜：《中国人口流动与城镇化格局变动趋势研究——基于"四普"、"五普"、"六普"长表数据的比较分析》，载于《经济与管理研究》2013 年第 12 期。

［57］贾康、刘薇：《构建城乡统筹发展的财税体制的建议》，载于《经济纵横》2011 年第 1 期。

［58］江观伙、洪爱华：《农村城市化与乡镇企业》，载于《理论建设》2000 年第 6 期。

［59］靳尔刚：《大中小城市协调发展——中国城市化跨世纪的现实选择》，载于《瞭望》1998 年第 45 期。

［60］劳佳迪：《上海外来常住人口首次负增长　这 15 万人为何逃离大上海?》，载于《中国经济周刊》2016 年第 10 期。

［61］李昌平：《如何坚持土地村民集体所有制这条底线》，中国乡村发现，http://www.zgxcfx.com，2015 年 7 月 8 日。

［62］李昌平、贺雪峰：《再辩土地新政》，载于《南方周末》2008 年 10 月 22 日。

［63］李惠斌：《重读〈共产党宣言〉——对马克思关于"私有制"、"公有制"以及"个人所有制"问题的重新解读》，载于《当代世界与社会主义》2008 年第 3 期。

［64］李强：《当前我国城市化和流动人口的几个理论问题》，载于

《江苏行政学院学报》2002 年第 1 期。

[65] 李强：《特色小镇是浙江创新发展的战略选择》，载于《小城镇建设》2016 年第 3 期。

[66] 李铁：《城市是以产业发展为本，还是以房地产发展为导向?》，城市中国网，2016 年 5 月 23 日。

[67] 李铁：《充分释放中小城市活力》，载于《经济日报》2013 年 9 月 6 日。

[68] 李铁：《规划要尊重城市发展规律》，载于《土地科学动态》2016 年第 3 期。

[69] 李小建：《从城乡和谐角度认识新型城镇化》，载于《人民日报》2013 年 5 月 28 日。

[70] 李晓琳：《互联网+信息技术应用浅谈》，载于《农村经济与科技》2016 年第 27 卷第 24 期。

[71] 李艳、汤雯：《土地股份制是农村土地制度改革的最佳选择》，载于《重庆科技学院学报》（社会科学版）2010 年第 7 期。

[72] 李云、夏功保：《从专卖店到专业社——青松水产专业合作联社发展轨迹》，载于《江苏农村经济》2011 年第 3 期。

[73] 厉以宁：《继续以体制转型带动发展转型》，载于《新金融》2014 年第 1 期。

[74] 厉以宁：《厉以宁经济文选》，中国时代经济出版社 2010 年版。

[75] 厉以宁：《论新公有制企业》，载于《经济学动态》2004 年第 1 期。

[76] 厉以宁：《土地流转与宅基地制度设计》，载于《农村工作通讯》2009 年第 9 期。

[77] 厉以宁：《中国道路与混合所有制经济》，载于《中国市场》2014 年第 23 期。

[78] 厉以宁：《中国道路与新城镇化》，商务印书馆 2012 年版。

[79] 厉以宁：《中国经济双重转型的启示》，载于《人民日报》2016 年 2 月 26 日。

[80] 厉以宁：《走向城乡一体化：建国 60 年城乡体制的变革》，载于《北京大学学报：哲学社会科学版》2009 年第 6 期。

[81]《厉以宁认为未来农村种田主要是三种人》，载于《中国青年报》2012 年 11 月 7 日。

[82] 梁浩：《"新四化"视角下产城融合思路研究——以宝山区北部

新城建设为例》，载于《中外企业家》2013 年第 18 期。

[83] 梁慧星：《对宪法修正案的若干私法解读》，载于《当代法学》2004 年第 18 卷第 5 期。

[84] 梁建章：《严控大城市规模是自废优势》，财新网，2016 年 4 月 11 日。

[85] 廖鲁言：《关于高级农业生产合作社示范章程草案的说明》，载于《中华人民共和国国务院公报》1956 年第 29 期。

[86] 林光祺、洪利华：《"集体"农地、农民税权、福利与乡村自治：基于公民权的考察》，载于《兰州商学院学报》2014 年第 5 期。

[87] 林家彬、王大伟：《城市病：中国城市病的制度性根源与对策研究》，中国发展出版社 2012 年版。

[88] 林培：《城市规模不重要　生活质量是核心》，载于《中国建设报》2013 年 8 月 27 日。

[89] 林毅夫：《承载新使命的城镇化战略》，载于《理论参考》2013 年第 5 期。

[90] 林远等：《首个互联网私人订制农场落地安徽》，载于《经济参考报》2014 年 5 月 12 日。

[91] 刘保玉：《物权体系论》，人民法院出版社 2004 年版。

[92] 刘慈欣：《城市，由实体走向虚拟》，载于《新华每日电讯》2013 年 3 月 19 日。

[93] 刘锋、黄润龙、丁金宏等：《特大城市如何调控人口规模?》，载于《人口研究》2011 年第 35 卷第 1 期。

[94] 刘广明：《"双轨"运行：城镇化进程中农村宅基地（使用权）制度解困的可行解》，载于《法学论坛》2014 年第 29 卷第 2 期。

[95] 刘景华：《欧洲城镇化道路的历史启示》，载于《新华每日电讯》2013 年 7 月 19 日。

[96] 刘守英：《农村集体所有制与三权分离改革》，载于《中国乡村发现》2014 年第 3 期。

[97] 刘守英：《农村宅基地制度的特殊性与出路》，载于《国家行政学院学报》2015 年第 3 期。

[98] 刘守英：《三农政策中期调整面临的关键问题与策略选择》，载于《经济导刊》2013 年第 11 期。

[99] 刘守英：《土地制度与农民权利》，载于《中国土地科学》2000 年第 14 卷第 3 期。

[100] 刘文甲：《对土地使用制度的几点思考》，首届城乡土地管理制度改革滨海新区高层论坛。

[101] 陆红生、韩桐魁：《关于土地征用制度改革若干问题的思考》，载于《华中农业大学学报（社会科学版）》2003 年第 1 期。

[102] 吕颖慧：《中国城市化应以中等城市为发展重心》，载于《山东师范大学学报：人文社会科学版》1997 年第 6 期。

[103] 罗必良：《农地流转的市场逻辑——"产权强度—禀赋效应—交易装置"的分析线索及案例研究》，载于《南方经济》2014 年第 5 期。

[104] 罗德胤：《破解"空心化"是保护传统文化村落的关键》，载于《人民日报》2016 年 3 月 22 日。

[105] 马庚存、冷静：《略论中等城市的城市化道路》，载于《理论学刊》2001 年第 6 期。

[106] 马侠：《中国城乡划分标准与城镇发展水平》，载于《人口与经济》1988 年第 6 期。

[107] 马晓河：《中国应走"以大带小，大中小城市协调发展"的城市化道路》，载于《农村经济》2004 年第 10 期。

[108] 毛维国：《农村住房及宅基地流转制度研究》，载于《法学论坛》2012 年第 27 卷第 4 期。

[109] 孟令伟：《叩问中国土地问题及其解决出路》，爱思想网，http://www.aisixiang.com，2010 年 5 月 31 日。

[110] 孟新社：《浅析我国城市化进程中的小城镇发展问题》，载于《延安职业技术学院学报》2012 年第 26 卷第 4 期。

[111]《南方都市报》社论：《农村"股改"，农民要学习做股东》，载于《农村经营管理》2015 年第 11 期。

[112] 宁越敏、李健：《让城市化进程与经济社会发展相协调——国外的经验与启示》，载于《求是》2005 年第 6 期。

[113] 牛方、梁莉萍：《绸都盛泽：强者如何更强?》，载于《中国纺织》2015 年第 9 期。

[114] 牛凤瑞、潘家华：《城市蓝皮书——中国城市发展报告 No.1》，社会科学文献出版社 2007 年版。

[115] 牛禄青：《共享经济席卷而来》，载于《新经济导刊》2016 年第 1 期。

[116] 帕迪森：《城市研究手册》，格致出版社 2009 年版。

[117] 庞元正：《如何理解以人为本的科学内涵》，载于《解放日报》

2006 年 3 月 13 日。

[118] 彭焕才：《解决好人的问题是城镇化的关键》，载于《人民日报》2015 年 8 月 26 日。

[119] 彭旭涛：《关于"互联网+社区生鲜连锁+生态农场"的思考》，载于《新农村与现代农业》2015 年 6 月 16 日。

[120] 曲福田、田光明：《城乡统筹与农村集体土地产权制度改革》，载于《管理世界》2011 年第 6 期。

[121] 任玉岭：《推进城镇化必须解决好六个问题》，载于《中国经济时报》2013 年 2 月 20 日。

[122] 任致远：《透视城市与城市规划》，中国电力出版社 2005 年版。

[123] 石崧：《新常态下中国城乡规划转型十论》，中国城市规划网，2015 年 8 月 4 日。

[124] 史啸虎：《为什么要把土地还给农民》，中国乡村发现，http://www.zgxcfx.com，2017 年 8 月 3 日。

[125] 《市政府印发南京市集体建设用地使用权流转管理办法的通知》，载于《南京市人民政府公报》2011 年 4 月 28 日。

[126] 宋小冬、柳朴、周一星：《上海市城乡实体地域的划分》，载于《地理学报》2006 年第 61 卷第 8 期。

[127] 宋亚平：《对小城镇建设热潮的冷思考》，载于《决策与信息》2006 年第 8 期。

[128] 宋彦、丁成日：《美国城市中心之衰败》，载于《中国城市经济》2005 年第 12 期。

[129] 《缩小城乡教育差距，互联网行吗?》，载于《新华日报》2015 年 3 月 17 日。

[130] 田莉：《城市规划的"公共利益"之辩——《物权法》实施的影响与启示》，载于《城市规划》2010 年第 1 期。

[131] 田雪原：《新型城镇化该怎样推进》，载于《人民日报》2013 年 7 月 17 日。

[132] 王傲兰：《"大城市很重要"》，载于《经济学消息报》1999 年 8 月 20 日第 3 版。

[133] 王崇敏：《论我国宅基地使用权制度的现代化构造》，载于《法商研究》2014 年第 2 期。

[134] 王春艳：《美国城市化的历史、特征及启示》，载于《城市问题》2007 年第 6 期。

[135] 王桂新：《城市化基本理论与中国城市化的问题及对策》，载于《人口研究》2013 年第 6 期。

[136] 王洪涛：《德国的土地与开放空间政策——资源保护策略》，载于《国际城市规划》2003 年第 18 卷第 3 期。

[137] 王建武、卢静：《节约集约成就美丽梦想——看发达国家城镇化建设怎样用地》，载于《资源导刊》2013 年第 8 期。

[138] 王利明：《对物权立法中征收征用问题的再认识》，国土资源网，2005 年 12 月 9 日。

[139] 王丕君：《智慧城市撞上"互联网+"将成新经济增长极》，载于《中国建设报》2015 年 5 月 27 日。

[140] 王天义：《土地股份合作制是中国农村土地产权制度改革的选择》，载于《中国特色社会主义研究》2004 年第 5 期。

[141] 王炜、刘志强：《农民工"市民化"成本有多高》，载于《党建文汇月刊》2011 年第 5 期。

[142] 王小能、许德风：《农村土地所有权法律制度研究》，北京律师网，www.govgw.com，2015 年 4 月 1 日。

[143] 王小映：《农村土地流转不能"跑偏了"》，载于《农村经营管理》2015 年第 6 期。

[144] 王颖：《城市社会学》，上海三联书店 2005 年版。

[145] 王正平：《中国首位级城市"城市病"：表现、根源及其治理》，复旦大学硕士论文，2014 年。

[146] 温铁军：《中国城镇化战略中的农地制度创新》，载于《中国乡村发现》2015 年第 3 期。

[147] 文宗瑜：《前瞻"土地管理法"修改》，载于《中国投资》2008 年第 10 期。

[148] 吴元波、吴聪林：《上海大都市新型郊区化发展现状、问题与对策分析》，载于《上海交通大学学报（哲学社会科学版）》2009 年第 17 卷第 1 期。

[149] 吴云赞：《在中国，每个万达广场都是城市中心》，载于《苏州日报》2008 年 12 月 25 日。

[150]《习近平：深化农村改革的主线是处理好农民和土地的关系》，载于《中国老区建设》2016 年第 7 期。

[151] 相伟：《城镇化应选择正确的策略》，载于《人民日报》2012 年 5 月 7 日。

［152］新华社：《中共中央关于制定国民经济和社会发展第十三个五年规划的建议》，载于《当代贵州》2015年第27期。

［153］新玉言：《国外城镇化比较研究与经验启示》，国家行政学院出版社2013年版。

［154］邢青松：《坚持"三个三"壮大、引领、提升青松联社》，载于《中国农民合作社》2013年第8期。

［155］徐和平、蔡绍洪：《当代美国城市化演变、趋势及其新特点》，载于《城市发展研究》2006年第13卷第5期。

［156］徐勤贤、王俊沣、吴程程等：《完善城市规模划分 促进城镇化健康发展》，载于《中国经贸导刊》2013年第16期。

［157］徐志强：《农地流转改革的所有权基础：集体抑或国家?》，载于《经济与管理研究》2014年第12期。

［158］许学强、周一星、宁越敏：《城市地理学》（第2版），高等教育出版社2009年版。

［159］闫振云、兰天山：《城市化：中国走向现代化的必由之路》，载于《经济师》2002年第3期。

［160］严之尧：《"三保"寻新路 改革再深化》，载于《中国国土资源报》2013年10月9日。

［161］严重敏：《试论我国城乡人口划分标准和城市规模等级问题》，载于《人口与经济》1989年第2期。

［162］颜彭莉：《国家中心城市竞争激烈，一线城市争入"国家队"》，载于《环境经济》2017年第4期。

［163］杨浩然、刘悦、刘合光：《中美农业土地制度比较研究》，载于《经济社会体制比较》2013年第2期。

［164］杨劲：《农村土地资本化》，广东人民出版社2011年版。

［165］杨经伦：《农村土地制度的变革与创新》，载于《农业经济问题》1987年第7期。

［166］杨俊锋：《如何确定征地的公共目的》，载于《南方周末》2012年10月19日。

［167］杨利春：《"十三五"城镇化增速将逐年降低》，载于《中国人口报》2015年11月2日。

［168］姚鸿：《分享经济使社会主义市场经济更有效率》，载于《求知》2016年第9期。

［169］姚盛敏：《关于射阳联耕联种模式信贷服务情况的调查》，载于

《金融纵横》2015 年第 12 期。

[170] 姚士谋：《中国城市群》，中国科学技术大学出版社 2006 年版。

[171] 叶兴庆：《农村集体产权权利分割问题研究》，载于《新金融评论》2015 年第 4 期。

[172] 叶兴庆：《重构农村集体产权之思》，载于《党政干部参考》2016 年第 8 期。

[173] 佚名：《村庄和集镇规划建设管理条例（摘）》，载于《建筑知识》1993 年第 5 期。

[174] 佚名：《关于统计上划分城乡的暂行规定》，载于《城市规划通讯》2006 年第 11 期。

[175] 佚名：《国务院关于深入推进新型城镇化建设的若干意见》，载于《城乡建设》2016 年第 4 期。

[176] 佚名：《上海市人民政府批转市农委等三部门关于本市实施农村集体征地留用地制度暂行意见的通知——关于本市实施农村集体征地留用地制度的暂行意见》，载于《上海土地》2005 年第 5 期。

[177] 佚名：《雅典宪章——1933 年 8 月国际现代建筑学会拟订于雅典》，载于《城市发展研究》2007 年第 5 期。

[178] 余婷婷：《全域旅游和新型城镇化的"共谋"》，载于《决策》2016 年第 10 期。

[179] 俞悦：《土地制度与中国农业产业化经营》，载于《兰州学刊》2003 年第 1 期。

[180] 郁伟年：《土地阶段产权论与农地制度改革》，载于《宁波通讯》2004 年第 5 期。

[181] 袁中金：《小城镇发展规划》，东南大学出版社 2001 年版。

[182] 张国圣：《我国集体土地所有权改革必须走国有化道路》，载于光明日报《情况反映》2006 年第 22 期。

[183] 张红宇：《关于深化农村改革的四个问题》，载于《农业经济问题》2016 年第 7 期。

[184] 张红宇：《中国农村土地产权政策：持续创新——对农地使用制度变革的重新评判》，载于《管理世界》1998 年第 6 期。

[185] 张鸿雁：《城市首先意味着一种"活法"》，载于《阅读》2016 年第 38 期。

[186] 张吉清：《"土地股份制"是深化农村改革的有效途径——关于农村土地制度创新的对策与建议》，载于《山东省农业管理干部学院学报》

2004 年第 20 卷第 1 期。

[187] 张际达：《冷静审视城镇化》，载于《中国建设报》2013 年 4 月 16 日。

[188] 张立：《城镇化新形势下的城乡（人口）划分标准讨论》，载于《城市规划学刊》2011 年第 2 期。

[189] 张千帆：《城市土地"国家所有"的困惑与消解》，载于《当代社科视野》2012 年第 3 期。

[190] 张千帆：《如何理解与界定征地中的"公共利益"》，载于《中国国土资源报》2011 年 6 月 23 日。

[191] 张全景、王万茂：《我国土地征用制度的理论考察及改革思考》，载于《经济地理》2003 年第 23 卷第 6 期。

[192] 张瑞体：《和谐社会背景下的行政诉讼和解制度探究》，载于《法制博览旬刊》2014 年第 3 期。

[193] 张瑞中、徐根雄：《公有制与私有制本质论》，载于《理论月刊》2002 年第 9 期。

[194] 张晓玲：《征地改革关键在约束公权维护私权》，载于《中国国土资源报》2014 年 1 月 21 日。

[195] 张晓猛：《城市开敞空间景观微气候设计》，浙江农林大学硕士论文，2012 年。

[196] 张新光：《中国农地产权制度改革实践中的几个理论问题》，载于《山西师大学报：社会科学版》2004 年第 31 卷第 4 期。

[197] 张云华：《家庭农场是农业经营方式的主流方向》，载于《中国果业信息》2016 年第 33 卷第 4 期。

[198] 张振朋、曹小会：《农村土地制度改革——对土地股份制的分析》，载于《今日南国旬刊》2008 年第 7 期。

[199] 赵鸽：《工业、旅游业与城镇发展关系的实证分析》，载于《河南城建学院学报》2014 年第 2 期。

[200] 赵坚：《坚持底线思维破解发展大都市区的体制障碍》，载于《北京交通大学学报（社会科学版）》2015 年第 14 卷第 1 期。

[201] 赵鲲、杨凯波：《从平均承包经营制到平均承包竞争经营制——对上海市松江区培育家庭农场的制度分析》，载于《农村经营管理》2015 年第 5 期。

[202] 赵云泰、徐小黎：《护航新型城镇化，土地政策持续发力》，载于《中国国土资源报》2016 年 5 月 27 日。

[203]《浙江淘宝村　新型城镇化的新思路》，载于《新华每日电讯》2015 年 10 月 26 日第 6 版。

[204] 郑弘毅：《我国乡村城市化的主要理论和基本特征》，载于《城乡建设》1998 年第 7 期。

[205] 郑尚元：《宅基地使用权性质及农民居住权利之保障》，载于《中国法学》2014 年第 2 期。

[206] 中华人民共和国建设部：《城市规划基本术语标准》，中国建筑工业出版社 1999 年版。

[207]《中科院报告建议积极推进农村"空心村"综合整治》，新华网，2012 年 3 月 26 日。

[208] 周干峙：《要规划好农民的城市化》，载于《城市发展研究》，2004 年第 11 卷第 1 期。

[209] 周其仁：《城市土地国有是全盘土地国有第一步》，财经网，2012 年 10 月 29 日。

[210] 周一星：《搞清城市发展现状　理清城市基本概念》，中国城市规划网（www.planning.org.cn），2016 年 3 月 15 日。

[211] 周志刚：《第四次人口普查市镇人口统计口径的几个问题》，载于《人口研究》1993 年第 3 期。

[212] 朱铁臻：《城市的界定和起源》，中国城市发展网，2010 年 2 月 25 日。

[213] 朱颖慧：《城市六大病：中国城市发展新挑战》，载于《今日国土》2011 年第 2 期。

[214] 宗仁：《"国际慢城"在中国及其现实意义研究》，载于《现代城市研究》2011 年第 9 期。

[215] 宗仁：《论规划修编后的土地用途管制》，载于《中国土地科学》1998 年第 12 卷第 4 期。

[216] 宗仁：《农村土地使用制度改革与土地规划》，中国土地学会 1992 年学术年会。

[217] 宗仁：《试论发展小城镇的土地利用政策选择——以南京市为例》，载于《小城镇建设》2001 年第 4 期。

[218] 宗仁：《中国土地利用规划体系结构研究》，中国大地出版社 2006 年版。

[219] 邹农俭：《关于城市化研究中的几个问题》，载于《城市问题》1990 年第 7 期。

后 记

2009 年 3 月 18 日，尊敬的厉以宁教授夫妇到我工作的高淳县视察调研，我作为副县长，也是班子里具有博士学历的年轻人，有幸被安排接待陪同。在谈到城市化与农村问题时，我插话谈了一些关于土地制度改革方向以及城市化路径的想法，引起厉教授的兴趣，他鼓励我到光华管理学院博士后站进行深造并深入研究这些问题。2010 年我被派到美国斯坦福大学培训，期间接到厉教授的学生鲍寿柏教授的电话，说厉老师询问我的报名情况。我受到了莫大鼓舞，参加了 2011 年博士后的申报，并如愿以偿得以拜入厉教授门下，由光华管理学院周黎安教授与厉教授联合指导我。

进站后，有幸聆听了厉以宁教授和蔡洪滨、朱善利、龚六堂、雷明、周黎安、黄涛、程志强等一批名家泰斗的讲座，并拜读了他们的许多著作与学术研究，让我受益匪浅。厉教授还利用两次到南京、一次去宿迁的机会，抽空对我进行论文指导。进站期间，因为我调入南京市建邺区工作，刚好赶上南京举办"亚青会""青奥会"和首次国家公祭，这些重大活动都在建邺区，我的任务繁重，一度累倒，几乎因腰椎间盘突出导致腿脚不便，我几乎要放弃出站报告的撰写，厉老师多次让傅帅雄老师转告我，保重身体但不要放弃研究。厉老师的人生态度和治学精神让我终生难忘、终生受益。在此致以万分的感谢！在站期间也有幸结识了傅帅雄、潘江、尹俊、李旭鸿、高庆鹏等师兄弟，他们给了我非常多的帮助，一并表示感谢！

城镇化与土地制度改革是中国近几年理论界的最热门话题，中央发了很多文件，地方进行了许多探索。尽管我过去有些观点已经在中央部委文件中有所体现，但在厉教授的精心指导下，本书还是有许多创新。从选题到定题、从开题到定稿的过程中，无不凝集着厉教授的心血。正如厉教授题名赠与我的那本书《山景总须横侧看》，学海无涯，换个角度看问题就能找到出路。我会继续积极探索中国土地改革之路。

宗 仁

2016 年 8 月 22 日

277

图书在版编目（CIP）数据

中国新型城镇化与土地制度改革新思维/宗仁著.
—北京：经济科学出版社，2018.5
（北大光华县域经济与地方金融研究丛书．第4辑）
ISBN 978-7-5141-9260-5

Ⅰ.①中…　Ⅱ.①宗…　Ⅲ.①城市化-土地制度-
土地改革-研究-中国　Ⅳ.①F321.1

中国版本图书馆 CIP 数据核字（2018）第 086386 号

责任编辑：赵　蕾
责任校对：王苗苗
责任印制：李　鹏

中国新型城镇化与土地制度改革新思维
宗　仁／著
经济科学出版社出版、发行　新华书店经销
社址：北京市海淀区阜成路甲 28 号　邮编：100142
总编部电话：010-88191217　发行部电话：010-88191540
网址：www.esp.com.cn
电子邮件：esp@esp.com.cn
天猫网店：经济科学出版社旗舰店
网址：http://jjkxcbs.tmall.com
北京季蜂印刷有限公司印装
710×1000　16 开　18 印张　310000 字
2018 年 6 月第 1 版　2018 年 6 月第 1 次印刷
ISBN 978-7-5141-9260-5　定价：52.00 元
（图书出现印装问题，本社负责调换。电话：010-88191510）
（版权所有　翻印必究　举报电话：010-88191586
电子邮箱：dbts@esp.com.cn）